I0067477

EL PRÓXIMO MANAGEMENT

Coordinación editorial:
DÉBORA FEELY

Diseño de tapa:
DCM DESIGN

ERNESTO GORE

EL PRÓXIMO MANAGEMENT

Acción, práctica y aprendizaje

GRANICA

BUENOS AIRES - MÉXICO - SANTIAGO - MONTEVIDEO

© 2012 *by* Ediciones Granica S.A.

ARGENTINA
Ediciones Granica S.A.
Lavalle 1634 3º G / C1048AAN Buenos Aires, Argentina
Tel.: +54 (11) 4374-1456 Fax: +54 (11) 4373-0669
granica.ar@granicaeditor.com
atencionaempresas@granicaeditor.com

MÉXICO
Ediciones Granica México S.A. de C.V.
Valle de Bravo N° 21 El Mirador Naucalpan Edo. de Méx.
(53050) Estado de México - México
Tel.: +52 (55) 5360-1010 Fax: +52 (55) 5360-1100
granica.mx@granicaeditor.com

URUGUAY
Ediciones Granica S.A.
Scoseria 2639 Bis
11300 Montevideo, Uruguay
Tel: +59 (82) 712 4857 / +59 (82) 712 4858
granica.uy@granicaeditor.com

CHILE
granica.cl@granicaeditor.com
Tel.: +56 2 8107455

ESPAÑA
granica.es@granicaeditor.com
Tel.: +34 (93) 635 4120

www.granica.com

Reservados todos los derechos, incluso el de reproducción
en todo o en parte, en cualquier forma

ISBN 978-950-641-639-3

Hecho el depósito que marca la ley 11.723
Impreso en Argentina. *Printed in Argentina*

Ernesto Gore
   El próximo management : acción, práctica y
aprendizaje . - 1a ed. - Buenos Aires : Granica, 2012.
   260 p. ; 15x22 cm.

   ISBN 978-950-641-639-3

   1. Management. I. Título.
   CDD 658

ÍNDICE

AGRADECIMIENTOS

Casi todos mis libros han estado basados en diálogos con distintos interlocutores significativos ocurridos en diferentes momentos de mi vida. *El próximo management. Acción, práctica y aprendizaje* está muy ligado a mis cursos de Conocimiento Colectivo y Formación en las Organizaciones de la Maestría de Estudios Organizacionales de la Universidad de San Andrés, en Buenos Aires.

Muchos de los casos que se discuten en esta obra han sido generados por alumnos de la maestría y tantos otros que quedaron fuera solamente por una cuestión de espacio, ya que no me parecían menos ilustrativos ni interesantes. Mi agradecimiento a Florencia Alippe, Diego Vázquez, Tomás Donovan, Martina Speranza, Paula Marra, Gabriel Ghenadenik y Agustina Paz, quienes me permitieron usar sus relatos en los distintos capítulos. También a Claudina Restaino por su caso "Bienvenidos al Condo", escrito por ella en 2003, cuando tomaba mi curso de Comportamiento en la Organización en el posgrado en Recursos Humanos.

En la redacción de este trabajo conté con dos asistentes excepcionales: María Pía Signorini, en la primera etapa, y Adriana Roldán, en la segunda y más extensa. Su ayuda, invalorable, fue financiada por el Proyecto de Asistencia a la Investigación de la Universidad de San Andrés.

El caso escrito con Alejandro Artopoulos y la historia de Internet tomada de los apuntes personales de Carolina

Aguerre dan otras muestras de la presencia de un colectivo en este libro. Más silenciosas pero no menos presentes están las figuras de Guillermo Dabos, codirector de la Maestría desde sus inicios; Mariana Chudnovsky, quien dirige el Taller de Tesis, y Sebastián Steizel, quien dicta conmigo el curso de Comportamiento en la Organización en el grado. En todo, ocupándose de las más diversas cuestiones, está Cecilia Moyano, como en su momento estuvo Malisol Ohirko.

He utilizado ilustraciones, sugeridas por el profesor Martín Gargiulo, del INSEAD de Singapur, para ejemplificar distintas formas de representar gráficamente las relaciones interpersonales en una organización, así como diversos aportes, citados a lo largo del libro, de los tiempos de trabajo conjunto con Marisa Vázquez Mazzini.

Durante el proceso de escritura fui comentando avances con el profesor David Perkins, de la Graduate School of Education de Harvard, quien me hacía llegar en cada caso su valioso *feedback*.

Silvia Chavanneau, mi esposa, y Marcelo y Alejandra han sido, como siempre, coautores de esta aventura.

A todos ellos –y a cuántos más que no nombro– mi agradecimiento.

INTRODUCCIÓN

Este es un libro que pretende ayudar a entender un poco mejor hacia dónde van evolucionando nuestras organizaciones y nuestro management. Si Henry Ford imaginaba a su empresa como una gran máquina en la que todos hacían algo y uno solo –él mismo– pensaba, un siglo después, la vida de las empresas es demasiado compleja, interdependiente y variada como para que pueda concebirse en esos términos. No obstante, muchas de las categorías teóricas y prácticas que rigen el accionar en las organizaciones siguen basándose en estructuras centralmente planificadas, en estrategias que guían todos los aspectos críticos de la acción y en gente que actúa obedeciendo por delegación. Por eso, antes de contar en qué consiste esta obra, invito al lector a hacer un *detour*, un alegre desvío, y revisar un caso extremo que nos permita comprender mejor la realidad actual cotidiana: Internet.

Somos muchos –cada vez más– quienes hemos incorporado la Web a nuestras vidas. Sin embargo, su alta eficiencia nos hace olvidar que Internet es una organización, aunque de un tipo escasamente o nada parecido al que definió Henry Ford, ese que –después de todo y con más frecuencia de lo que sospechamos– sigue guiando nuestros modelos mentales. Por lo tanto, creo que repasar un poco (apenas un poco) la dinámica organizativa y la historia de Internet puede ayudarnos a reparar en rasgos de nuestras organizaciones que nos pasan inadvertidos o permanecen en las sombras debido a las estructuras de comprensión que hemos desarrollado.

En los proyectos originales de la Web elaborados en la década de 1960[1] nadie pudo imaginar cuál sería el destino y la envergadura que alcanzaría, en parte porque a causa de sus características involucró a una multitud de actores diversos durante los treinta años en que fue evolucionando hasta transformarse en una red de redes para la innovación. Si prever el destino de Internet resultaba difícil, mucho más lo era anticipar la manera en que las vías y los soportes tradicionales de comunicación, almacenamiento y transmisión de contenidos (libros, diarios, teléfono, radio, discos, televisión, cine y demás) terminarían redefinidos, potenciados o modificados por la Red, así como las nuevas formas de interacción que permitiría crear.

Como anticipé, los orígenes de la Web se remontan a los años 60, plena Guerra Fría. El proyecto fue una respuesta del Massachusetts Institute of Technology (MIT) a la necesidad –compartida por el gobierno de los Estados Unidos y el mundo académico– de aprovechar el potencial de las computadoras mediante redes que permitieran intercambiar información. Sin embargo, existía un problema: cada uno de los principales investigadores y laboratorios deseaba tener su propia computadora –por entonces, gigantescas–, lo que implicaba una multiplicación costosa de esfuerzos y recursos. Ese fue el origen de Arpanet (acrónimo de Advanced Research Projects Agency Network), la red de la Agencia para los proyectos de investigación avanzada de los Estados Unidos, a la cual se sumaron otras redes académicas e instituciones gubernamentales con el transcurso de los años.

---

1. Esta explicación la adapté de un texto de Carolina Aguerre, una colega de la Universidad de San Andrés (Argentina), quien lo escribió como un apunte personal para su tesis de doctorado.

Con un clima político, intelectual y comercial hostil a que el Estado manejara la Web, una estructura sumamente distribuida, y organizaciones muy diversas e informales que contribuían a su desarrollo, ya desde los inicios se tornó imposible que algún grupo –ni siquiera el gobierno de los Estados Unidos– pudiera organizarla de manera unilateral. De hecho, nunca existió algo parecido a una organización con un presupuesto y un edificio con un cartel en la puerta que dijera "Internet", que, desde algún lugar real y concreto, estuviera a cargo del conjunto. Todo lo (mucho) que había que hacer para conformar la Red, así como los pasos que se daban, exigían iniciativas, ideas y acuerdos entre numerosos y diversos jugadores, cada uno con peso propio y demasiados conocimientos críticos en su poder como para ser dejado de lado. Estos antecedentes y otros colaboran para explicar por qué, a diferencia de lo que ocurre con los demás medios de comunicación que revolucionaron los siglos XIX y XX, el funcionamiento de Internet resulta difícil de entender.

Entre las principales razones que se conjugan para dar como resultado esta organización tan atípica, conviene subrayar tres factores:

- la estructura de Internet involucra necesariamente a un gran número de actores (expertos, empresarios, funcionarios estatales, organismos de defensa y demás);

- su dirección no descansa en forma exclusiva en alguno de ellos, y

- el desarrollo de la Red involucra al conjunto de las partes que la componen.

Internet no tuvo ni tiene un gobierno central para la implementación de las tecnologías o para el establecimiento de las políticas sobre acceso y uso: cada una de las redes que la conforman fija sus propias pautas. Lo más cercano –sin serlo– a un órgano centralizador es la Internet Corporation for Assigned Names and Numbers (ICANN), que tiene a su cargo el manejo del sistema de dominios, es decir, aquel que asigna direcciones en la Red. Las bases técnicas y la estandarización de las reglas están a cargo de la Internet Engineering Task Force (IETF), una organización ingenieril sin fines de lucro, formada por voluntarios de todo el mundo, que contribuyen con sus conocimientos técnicos. La mayor parte de sus integrantes son ingenieros, especializados en protocolos y *softwares*, poco interesados en los aspectos políticos o comerciales de la Web.

La ICANN establece, entre otras cosas, cómo obtener una dirección desde la cual operar. Este ente no surgió de una ley ni de una estrategia de alguien sino de un acuerdo entre muchos que, aunque tenía un sentido y un propósito general, no se supo con exactitud qué era hasta después de haberse concretado. En julio de 1998, en un hotel en Reston (Virginia, Estados Unidos), 150 expertos autoconvocados, provenientes de los cinco continentes, se reunieron durante dos días[2]. De acuerdo con los relatos de quienes participaron en ese encuentro, el grupo estaba compuesto por tecnófilos en jeans, abogados vestidos de traje, académicos y gente de negocios, quienes buscaban preparar un modelo, un conjunto de principios comunes, una estructura y un reglamento general para la formación de un organismo global que asignase las direcciones y nombres de los sitios de Internet. Aunque la Web ya estaba funcionando, carecía de un organismo que se ocupara de esas tareas. A pesar de que la reunión de Reston tenía mucho de "asamblea constituyente" de Internet, los participantes no eran funcionarios de gobiernos ni legisladores. Nadie ostentaba credenciales formales. Se trataba, como

---

2. Mueller, Milton: *Ruling the root. Internet governance and the taming of cyberspace.* The MIT Press, Boston, 2002.

señalara John Quaterman[3], de un caótico *ménage à trois* de gobierno, academia y negocios. La de Reston fue la primera de cuatro reuniones (una se realizó en la Ciudad Autónoma de Buenos Aires durante septiembre de 1998) conocidas como el Foro Internacional del Documento Blanco (en inglés, International Forum on the White Paper, IFWP). La misión del IFWP era consolidar una estructura para la administración y la coordinación de los nombres y direcciones de Internet: una función técnica fundamental de la red de redes.

¿Por qué la reunión tuvo lugar recién en ese año? Porque fue entonces cuando la explosión de la Internet comercial terminó de hacerse evidente. La Web ya no era, como en sus orígenes, solamente una herramienta para la educación y la investigación subsidiada por el gobierno de los Estados Unidos, en la que participaban redes científicas del Reino Unido y Francia: había devenido en un nuevo medio de comunicación global. Internet crecía a un ritmo exponencial, mientras que su importancia para la economía se volvía patente ya no solo para los países más ricos.

Sin embargo, hasta entonces, algunas funciones técnicas cruciales (como la administración de los nombres y los números de dominio) eran desempeñadas bajo la modalidad de contrato solo por el área de Defensa de los EE.UU. y la National Science Foundation de ese país. Esto comenzó a despertar el recelo de otros gobiernos, inquietos ante el control unilateral que ejercía Estados Unidos sobre un recurso crítico y central de la infraestructura global de las comunicaciones. De esta forma, en 1997, surgió la iniciativa de crear un organismo privado e independiente de cualquier gobierno, que estuviera a cargo de la administración y las decisiones políticas más importantes[4]. Así nació la ya

---

3. Quaterman, John S.: "Monitoring the Internet", en *Matrix News*, 5 de septiembre de 1999.
4. De todas maneras, el gobierno de los Estados Unidos tuvo potestad hasta 2009 sobre este nuevo organismo, a través de su Secretaría de Comercio.

mencionada ICANN, una organización que poco se parece a la que pudiera haberse imaginado para dirigir un medio tan importante como Internet. El grupo reunido en Reston el verano de 1998 conformó un organismo privado sin fines de lucro, que se rige por las leyes del Estado de California, y del cual participan empresas, organismos sociales, universidades, gobiernos, y la comunidad de usuarios y expertos.

A pesar de que hoy tiene connotaciones casi míticas por su carácter fundacional, la Arpanet original apenas conectaba a 200 personas en 21 nodos. Su base era la transmisión de paquetes de información a través de redes, pero aún no se empleaban los protocolos TCP/IP tal como lo hace Internet hoy. El proyecto tenía objetivos que involucraban a diferentes grupos. Para los académicos, era una forma de potenciar sus recursos. Pero para los políticos, Arpanet jugaba un rol defensivo importante: podía ser la respuesta a la pregunta sobre cómo generar una red distribuida[5] para que si un nodo llegaba a sufrir un ataque, la red no colapsara y la información no se perdiera. El primer nodo se creó en la Universidad de California (Los Ángeles, Estados Unidos) y fue la espina dorsal de Internet hasta 1990, tras finalizar la transición al protocolo TCP/IP iniciada en 1983. Todo el proyecto era una exploración permanente guiada por dos ideas centrales:

- usar una red descentralizada con múltiples vías entre dos puntos y dividir mensajes completos en fragmentos que siguieran caminos distintos, y

---

5. "Una red distribuida es una topología de red caracterizada por la ausencia de un centro individual o colectivo. Los nodos se vinculan unos a otros de modo que ninguno de ellos, ni siquiera un grupo estable de ellos, tiene poder de filtro sobre la información que se transmite en la red. Desaparece por tanto la divisoria entre centro y periferia característica de las redes centralizadas y descentralizadas" (colaboradores de Wikipedia. *Red distribuida* [en línea] Wikipedia, La enciclopedia libre, 2011. Disponible en <http://es.wikipedia.org/w/index.php?title=Red_distribuida&oldid=44686069 (consultado el 30 de septiembre de 2011).

- capacitar a la red para que los mensajes pudieran llegar de alguna manera aunque una parte de ella colapsara.

Este sistema, aunque redundante y poco eficiente desde un punto de vista tradicional, era muy eficaz y seguro. Es probable que el logro más contundente de Arpanet haya sido reunir a las personas que desempeñarían un papel central en el futuro de Internet durante los siguientes treinta años. En ese lapso, la cantidad de actores vinculados a la Web –"la comunidad de Internet", como empezó a conocerse– creció progresivamente, volviéndose más compleja a medida que la tecnología se expandía y cobraba notoriedad fuera de las fronteras científicas y académicas. La notable llegada de Internet al gran público se produjo en 1993, con el lanzamiento de la World Wide Web (www). Acompañando las distintas aplicaciones comerciales que surgieron a su alrededor, la Red se convirtió en un medio global y masivo para la comunicación y el intercambio económico. Esto llevó a una explosión en la cantidad de los nombres de dominio. El número de sitios creció exponencialmente, al ritmo en que se hacía más fácil para los usuarios crear páginas y documentos.

En palabras de Milton M. Mueller[6]: "Una intersección serendípica[7] de tecnologías produjo factores humanos y de mercado que transformaron la función de una sola tecnología (…). Muchas tecnologías terminan siendo utilizadas de formas no intencionadas o visualizadas por sus creadores. Estos usos no-anticipados pueden, a su vez, generar puntos de inflexión en la evolución de una tecnología provocan-

---

6. Mueller, Milton: *op. cit.*, pp. 109-110. La traducción es mía.
7. La palabra "serendipia" (en inglés, *serendipity*) se origina durante el siglo XVIII, en un cuento tradicional persa. Sus protagonistas eran los príncipes de la isla Serendip, quienes solucionaban sus problemas a través de increíbles casualidades. Según la historia narrada por Horace Walpole (1717-1797), los personajes encontraban, al intentar resolver sus problemas, respuestas mucho mejores que las que buscaban.

do nuevas actividades económicas y regulaciones. Esto, a su vez, puede recompensar el uso de determinadas capacidades tecnológicas e inhabilitar otras". Resulta más que improbable que los pioneros de los años 60 hayan imaginado el grado de ubicuidad alcanzado por su proyecto de construir una red distribuida. Sin dudas, hubo ideas, hipótesis y hasta visiones de lo que podría lograrse. Pero la Web, tal como la conocemos hoy, no es el producto del pensamiento estratégico de alguien ni de unos pocos: fue el afán de dotarla de apertura para la aplicación de códigos lo que, como fruto, ha permitido que Internet adquiriera nuevas funcionalidades y se transformara en una herramienta tan poderosa.

Organizaciones de conocimiento

Esta muy breve historia nos muestra un fenómeno que desafía mucho de lo que hemos aprendido sobre las organizaciones desde la Revolución Industrial hasta nuestros días: nos encontramos con que el suceso más impresionante y extraordinario de nuestros tiempos no es producto de un plan cuidadosamente diseñado, sino más bien de un creativo ensamble de recursos existentes a partir de algunas ideas centrales relativamente simples. En Internet, todos los jugadores saben que se encuentran ante algo nuevo, donde todo el tiempo se producen fenómenos diferentes y a los que es necesario responder: la improvisación se vuelve una forma de estrategia. Nadie pidió permiso para hacer Google, Wikipedia, Linux o Amazon. Quienes ordenan la Red deciden sobre reglas muy generales. Pero no son ellos los que resuelven hacer los cambios: más bien, descubren que los cambios han sido implementados. Por eso, más que crear futuros planeados, los diseños codifican, ordenan los cambios anteriores.

La influencia de la Red sobre los medios existentes era sospechable. La forma en que llegó a resignificarlos era imposible de imaginar antes de que lo hiciese. Estamos en un mundo en el que lo que se ha hecho se entiende solamente después de la acción. Hay tanto conocimiento involucrado en Internet, tanto conocimiento empírico, tantas tesis de doctorado, tantos jugadores diferentes, que ningún actor puede apoderarse de ella por sí mismo. Si la Web surgió en gran medida con un objetivo de defensa, ¿por qué no quedó en manos de las fuerzas armadas de los Estados Unidos? No lo sabemos a ciencia cierta. Pero es muy probable que sin los académicos, los ingenieros de las universidades y la gente de negocios, Internet no hubiera llegado a alguna parte o, por lo menos, no muy lejos del punto de partida. Muchas de las iniciativas que pueblan Internet han surgido de redes entre universidades, centros de investigación, inversores de riesgo, funcionarios, militares y cuasi adolescentes creativos. Las formas institucionales han ido siempre a la zaga de los hechos consumados: las reuniones constitutivas ordenan lo realizado, y si algo deciden –aunque sea crucial–, será siempre poco. Cada jugador actúa en su nombre y por su propio peso: no hay mucha gente obedeciendo órdenes ni estructuras jerárquicas gobernando. La organización que está cambiando al mundo es un conjunto de partes que van siendo ensambladas a medida que se avanza. Y las estructuras que la rigen son deliberadamente muy limitadas, con cierta confianza en que esa pequeñez permitirá grandes cosas.

La Web es un sistema técnico, pero su organización es claramente un sistema político plural, basado en la construcción conjunta de conocimientos y capacidades. Su motor no es la obediencia. Es el significado. Las organizaciones que nos rodean, aun las que parecieran ser casi lo contrario de Internet, se van asemejando cada vez más en estos rasgos porque esas características no son propias de la Red sino de las organizaciones de conocimiento: este es el tema del presente libro[8].

---

8. Organizaciones tales como los portaaviones y las universidades, que solo tienen en común con la red de redes su complejidad y la diversidad de conoci-

Recorrido de la obra

Este texto abreva en unos pocos grandes autores. Los principales son Karl Weick, Henry Mintzberg, Etienne Wenger, John Seely Brown y David Perkins.

Profesor de la Escuela de Educación de la Harvard University, Perkins describió lo que él dio en llamar "conocimiento para la comprensión"[9]: aquel capaz de ser usado autónomamente en condiciones diferentes a aquellas en que fue aprendido. En cierto punto, el próximo management es un management para la comprensión, porque su objetivo no consiste en lograr que la gente obedezca sino, más bien, que entienda la organización y su contexto para poder generar sus propias repuestas. Las organizaciones son muy complejas y la realidad demasiado sorprendente como para poder decirle a la gente qué es lo que debe hacer en cada circunstancia.

En esta organización nueva desde el punto de vista conceptual, conformada por gente relativamente autónoma, los

---

mientos involucrados, también desafían la lógica taylorista. Ver: Clark, B. R.: "The Benefits of Disorder", *Change*, Vol. 8, N° 9, pp. 31-37, 1976.

Cohen, M.D.; J. G. March: "Leadership in an organized anarchy", en *Leadership and ambiguity*, segunda edición. Boston: Harvard University Press, 1986.

Perrow, C.: *Normal accidents, living with high-risk technologies*. NY: Basic Books, 1984. Introducción y Capítulo III.

Roberts, K.H.: "Some Characteristics of One type of High Reliability Organization", en *Organization Science*, Vol. 1, N° 2, pp. 160-176, 1990.

Roberts, K. H.; S. K. Stout y J. J. Halpern: "Decision Dynamics in Two High Reliability Military Organizations" en *Management Science*, Vol. 40 N° 5, pp. 614-624, 1994.

Weick, K. E.; K. H. Roberts: "Collective Mind in Organizations: Heedful Interrelating on Flight Decks", en *Administrative Science Quaterly*, Vol. 8, Issue 3, 357, 381, 1993.

9. Ver Perkins, David N., y Salomon, G.: "Teaching for transfer", en: *Educational Leadership*, 46(1), 22-32, 1988. Perkins, David N.: *La escuela inteligente*. Barcelona: Gedisa, 1995. Perkins, David N.: *El aprendizaje pleno. Principios de la enseñanza para transformar la educación*. Barcelona: Paidós, 2010. Perkins, David N.: *King Arthur's Round Table: How Collaborative Conversations Create Smart Organizations*. New Jersey: John Wiley, 2003.

fenómenos emergentes son producto de la confluencia de un sinnúmero de microdecisiones con mucho peso. Por eso, la organización deja progresivamente de explicarse solo por las decisiones de sus actores, y exige considerar también los resultados impensados, no deliberados, de la interacción de esas decisiones. El Capítulo 1 trata este tema.

Si las intenciones de los actores no bastan para dar cuenta de la organización, debemos buscar otras explicaciones. Las teorías evolutivas se caracterizan porque son capaces de explicar cómo un conjunto de individuos puede lograr un diseño que, a los ojos del observador, parece premeditado, aunque sea en realidad producto de procesos de selección que operan en la empresa o en el medio ambiente. Esas teorías –en especial, las de Bill McKelvey y Karl Weick– constituyen el núcleo del Capítulo 2.

Al hablar de organizaciones donde el conocimiento y el aprendizaje constituyen factores clave de la producción, estos aspectos se convierten en temas centrales para el desarrollo de este libro. El Capítulo 3 desarrolla el concepto de conocimiento, diferenciándolo de la información y mostrando sus similitudes con una forma de relación. Porque el conocimiento es más una recreación permanente de los grupos involucrados que un objeto que se posee.

El Capítulo 4 permite entender ese conocimiento como un proceso eminentemente social. Se refiere a la práctica como saber. La idea de "práctica" implica "hacer"; aquí me concentro en el concepto no solo como "cosas que se hacen" sino también como actividades relativamente validadas por grupos que comparten un saber y que se reconocen entre sí como tales.

Claro que si el aprendizaje es un hecho social, su comprensión requiere no prescindir de las comunidades y redes de práctica donde surge y en las cuales los individuos, además de conocimiento, construyen identidad y significado. De esto se ocupa el Capítulo 5.

El caso de Internet es interesante, entre otras cosas, porque permite ver cómo el crecimiento construye conocimiento, cuando siempre se había descripto el fenómeno inverso (cómo el conocimiento produce crecimiento). El Capítulo 6 está dedicado al caso de una empresa argentina de ingeniería –mucho más tangible, quizás, que Internet–, donde el crecimiento también construye conocimiento. Es una versión abreviada de un aporte que fuera discutido y escrito junto a Alejandro Artopoulos, un colega de la Universidad de San Andrés, Argentina.

Ya que buena parte de mi práctica a lo largo de los años se ha dado a través de la capacitación laboral, he querido revisar los conceptos más innovadores para su comprensión a la luz del nuevo contexto. En el Capítulo 7, retomo tres viejos casos para discutirlos ahora desde otra mirada.

El Capítulo 8, titulado "El próximo management", intenta bosquejar los rasgos distintivos de un management para la comprensión, es decir, orientado hacia una conducción más preocupada por entender y ayudar a que se comprenda el contexto organizativo que por hacer cumplir órdenes. Este capítulo está basado fuertemente en textos de Mintzberg y Weick, respaldados por casos ilustrativos breves, escritos por mis alumnos de la Maestría de Estudios Organizacionales de la Universidad de San Andrés.

CAPÍTULO 1

DISEÑADO Y EMERGENTE

Los humanos vivimos en organizaciones como los peces viven en el agua. A ellos les cuesta, les puede resultar imposible entender que están húmedos. A nosotros nos resulta difícil, a veces imposible, comprender las organizaciones.

En las organizaciones, no solamente nos reunimos como individuos: nos constituimos como tales. Construimos nuestra identidad en la interacción y el intercambio con otros, desde el inicio mismo de nuestra vida y en todo su transcurso.

La organización, la comunicación y el aprendizaje se dan por condición de subsistencia de la especie y desde el inicio de los tiempos. Antes de cualquier política, estrategia y modelo de intervención, el vínculo, la comunicación y el aprendizaje se producen en los grupos humanos como un hecho natural, un fenómeno indisolublemente ligado a la convivencia. Así, explicar el objeto "organización" equivale a dar cuenta de un hecho que ocurre más allá de lo que nos propongamos y que surge aunque no lo intentemos, porque no todo lo que sucede –incluso la organización– es resultado de nuestras intenciones. No obstante, el management suele ser explicado a través de las intenciones de los actores, de lo que la gente se propone. Las intenciones se manifiestan en el liderazgo, en la estrategia, en los objetivos, en el diseño y aun en la visión de la organización –tradicionales explicaciones de por qué es como es y hace lo que hace.

Explicar la organización en función de las intenciones de los actores supone convertir linealmente el organigrama formal de la empresa en un principio explicativo de por qué es como es. Si en ella sucede lo que los actores quieren que suceda, alcanza con saber qué quieren los que mandan para explicar el comportamiento de la organización. Por supuesto que los que mandan tienen muchísimo que ver con lo que ocurre. Pero si uno quiere realmente comprender, su comportamiento también debe ser explicado. Lo mismo pasa con los demás conceptos que suelen ser usados como principios explicativos, porque aun cuando el liderazgo, la estrategia y el diseño manifiestan mucho de lo que sucede en una organización, cabe preguntarse por qué fueron posibles ese liderazgo, esa estrategia y ese diseño, y no otros.

Alguna vez el management consistió en decirle a la gente qué era lo que debía hacer, cuándo y cómo debía hacerlo. Hoy, eso es cada vez más difícil, primero, porque con la creciente especialización cada vez más gente tiene a su cargo a personas que saben mucho más sobre sus temas específicos que sus jefes, y, segundo, porque se vuelve progresivamente más arduo entender qué está sucediendo, qué es lo próximo que va a ocurrir y qué se debe hacer en cada momento. Por eso, la función se va transformando en ayudar a comprender la organización, la racionalidad de los otros y las formas que permiten trabajar juntos.

La dicotomía introducida por la visión clásica de la administración ("unos piensan, otros hacen; los que piensan no hacen y los que hacen no piensan") no es de mucha ayuda para pensar la organización, porque la organización no es así. Estas premisas aparecen todavía de manera implícita cuando, por ejemplo, se sostiene que la estrategia la definen solo ciertas personas en una determinada instancia de decisión, que no son las mismas que deberán operarla. Esto pone en evidencia que, aunque se proclame una transformación radical del modelo, los principios de la llamada *administración científica* siguen en esencia vigentes.

Al separar el hacer del pensar, no solo se dificulta la comprensión del fenómeno organizacional: se lo desvirtúa. Si observamos a las personas en su trabajo, veremos que todas hacen (cualquiera sea su posición). Y que al mismo tiempo, detectan problemas, improvisan soluciones, corrigen las equivocadas, adoptan las exitosas, introducen innovaciones. En suma: aprenden a través de un proceso que no había sido intencionalmente diseñado para tal fin. En muchos casos, las innovaciones así creadas se convierten en capacidades organizativas, algunas de las cuales son reconocidas, seleccionadas y capitalizadas formalmente al momento de definir la estrategia.

Trabajo, aprendizaje e innovación no ocurren en tres momentos distintos. Tampoco son, cada uno de ellos, competencia exclusiva de ningún integrante o área particular de la organización. Sabemos que la existencia de una gerencia de comunicaciones no indica que solo sus miembros comunican. Del mismo modo, contar con un área de planeamiento estratégico no debe hacernos pensar que solo ella hace estrategia. Hacer y pensar están siempre integrados en un proceso. Como sostienen Brown y Duguid, el aprendizaje es el punto donde se articulan trabajo e innovación[1] mediante un proceso que –agrego– ocurre, esté o no diseñado de antemano.

---

1. Brown, John; Duguid, Paul: "Organizational learning and communities of practice: toward a unified view of working, learning, and innovation", en *Organizational Science*, 1 de febrero de 1991.

Diseño y control

De acuerdo con sus principios clásicos, la administración es un proceso en el que confluyen cuatro funciones: planificar, organizar, dirigir y controlar. En esa visión, los tres primeros son apenas sinónimos del cuarto. Sin embargo, a lo largo del texto, nos toparemos con situaciones típicamente incómodas para la gerencia, ya que implican el reconocimiento de fenómenos clave de la vida organizativa en los cuales la posibilidad de control es relativamente baja o aun inconveniente.

Pocas cosas resultan más odiosas a un gerente[2] que la aceptación de que algo "se le escapó de las manos". Sin embargo, su labor en sí misma implica lidiar con cosas que uno no puede controlar en su totalidad. Como el arte de quien maneja un velero y sabe perfectamente que no controla ni las olas, ni el viento, ni la profundidad del agua, el arte del gerente consiste precisamente en ir a donde quiere (a veces, reformulando incluso su destino) bajo condiciones que no puede controlar. Claro que, a diferencia de lo que ocurre con el navegante, la travesía de la gerencia puede ser, a veces, aún más compleja. ¿Por qué?

En primer lugar, porque tiene mucho de exploración. Y aunque el explorador con frecuencia no sabe qué busca, siempre se da cuenta –paradójicamente– cuándo lo encuentra[3]. El desarrollo de la cinta adhesiva transparente, por ejemplo, ilustra este fenómeno. El producto, notablemente exitoso, no era el resultado de una estrategia sino de sucesivas e inteligentes innovaciones operadas sobre la precursora cinta de pintor que fabricaban desde hacía años. En segundo lugar, porque muchas variables parecen tomar

---

2. En muchos casos utilizaré el masculino como género cuando me refiera a todos o a cualquiera. Lo haré así porque es el mío, pero es importante que se entienda que no me refiero solo a él.
3. Bateson, Gregory: *Steps to an Ecology of Mind*. Ballantine Books, New York, 1972.

vida propia en ese mar de interacciones recíprocas que es la complejidad organizativa.

Muchas veces he notado que la gente de acción, e incluso no pocos investigadores, cortan de raíz la observación de un proceso cuando parece salirse de control. Como si todo lo que no obedeciera a un plan, a una estrategia, a intenciones o a decisiones explícitas –en suma, a un diseño preestablecido– fuera simplemente un caos del que no se puede aprender nada.

ENCONTRAR SIN BUSCAR

La innovación siempre tiene una dimensión técnica y otra organizativa. Cuenta Donald Schön que cuando 3M decidió a producir su exitosa "cinta de pintor" utilizando el celofán que comenzaba a fabricarse por entonces, la gran duda era para qué serviría una cinta adhesiva transparente. ¿Cuál sería su valor agregado?

Se pensó que podría ser útil para reparar libros en las bibliotecas y billetes en los bancos. Por algún motivo, esa idea les sugirió un escocés y la bautizaron "cinta Scotch".

Al poco tiempo, los vendedores comenzaron a notar que este producto, pensado para ser comercializado en el circuito mayorista, era utilizado por los empleados para fijar carteles, forrar cuadernos, rotular cajones, carpetas y estantes, y hasta para hacer manualidades. Estaban frente a un producto de consumo masivo. Pero llevarlo al mercado no solo implicaba "vender" diferente, sino también fabricarlo en distintos tamaños, colores y diseños, distribuir de otra manera y con otros volúmenes, facturar distinto, y así sucesivamente.

Ni qué hablar del revolucionario soporte de escritorio que permitiría utilizar la cinta para envolver paquetes en el comercio minorista, y el racionador que permitió utilizar la cinta ancha para el embalaje. ¡Cuántos kilómetros de cinta se habrán vendido gracias a innovaciones tan simples!

La empresa podía innovar porque investigaba, pero no lo hacía solamente desde el área de Investigación y Desarrollo: la búsqueda era parte de la vida organizativa, y las relaciones entre las personas la hacían posible.

Cfr. http://hci.stanford.edu/publications/bds/9-schon.html (consultado el 6 de abril de 2011).

Lejos del control

Hay aspectos, como los factores meteorológicos, que no se pueden controlar pero cuya comprensión es importante para poder convivir con ellos y aprovechar las oportunidades que brindan. Las organizaciones, en este sentido, suelen parecerse (usando la metáfora de Popper) más a nubes que a relojes.

En la dinámica organizativa, la gente se agrupa, unas veces siguiendo pautas de estructura y otras por sí misma, y de esta forma aprende. Las personas que interactúan en su trabajo conversan. Comienzan hablando para conocerse, y terminan inventando un mundo y construyendo un sentido para su tarea, para la organización en la cual trabajan y, si uno se descuida, para el universo. Hablando de lo que aparentemente son cosas que solo ellos entienden, están aprendiendo y generando conocimiento que, aunque no podemos controlar, suele ser relevante para la vida organizativa. Juntos, sin que nadie se lo pida ni pueda impedirlo, construyen vínculos, creencias, conocimientos y sentido para las cosas. Esa realidad existe más allá de que nos guste o no. Pero si la entendemos, podemos llegar a movernos sobre ella. Quien aprende a navegar sobre las olas puede ir a donde quiera; lo que no puede es pretender que las olas vayan para donde él o ella desee.

Por lo general, sin embargo, los libros de administración están escritos explicando la realidad organizativa a partir de las intenciones, las decisiones, los objetivos y las estrategias del liderazgo. Si bien estos elementos son indispensables para entender la organización, no alcanzan para explicarla. Tal como decíamos antes, para comprenderla y, en especial, para entender el aprendizaje en contextos organizativos, es necesario familiarizarse también con aquellos fenómenos que son el producto de la interacción más o menos autónoma de las variables en juego y que no pueden ser explicados en función de lo que los actores se proponían hacer.

La creación de la cinta Scotch es la historia de un proceso evolutivo no planeado con final feliz. Pero no siempre es así. A continuación, tomaremos un caso que permitirá ilustrar otro desenlace. En su trabajo seminal *Organizational Learning, a Theory of Action Perspective*, Chris Argyris y Donald Schön[4] comienzan refiriendo un caso al cual llaman "Proyecto X". Seguiremos su narración no muy literalmente.

Según cuentan, en una empresa el Proyecto X fue lanzado luego de mucha planificación, debiendo ser discontinuado poco después con pérdidas millonarias. Lo notable es que demasiadas personas clave en distintos niveles de la organización sabían que iba a ser un fracaso, pero no lo dijeron o no fueron escuchadas.

El proyecto fue siempre un desafío para la dirección de la empresa. Al anunciarlo, el CEO dejó muy claramente establecido que "esto nos ayudará a saber quiénes son los buenos". Aunque la frase no fue dicha formalmente en público, "radio pasillo" la transmitió por más de seis meses.

Todo había comenzado dos años antes, cuando el CEO había pedido a las gerencias Técnica, Comercial y de Operaciones un estudio de factibilidad. Como los números daban, decidieron avanzar y lo comunicaron a la empresa como el gran desafío.

Llegado el momento de implementar, diferentes técnicos de planta y de ventas, cada uno por su lado, observaron que los cálculos de marketing sobre demanda posible no eran muy realistas y que los costos de producción previstos estaban subestimados. El producto resultaría más caro y, por lo tanto, ingresaría en otra franja de precios, lo cual volvía dudosas sus posibilidades de venta.

Los técnicos de Marketing y de Operaciones, sin ponerse de acuerdo, pero sabiendo que el Proyecto X era de cuidado, hicieron memos a la gerencia señalando las dificultades, de tal manera que no pareciera que cuestionaban la calidad del

---

4. Argyris, Chris; Donald Schön: *Organizational Learning, a Theory of Action Perspective.* Addison Wesley: Reading, Massachusetts, 1978.

estudio de factibilidad hecho por sus jefes y, más aún, que el CEO no dudara de su eficiencia. Describieron brevemente los problemas y enfatizaron los enormes esfuerzos que estaban haciendo para controlar el asunto. Al recibir el memo, las gerencias pudieron ver los anuncios agoreros aun bajo el agua, pero pensaron que antes de crear pánico convenía esperar un poco para ver si el asunto era, al fin y al cabo, manejable. Todos dejaron filtrar, sin embargo, algún comentario mínimo, deslindando sus responsabilidades y poniendo las dificultades en la quinta de otro, como para cubrirse.

Notablemente, las gerencias no hicieron muchas preguntas y continuaron insistiendo con el maravilloso Proyecto X. El CEO, por su parte, demasiado preocupado por conseguir financiamiento, no quiso poner la atención de todo el mundo en las dificultades e insistió a las gerencias con la importancia crucial del proyecto: nada debía fallar.

Cuando los técnicos vieron que la gerencia seguía adelante, mostrando más compromiso que nunca, se convencieron de que quizá sus suposiciones eran erróneas y que alguien debía haber visto y neutralizado los asuntos que a ellos les preocupaban, y ya no insistieron más. El producto se lanzó con los resultados negativos conocidos.

Si uno pregunta cuáles son los problemas que se observan en este caso, es común obtener una lista parecida a la que presento en la Figura 1.

Figura 1. Círculo de Marale.

Aunque el listado suele ser bastante más largo, es suficiente para lo que aquí necesitamos. Los problemas suelen formar un circuito reforzador, al que hemos denominado "Círculo de Marale"[5], que sugiere cierta relación causa-efecto entre las distintas cuestiones. Cada problema señalado puede ser visto como causa, consecuencia o explicación. Así, podemos decir que la falta de información (causa) provoca miedo (consecuencia); que falta información porque hay miedo (explicación); que es lógico sentir miedo donde falta información; que es natural que falte información donde hay miedo; etcétera. Como se ve en el Círculo de Marale, las explicaciones no explican mucho pero sí justifican el *statu quo* al explicar que cada elemento es necesario para que existan los demás.

Lo más sorprendente es que cada uno es producto de una microdecisión que, en su contexto, puede haber sido racional. Uno puede, por ejemplo, imaginar al CEO pensando que nadie va a embarcarse en un proyecto innovador a menos que haya cierto grado de temor a no ser considerado entre "los buenos". O a gente que opta por protegerse a sí misma aun a conciencia de que está arriesgando al conjunto. Es notable que la suma de decisiones racionales produzca un conjunto irracional. Sin embargo, los embotellamientos de tránsito, la polución del ambiente y las corridas bancarias se producen de manera similar.

Se trate del Proyecto X o la contaminación del planeta, en todos los casos, la nota común consiste en que el fenómeno emergente no puede explicarse por las intenciones ni por los objetivos de los actores, ya que lo obtenido es casi lo opuesto de lo que cada uno se proponía: el intento de controlar provoca caos; la búsqueda de seguridad produce pánico, y la intención de lograr algo a toda costa crea las condiciones de error que impiden su realización.

---

5. Gore, Ernesto: *La educación en la empresa. Aprendizaje en contextos organizacionales.* Granica, Buenos Aires, 2004.

Perplejidad y cambio

Cuando las explicaciones forman un círculo tan cerrado como los problemas, no ayudan a resolver el asunto. Son casi excusas. Por eso, la perplejidad a veces se convierte en un excelente aliado, porque no justifica el *statu quo* y pone en evidencia la existencia de algo que no es comprensible. Por otra parte, como sostenía Kurt Lewin[6], la mejor forma de entender algo es intentar cambiarlo.

Ciertos aspectos, que los hábitos, la rutina y la cotidianeidad bloquean a la comprensión, se hacen evidentes solo cuando se pone en marcha un proceso de cambio.

¿Qué cosas pueden aprenderse del Círculo de Marale? Ya hemos mencionado algunas de las más importantes:

- la suma de las acciones racionales puede arrojar como resultado un conjunto irracional;

- las intenciones de los actores no alcanzan para explicar la organización;

- las explicaciones son con frecuencia parte del problema; y

- hay fenómenos que tienen una dinámica propia.

Otro corolario claro del Círculo es que la organización librada a sus rutinas solo puede ofrecer más de lo mismo. Por eso, Karl Weick[7] describía irónicamente el

---

6. Schein, Edgar: "Kurt Lewin's change theory in the field and in the classroom: notes toward a model of managed learning", disponible en línea en http://www.solonline.org/res/wp/10006.html (consultado el 9 de septiembre de 2011).

7. Weick, Karl; Westley, Francis: "Organizational learning: affirming an oximoron", en Clegg, S.R.; Hardy, C.; Nord, W.R. (eds.): *Handbook of Organization Studies*. Sage, London, 1996.

aprendizaje organizacional como un oxímoron[8]: dado que la organización ha sido creada para repetir cosas, tiene algo de contradictorio pedirle que aprenda. La dificultad no se presenta solo a la hora de lograr el cambio, sino también cuando se debe percibir su necesidad. Chris Argyris atribuía a estas dificultades en el aprendizaje que los cambios organizativos sean más a menudo causados por "ajustes ecológicos" –tales como pérdidas de mercado, de materias primas, regulaciones estatales, falta de financiamiento o fusiones y adquisiciones– que por tomas de conciencia de un peligro al que es necesario anticiparse. Que esta clase de eventos imponga reconocer la necesidad de cambiar y provoque el cambio confirmaría, en gran medida, lo sostenido por Charles Perrow[9] acerca de que las organizaciones no tienen objetivos sino restricciones: lo que impulsa a la acción no es tanto la percepción de un objetivo futuro, sino la apreciación de una restricción inmediata. Así, las empresas innovan para librarse de un competidor y no porque se propongan hacerlo; cuidan a los empleados para evitar huelgas y no porque está entre sus valores, y reparten dividendos porque temen quedarse sin inversiones.

También resulta nítido que no se puede cambiar una organización ni se puede lograr que aprenda por un simple acto de voluntad. En tanto no hay causas únicas en sistemas complejos, nadie tiene la totalidad de la información o de la experiencia como para hacerlo. No obstante, vale la penar notar que el Círculo de Marale sugiere que el cambio es posible si hay quien se atreva a instalar aunque sea pequeñas modificaciones sostenidas en el tiempo.

---

8. Figura literaria basada en una contradicción de términos, *vg.* "instante eterno", "silencio atronador", "blanca noche" y, según Weick, "aprendizaje organizacional".

9. Perrow, Charles: *Complex Organizations, a Critical Essay.* Random House, New York, 1986.

En cualquier caso, quien lidere un proceso de cambio en organizaciones más vale que tenga piel gruesa para poder soportar los golpes que recibirá, ya que, precisamente, como pequeñas transformaciones sostenidas en el tiempo pueden ser la base de grandes cambios, deberá enfrentar las acusaciones de sostener una situación que no se adapta a la realidad de ese contexto. Cada uno de los demás problemas actuará como justificativo de la inconveniencia de cambiar algo.

Piel dura, sensibilidad y disposición suficientes para ponerse en el lugar de los demás no es una combinación de rasgos frecuente en una misma persona. No obstante, es necesaria para llevar a cabo un cambio. Si quien proponga la transformación tiene liderazgo, deberá ejercerlo y construir el que vaya necesitando a medida que el proceso avance. Si no lo tiene, tendrá solamente la posibilidad que da el testimonio: hacer lo que considere correcto y asumir los costos que ello signifique[10].

Por lo expuesto, si renunciamos a la idea de una causa única y última que explique a la organización, deberemos recurrir a la indagación conjunta, porque nadie dispone de la totalidad de la información necesaria para explicar el fenómeno. Se requiere, entonces, una red variada de vínculos, que permita reconstruir la complejidad de la realidad desde la pluralidad de las miradas. Es necesario reunir la información dispersa para entender mejor las relaciones entre los diversos factores a fin de aproximarnos al funcionamiento del sistema. Volviendo al Proyecto X, ¿por qué todos interpretaron que, para ser considerados entre "los

---

10. James March tiene reflexiones muy interesantes sobre lo que llama "miradas no consecuencialistas del liderazgo". Sugiero consultar March, James; Weil, Thierry: *On leadership*. Blackwell, Malden, 2005. Y del mismo autor, el vídeo disponible en la página de la Stanford Graduate School of Business, en http://www.gsb.stanford.edu/news/bmag/sbsm0305/leadership.shtml (consultado el 9 de septiembre de 2011).

buenos" por el CEO, nadie debía señalar las falencias del proyecto? ¿Por qué en esa organización no se puede ser "bueno" si se advierte sobre un error? ¿Por qué señalar un problema equivale a cuestionar la autoridad de los jefes? Ninguna de las respuestas a estas preguntas está en individuos aislados, solamente los vínculos entre ellos permiten responderlas.

Si el aprendizaje no se piensa como un proceso social, no es entendido. El aprendizaje es el producto de una historia de interacciones y, por eso, es afectado necesariamente por la calidad de los vínculos que las sostienen. En ocasiones, el entramado social de una organización inhibe la producción del conocimiento, como en el caso del Proyecto X. En otros, la impulsa, como ocurrió con 3M al aprender cómo ingresar en el mercado del consumo masivo por medio de la cinta Scotch. Ambos ejemplos muestran que los procesos de aprendizaje no diseñados no dificultan inevitablemente el aprendizaje por no haber sido planeados. Y también, que la producción de conocimiento valioso (es decir, aquel que genera capacidades organizacionales nuevas) no depende de que haya habido un proceso de aprendizaje expresamente diseñado[11].

Diseños sin diseñador

El hecho de que el proceso de aprendizaje no sea planeado tampoco significa que sea caótico, que no tenga una estructura subyacente. En el caso de 3M, podemos reconocer una sumatoria de observaciones y decisiones racionales

---

11. Con respecto al conocimiento, conviene subrayar que las ideas de construir o destruir valor constituyen, en realidad, un juicio del observador, ya que el proceso de aprendizaje en un caso y en otro es el mismo y, por lo tanto, resulta casi imposible comprenderlo fuera del marco organizativo en el que se da.

que condujo a un nuevo posicionamiento del producto. En el Proyecto X, un conjunto de observaciones y decisiones racionales que da como resultado una estupidez. Más allá de lo espontáneo de las situaciones de aprendizaje de las que esos conocimientos (valiosos o no) emergen, subyace siempre una forma que es, al mismo tiempo, de comunicación, de organización y de aprendizaje, y que suele darse repetidamente. Para explicarlas, volveremos al Proyecto X.

El caso describe una relación intensa, significativa y asimétrica entre la dirección, las gerencias y los empleados; una relación de poder. Hay un jefe con subordinados que le temen. También un mensaje paradojal: decir que un producto no sirve es la demostración de la propia incapacidad; decir que sirve es una mentira; ser incapaz está mal; ser mentiroso, también. Pero no se trata solamente de una paradoja. Existe también una cláusula tácita que impide denunciar la paradoja: ¿qué puede ser más difícil que decirle al CEO que ha armado una situación insostenible? Ante la imposibilidad tanto de actuar como de denunciar que hacer algo es imposible, la gente queda en una situación insostenible y opta por camuflar la realidad. Describe el problema brevemente como para cubrirse y luego pone el énfasis en las diferentes líneas de acción y "estrategias" que se están llevando a cabo para "neutralizar el problema". Por supuesto, este camuflaje tampoco está permitido y, por lo tanto, debe hacerse con mucho disimulo. De allí el uso de palabras altisonantes en el memo para camuflar el camuflaje. ¿Qué logró el mensaje paradojal enviado por la organización? Empujar a sus miembros a una situación en la que, cualquiera sea su conducta, será siempre incorrecta.

Es inútil intentar explicar qué sucede en este caso a partir de las intenciones de cada uno, ya que lo que logran es casi siempre contradictorio con sus intenciones. La estructura de "doble vínculo" –tal como la llamara y describiera

Gregory Bateson[12]– que caracteriza a esta situación carece de un diseñador, pero no de diseño o lógica. Es el producto de la pluralidad de respuestas de gente inteligente ante una situación loca: si alguien hubiera ideado un esquema para dificultar la organización, impedir el aprendizaje y trabar la comunicación, difícilmente habría inventado algo mejor.

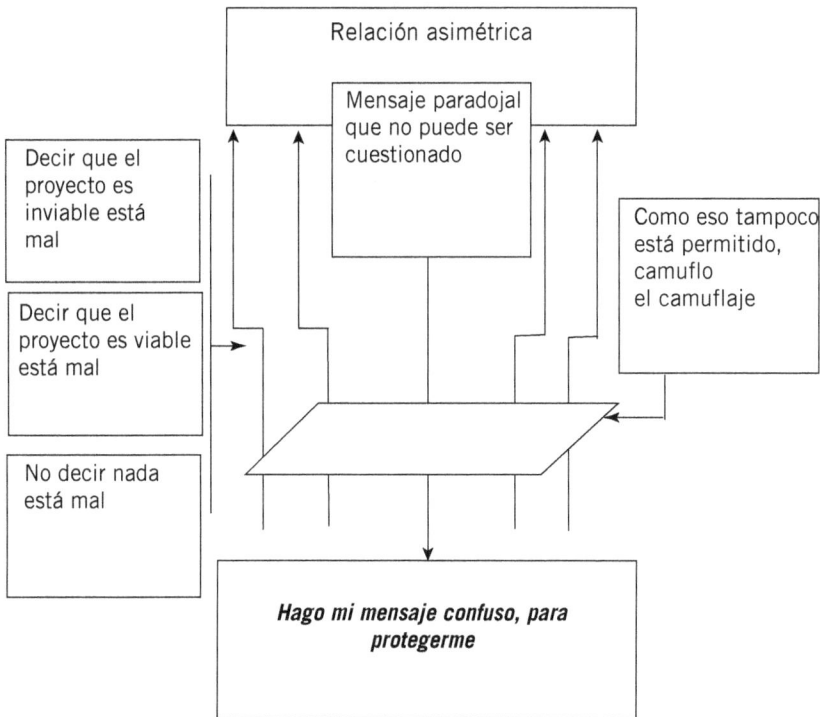

Figura 2. Doble vínculo.

12. Bateson, Gregory: *op. cit.* El modelo del doble vínculo fue tomado tanto por Chris Argyris y Donald Schön (*op. cit.*) como por Paul Watzlawick en Watzlawick, Paul; Helmick Beavin, Janet; Jackson, Don D.: *Teoría de la comunicación humana: interacciones, patologías y paradojas.* Herder, Barcelona, 1997.

Explotar y explorar

Muchas de nuestras miradas con relación a las organizaciones siguen impregnadas de un irremediable taylorismo. Si algo caracterizó positivamente el aporte de Frederick Taylor fue su percepción de que el conocimiento disciplinar, sistematizado y explícito podía aplicarse al trabajo y revolucionar los resultados del sistema productivo[13]. Sin embargo, la forma que Taylor encontró para llevar esto a cabo no era tan genial como la idea original, porque consistía esencialmente en separar el hacer del pensar.

Ignoro si Henry Ford había leído a Taylor o diseñó su planta a partir de su propio genio. Pero es indiscutible que el fordismo llevaba las ideas de Taylor al extremo. La línea de montaje no solamente organizaba el trabajo de cada uno sino que también marcaba su ritmo[14]. Ford había diseñado, con todo el rigor de su tenacidad y perseverancia, una organización donde las cosas se hacían tal como él esperaba que se hiciesen. Miles de operarios, por cinco dólares diarios, se limitaban a cumplir expectativas de otros. El producto era un automóvil negro que, por ochocientos dólares, ofrecía la mayor confiabilidad y seguridad del momento.

Tantos coches vendió, que generó riqueza como para cambiar la economía de sus tiempos. No eran solo los Ford T, claro. Acompañaban la difusión del nuevo transporte las rutas, el acero, los cristales, las estaciones de servicio y el creciente proceso de urbanización. Las nítidas ideas de don Henry –que él mantenía con enfermizo rigor– sobre lo que era correcto y lo que estaba mal producían cada vez más automóviles que, en escala creciente, generaban mayores riquezas, que a su vez permitían que más gente pudiera comprar automóviles y así

---

13. Drucker, Peter: "The coming rediscovery of scientific management", en *Toward the Next Economics and Other Essays.* Harper & Row, Oxford, 1981.
14. Coriat, Benjamin: *El taller y el cronómetro: ensayo sobre el taylorismo, el fordismo y la producción en masa.* Siglo Veintiuno, México, 1997.

siguiendo. El círculo virtuoso, infinito, tenía un solo requisito: hacer más de lo mismo, cada vez mejor.

Tiempo después, el descubrimiento de que la nueva riqueza por él creada llevaba a muchos a cambiar sus coches por modelos más elaborados y que no fueran negros, debe de haber resultado humillante para Henry Ford, una prueba irrefutable de la maldad humana. La General Motors, que en su crecimiento iba comiéndole mercado y ganancias, no podía ser sino parte de una negra conspiración en su contra. Ford no sabía que en su propio éxito germinaban las semillas de su crisis. Vendiendo coches había desarrollado redes de proveedores, conocimientos, infraestructura y capitales que antes no existían y que ahora abrían posibilidades a sus competidores.

La historia de Ford y su modelo T es una buena metáfora del dilema de los innovadores. Todas las organizaciones exitosas deben resolver esa cuestión de una u otra manera: han sido diseñadas para explotar una idea, pero si logran sobrevivir, será porque también son capaces de explorar otras ideas. Es decir, el éxito exige que no se deje de pensar mientras se hace, aunque a Taylor y a Ford les pesara. Para poder lanzar su modelo A, la planta de Ford debió cerrar seis meses. Había logrado el máximo de adaptación a una situación y la mínima adaptabilidad a los nuevos comportamientos del mercado y el contexto. Incluso, ofrecía una adaptabilidad mínima a las situaciones nuevas que la empresa, sin proponérselo, creaba. Aun así, la historia de Ford durante las primeras décadas del siglo xx fue exitosa. Hoy sería muy difícil sobrevivir con un esquema de semejante rigidez.

El equilibrio entre explotación de lo rutinario y exploración de lo innovador no acepta fórmulas *a priori* [15].

No obstante, conviene recordar que si solo nos dedicamos a la explotación, tarde o temprano experimentaremos un desajuste por cambios internos o del entorno; y que si

---

15. March, James G.: "Exploration and Exploitation", en *Organization Science*, Vol. 21, febrero de 1991.

solo nos ocupamos de la innovación, el funcionamiento de la organización será carísimo, en dinero o en exigencia: tendríamos que "inventar la rueda" todos los días. El dilema está en que ambas son necesarias y ambas son capaces de volver inviable cualquier empresa. Una organización que explota lo que sabe es siempre más confiable, mientras que una que explora más posibilidades es siempre más promisoria. El drama de los caminos confiables es que se llenan de transeúntes, entre los cuales hay cada vez menos para repartir. El drama de los caminos promisorios es que los cementerios están llenos de innovadores que algún día iban a descubrir algo. No explotar lo que se sabe es una tontería, no explorar nuevos caminos también; hacer ambas cosas al mismo tiempo suele ser sobrehumano.

Sé perfectamente que muchos lectores se disgustan cuando hay problemas que no tienen una solución *ex-ante*. El mundo del hacer, del cambio, de las organizaciones que aspiran a transformar la sociedad, los negocios o la vida de la gente, exige animarse a enfrentar lo desconocido, a descubrir las respuestas a costa de errores y a entender lo que se hace para poder capitalizar los aciertos. Aprender suele ser doloroso, pero también da alegrías y, sobre todo, es el único camino.

Clausurar el problema o aprender sobre él

La forma en que una organización incorpora conocimiento no es comprando un libro. Los textos pueden contener información crucial, pero no entendimiento. Una organización habrá incorporado conocimiento cuando pueda hacer cosas que antes no podía realizar[16], es decir, cuando genere competencias.

Como ya dijimos, el aprendizaje –pensado ahora como proceso de generación de competencias– es social. En el

---

16. Gore, Ernesto: *Conocimiento colectivo: la formación en el trabajo y la generación de capacidades colectivas*. Granica, Buenos Aires, 2003.

marco de una organización, generar una competencia suele requerir de la voluntad de los demás, aunque el proceso lo dispare una sola persona. Cualquier desempeño individual remite a un desempeño colectivo en función del cual las contribuciones singulares cobran sentido. Desde la cacería en una sociedad primitiva hasta la elaboración de un producto, la comercialización de un servicio, el otorgamiento de títulos universitarios, la emisión de un seguro de vida o la realización de una operación quirúrgica, toda descripción del trabajo humano da cuenta de actividades conjuntas que nadie podría llevar a cabo por sí solo. Por eso, en el marco de las organizaciones, la unidad de análisis no puede ser cada persona sino que debemos centrarnos en la trama de vínculos que hacen posible el trabajo de uno con otros.

En función de lo dicho sobre el aprendizaje como fenómeno social y la imposibilidad de separar de raíz el hacer y el pensar, resulta tan poco creíble que las estrategias surjan solo de líderes inspirados que lean el futuro, como que la innovación quede restringida a áreas creadas con ese fin. Hilando más fino, es posible ver redes donde los seguidores son tan importantes como los líderes, y distinguir ensayos o pruebas, a veces informales y a veces originados en el azar, que luego devienen en estrategias o en soluciones encontradas por la gente a través de su trabajo que, en algún momento, se convierten en innovaciones.

No sugiero que la estrategia, el liderazgo y la innovación no existan. Menos aún, que sean irrelevantes. Por el contrario, sostengo que son centrales para comprender la organización. Y también sostengo que la organización o la innovación no se pueden explicar simplemente como productos de una estrategia o de un liderazgo surgidos del aire, más allá del entramado social que las conforma y promueve.

Dar cuenta de la complejidad organizativa en función de "estrategia" o "liderazgo" equivale a explicarla a partir de las intenciones y los objetivos de los actores. Es fácil, pero también engañoso decir: "Todo esto era una estrategia de la organización para...", o "Cuando X se hizo cargo de la dirección orientó la estrategia hacia...". Esta utilización de nociones como "estrategia" o "liderazgo" las convierte en palabras que explican todo y que no necesitan ser explicadas. Sin embargo, ¿qué podríamos aprender si, en vez de despachar tan rápidamente la inquietud que nos genera una pregunta difícil –*i.e.*, cómo las organizaciones logran empezar a hacer cosas que antes no podían realizar–, mantenemos nuestra perplejidad frente al fenómeno y lo observamos con mayor detenimiento? Después de todo, gracias a que no se contentó con "decretar" que las piedras se hundían ni que los corchos flotaban "porque estaba en su naturaleza hacerlo", Arquímedes no solo pasó a la historia de la física: hizo que la humanidad comenzara a poder hacer cosas que antes no podía llevar a cabo (desde separar metales hasta construir submarinos). Invito al lector a retomar el ilustre ejemplo del griego para ver si podemos comprender mejor de qué se trata la generación de competencias.

La racionalidad, el diseño de procesos de aprendizaje, la estrategia, el liderazgo y las intenciones de los actores pueden explicar bastante de lo que sucede en una organización. Sin embargo, en la práctica, todos sabemos que los proyectos en que más esperanzas y energías se depositan, con frecuencia, por algún motivo, no funcionan. Y también, que otros relativamente laterales o secundarios pueden dar resultados sorprendentes, provocando incluso que toda la atención se vuelva hacia ellos y dando origen a más acciones en esa dirección. De hecho, después de que algo así ocurre, es común comprobar que, al poco tiempo, todo el mundo ha olvidado la estrategia fallida y nadie recuerda el origen casi casual o espontáneo de la que están llevando adelante.

El concepto "objetivos" suele experimentar un uso y abuso similar a los padecidos por "estrategia" y "liderazgo".

Se considera que una clara definición de objetivos es necesaria para poder operar, y que éstos deberían poder explicar el accionar organizativo. En las perspectivas clásicas, funcionan como principios explicativos. Sin embargo, cabe preguntarse de dónde surgen, o por qué unos objetivos y no otros. A propósito, es interesante la observación de James March[17] de que parecería que nos manejamos con dos teorías diferentes con respecto a los objetivos, una para los niños y otra para los adultos. Por lo general, se acepta que los objetivos de un niño de ocho años serán mejores que los de uno de tres: esto significa aceptar que la experiencia y la práctica permiten mejorar la calidad de los objetivos. Sin embargo, la teoría de los objetivos aplicada a los adultos sostiene exactamente lo opuesto: para poder actuar, los objetivos deben estar definidos de antemano. En los hechos, es poco lo que se sabe sobre los procesos de acción donde la definición de objetivos avanza paralelamente con la comprensión de la realidad que es necesario cambiar.

Weick[18] suele repetir una historia sorprendente sobre objetivos y aprendizaje organizacional. Se trata de un incidente ocurrido cuando se realizaban maniobras militares en Suiza. Un grupo de soldados se perdió entre las montañas mientras arreciaban tormentas de nieve que duraron más de dos días. Cuando ya se los daba por perdidos porque era imposible salir a buscarlos, el contingente regresó. Según contaron los sobrevivientes, uno de ellos encontró un mapa en la mochila. Eso los calmó y comenzaron a movilizarse hasta dar con el camino. Con gran sorpresa, al día siguiente de haber regresado descubrieron que el mapa no era de los Alpes, sino de los Pirineos. ¿Cómo puede

---

17. Cohen, Michael; March, James G.: "Leadership in an organized anarchy", en *Leadership and Ambiguity* (Segunda edición). Harvard Business School Press, Boston, 1986.
18. Weick, Karl: "Substitutes for strategy", en *Making Sense of the Organization*. Blackwell, Malden, 2001.

un mapa inadecuado servir para encontrar el camino? Una explicación es que los mapas animan y orientan a la gente y que una vez que la gente comienza a actuar, empieza también a entender qué ocurre, qué es lo que debe ser explicado y qué debería hacerse luego. Quizás la historia de Weick constituya un buen ejemplo de la propuesta de March de trabajar la experiencia como una hipótesis: "Suponiendo que este es el mapa correcto, ¿hacia dónde deberíamos ir?". De modo análogo, podríamos agregar que los objetivos, más que explicar la organización, le dan una hipótesis orientativa; pero lo que allí sucede, todavía, no se explica... al igual que todavía no sabemos cómo encontraron el camino correcto aquellos soldados. Sobre ese aprender y entender mientras se hace –por lo general, ausente en los libros de administración– volveremos en varias oportunidades más adelante.

CAPÍTULO 2

UNA MIRADA EVOLUTIVA
DE LA ORGANIZACIÓN

En el capítulo anterior presenté algunas de las razones que hacen que la estrategia, el liderazgo, los objetivos o el diseño sean explicaciones insuficientes a la hora de dar cuenta de la organización. En vista de esos argumentos, espero haber convencido al lector de suspender por un momento la tendencia a imponer teorías explicativas a los fenómenos y, apelando a la perplejidad, acercarnos a la organización.

La propuesta –debo admitirlo– no es del todo original: fue exactamente lo que hizo Henry Mintzberg en 1975, cuando se preguntó qué era lo que hacía un gerente[1]. Así, dejó de lado provisoriamente la respuesta dada sesenta años antes por Henry Fayol y trató de observar las acciones de un gerente general cuando, por ejemplo, su planta de producción se ha incendiado y trata de asegurarse de que todo el mundo esté protegido y contenido, que la prensa reciba información, que

---

1. Mintzberg, Henry: "Manager's job: folklore and facts", en *Harvard Business Review*, julio-agosto de 1975.

los clientes continúen siendo abastecidos y demás. En tal escenario, ¿qué hace un gerente? ¿Está planificando, organizando, coordinando o controlando? Es muy probable que haga eso y más, ¡todo al mismo tiempo! Entre los hallazgos de este manso observar, Mintzberg notó que un gerente general desarrollaba en el transcurso de la jornada un enorme número de tareas, no solo las cuatro postuladas por Fayol. También vio que muy pocas de esas múltiples labores se extendían por más de nueve minutos y apenas un diez por ciento le tomaban alrededor de una hora. En el rol de supervisor, los cambios de tarea se medían en segundos.

Algo parecido ocurre a nivel macro cuando uno se pregunta por qué cambian las organizaciones. Según los mitos y el folclore, eso ocurre solo cuando algún visionario las lleva por nuevos senderos. Por supuesto que los visionarios, las visionarias y los senderos son necesarios, pero no son suficientes. Los investigadores que observaron el fenómeno pudieron encontrar otro tipo de factores, tal vez menos relacionados con las intenciones de una sola persona pero con más capacidad explicativa.

Por qué cambian las organizaciones

¿Qué provoca que las organizaciones se transformen? Muchas observaciones parecen probar que el contexto tiene mucho que ver. No tanto haciendo cambiar a cada una de ellas como seleccionando cuáles sobreviven y cuáles no. Esto significa, por ejemplo, que si hace veinte años en todas las ciudades había infinidad de videoclubes donde era posible alquilar películas, ya casi no queda ninguno. Su extinción no fue debida necesariamente a una mala administración sino casi con seguridad a cambios en la tecnología. De la misma manera, las empresas que se mueven en ambientes competitivos parecen ser más dinámicas, con puestos de trabajo más especializados y más interdependientes que las que se desarrollan en nichos plácidos[2].

Es claro que el contexto selecciona a aquellas empresas que tienen ciertas características y elimina a las otras, pero el contexto por sí no puede producir ningún cambio *dentro* de la organización. Solamente los actores internos pueden hacerlo. Entonces, una vez más, ¿quién provoca los cambios? ¿El entorno y el contexto? ¿Los actores internos? La bibliografía brinda diferentes respuestas que, de manera sintética, podrían agruparse del siguiente modo:

- teorías alogénicas, que adjudican los cambios a fuerzas externas a la organización, como modificaciones en las tecnologías, los mercados o los costos relativos[3];

- teorías ontogénicas[4], que atribuyen las transformaciones a causas internas, tales como la estrategia, la cultura o el management; y

- teorías evolutivas[5], que explican el cambio a partir de la interacción entre las fuerzas internas y externas que impulsa la variación y la selección.

Para las teorías alogénicas, la supervivencia y la prosperidad de una organización dependen mucho más de lo que

---

2. Lawrence, Paul; Lorsch, Jay: "Differentiation and Integration in complex organizations", en *Administrative Science Quarterly*, diciembre de 1967.
3. Hannan, Michael; Freeman, John: "The population ecology of organizations", en *American Journal of Sociology*, N° 82, 1977.
4. Gouldner, A.W.: *Patterns of industrial bureaucracy*. Free Press, New York, 1954. Citado por Bill McKelvey en *Organizational systematics, taxonomy, evolution, classification*; University of California Press, Berkeley, 1982.
5. Miner, A.S.: "Seeking adaptive advantadge: Evolutionary theory and managerial action". En *Evolutionary dynamics of organizations* (J. A. Baum y J. Singh, comps.); Oxford University Press, New York, 1994.

ocurre fuera de ella que de su eficiencia interna. ¿Por qué? Porque si atiende al nicho adecuado, a la organización le irá bien incluso cuando trabaje relativamente mal. Y porque si atiende al nicho equivocado, le irá mal incluso cuando trabaje bien. De más está decir que descubrir deliberadamente el nicho apropiado e instalarse en él nunca resulta sencillo. A veces, es solamente una cuestión de suerte. En cuanto al contexto más amplio, los cambios bruscos e imprevistos –por ejemplo, un aumento extraordinario en el precio de los combustibles– pueden sacar del mercado todo un tipo de industrias y promover otro. En sus versiones más extremas, estas teorías consideran incluso que el management es irrelevante: por caso, ningún fabricante de carruajes se convirtió en una empresa automotriz, ya que, más allá de la calidad de su dirección, la magnitud del salto tecnológico y la concentración necesaria de capital para migrar de un negocio a otro volvían imposible ese pasaje.

Las teorías que explican el proceso del cambio organizacional a partir de factores externos reconocen al contexto y al entorno la capacidad de seleccionar: para este enfoque, el cambio es principalmente un proceso de selección llevado a cabo por el ambiente respecto de un tipo de organización. Aquí conviene aclarar que no se está tomando el concepto de selección para dar cuenta de la permanencia o la desaparición de la empresa X o Y. La tesis central de las teorías que estoy exponiendo es otra: el ambiente, mediante la selección, define en el transcurso del tiempo qué tipo de organización (las fabricantes de carruajes o las automotrices) continuará existiendo y cuál no. En este sentido, la idea del ambiente seleccionador es análoga a las teorías de selección natural: no estudian las variaciones (de forma, apariencia, función o sustancia) y la supervivencia de un individuo o caso sino de una población o conjunto de personas de cierto tipo en un hábitat determinado. De modo similar, Hannan y Freeman sostienen que no podemos explicar el cambio a partir de una o varias organizaciones en particular, sino de una clase de organizaciones, aun cuando –señala McKelvey[6]– para definir y estudiar esa clase debamos considerar los cambios en las organizaciones miembro que la conforman.

Por su parte, las teorías ontogénicas son aquellas que –como ya indiqué– adjudican el origen de los cambios a causas internas (la estrategia, la cultura, el liderazgo y demás). Quienes estén familiarizados con la bibliografía sobre organizaciones deducirán rápidamente que estas teorías son predominantes. Y esto no debe sorprender ya que –resulta evidente– una organización es siempre el producto del trabajo de sus miembros; lo que no resulta tan lógico es que los factores ontogénicos sean considerados casi exclusivamente cuando la sobrevivencia y la prosperidad del fruto de ese trabajo dependen siempre de que sea seleccionado por el entorno.

Las fuerzas internas son las encargadas de impulsar los cambios así como de mantener el *statu quo*, según se propongan los actores. ¿Cómo? De acuerdo con las teorías ontogénicas, esto se lleva a cabo siguiendo o bien un modelo racional, o bien un modelo de mercado[7]. McKelvey denomina a esas explicaciones "Teorías Alfa" y "Teorías Sigma" respectivamente, y las caracteriza del siguiente modo:

Teorías Alfa: entienden el cambio como un proceso planeado, racional, formalizado, que se opera "de arriba abajo", jerárquico, gerencial, guiado por la estrategia, capaz de anticipar, oficial, diseñado, burocrático. Para estas teorías, las nociones de visión y estrategia resultan la clave para entender el comportamiento organizacional.

---

6. McKelvey, Bill: *Organizational systematics, taxonomy, evolution, classification.* University of California Press, Berkeley, 1982.
7. Se llaman "procesos de mercado" no porque supongan el intercambio de mercancías, sino porque son el producto de microdecisiones más o menos espontáneas de muchos decisores individuales no reguladas por un poder central.

Teorías Sigma: consideran el cambio como un proceso no planeado, natural, informal, que se opera "de abajo arriba", no jerárquico ni gerencial, guiado por la necesidad, incapaz de anticipar, extraoficial, emergente, orgánico. Para estas teorías, entender el cambio requiere reconstruir el agregado de microdecisiones particulares que lo impulsan.

Conviene señalar que, más allá de cómo hemos caracterizado a las Alfa y las Sigma, ni el proceso de diseño ni el de mercado son inmunes a los múltiples factores que pueden atentar contra su racionalidad: basta releer el desarrollo del Proyecto X en el capítulo anterior para reconocerlos (y reconocernos) en esas tramas tejidas sobre la urdimbre de las asimetrías de información, de los incentivos y los desalientos, de los errores de percepción y tantos otros fenómenos corrientes y comunes.

Por último, las teorías evolutivas entienden el cambio organizacional como el resultado de la interacción de fuerzas internas y externas articulada sobre la base de tres conceptos: variación, selección y retención. Así, la supervivencia o la extinción de una organización es la consecuencia de un proceso de selección realizado por el entorno entre aquellas variaciones o cambios generados e impulsados por las fuerzas internas, siendo retenida la variación seleccionada. Detengámonos aquí por un momento.

Frente a una situación nueva o desconocida, la gente que trabaja en las compañías genera una cantidad de respuestas, variaciones, algunas de las cuales son seleccionadas por la cultura o los jefes de la organización y se retienen. Otras son retenidas simplemente por distracción, porque nadie notó que se estaba haciendo algo fuera de las pautas. De todas las variaciones que se generan dentro de una organización solamente unas pocas son retenidas y se implementan.

Vistas desde el mercado, todas esas retenciones que diariamente son lanzadas por cientos de empresas, son variaciones entre las cuales el mercado a su vez deberá seleccionar, para retener unas pocas.

De acuerdo con Bill McKelvey, las fuerzas internas y las externas despliegan una interacción constante. A partir de ese juego es posible detectar que algunas organizaciones (o mejor, ciertos tipos de organizaciones) parecen moverse en el ambiente en que están insertas más o menos cerca de lo que este autor llama "senderos de supervivencia", lugares hipotéticos donde confluyen en el tiempo y el espacio los recursos necesarios para sobrevivir: dinero, mercados, insumos, ideas, gente y todo lo demás. De más está decir que ninguna organización cuenta con un mapa cierto para dar con esos caminos, ni todos los caminos sirven para cualquier organización. Sin embargo, cada una debe encargarse de hallar su sendero mediante variaciones diseñadas (teorías Alfa) o azarosas (teorías Sigma), ya que los ambientes no lo hacen por ellas: estos no dirigen ni orientan sino, simplemente, seleccionan.

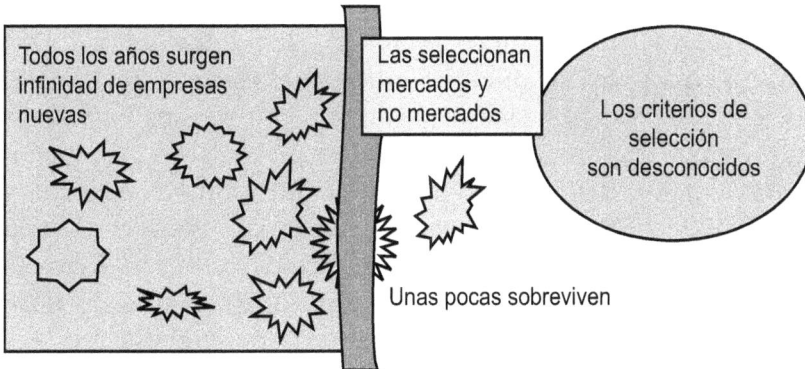

Figura 3. Empresas: variación y selección.

Sin embargo, un proceso evolutivo como este no se da solamente afuera de la organización, también se produce adentro.

53

No solamente el mercado selecciona. Frente a situaciones nuevas, dentro de las organizaciones surgen muchas ideas y acciones novedosas. Algunas son eliminadas dentro de ella. Otras sobreviven y llegan al mercado. En ese caso, puede ocurrir que el proceso de selección del mercado las retenga o las elimine.

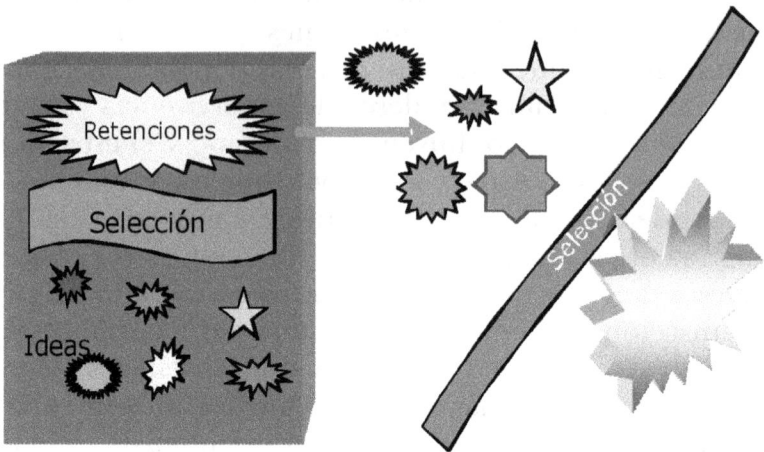

Figura 4. Variación y selección en la organización.

En suma, visto desde el mercado, las fuerzas ontogénicas producen variación, mientras que las alogénicas realizan la selección. Las organizaciones cambian porque sus miembros impulsan ese proceso, sea o no de manera planificada y diseñada, es decir, al modo Alfa o Sigma. Los cambios son variaciones que, a su vez, el ambiente selecciona para la supervivencia o condena a la extinción. La reiteración de ciertas selecciones marca "sendas de supervivencia" para los diferentes tipos de organización, una tipología que tiende a retenerse y a ser reproducida por otras empresas de forma espontánea (Sigma) o producto de una decisión estratégica (Alfa). En este juego entre lo interno y lo externo, algunas organizaciones alcanzan esa huella o sendero rápidamente, otras lo hacen más despacio, y las demás... se pierden en el proceso. Este es el planteo general de los modelos evolutivos.

Breve excurso sobre la teoría darwiniana

Un planteo evolutivo como el que acabo de reseñar es el tipo de enfoque utilizado por Charles Darwin para explicar el origen de las especies. La teoría darwiniana es particularmente sorprendente como hazaña teórica, ya que puede dar cuenta de un diseño que se genera a sí mismo. Por lo general, una buena teoría tiene valor explicativo y también predictivo. Por eso, resulta notable que una teoría de tanto valor explicativo no tenga posibilidades predictivas: pudo explicar por qué las jirafas tienen el cuello largo, pero no cuál será la próxima especie que aparecerá.

A propósito, conviene recordar por qué Darwin creía, digamos, que las jirafas tienen el cuello largo. Por cierto que "para comer las hojas ubicadas en la parte más alta de la copa de los árboles" no es buena respuesta. Las jirafas de cuello corto no hubieran podido estirarlo a voluntad y, si alguna hubiera aprendido a hacerlo, los caracteres adquiridos no hubiesen sido heredados. Una respuesta algo menos incorrecta sería, entonces, que algunas jirafas tuvieron el cuello más largo que otras por mutación genética, por casualidad, por azar, algo así como siguiendo el modelo Sigma del que hablábamos unas líneas más arriba. Con el tiempo, la mortandad entre las que tenían cuello corto –no importa el motivo– resultó mayor que entre las que lo tenían más largo, que continuaron reproduciéndose y transmitiendo sus características genéticas a sus crías. Al cabo de muchas generaciones, las de cuello corto desaparecieron y solamente fueron quedando las de cuello largo. En otros términos, ciertas variaciones genéticas aparecidas por azar fueron seleccionadas por el medio ambiente y, con ello, aumentaron sus posibilidades de ser retenidas.

En la teoría darwiniana, aparecen los tres elementos clave que ya mencionamos: la variación (resultado de una mutación genética azarosa), la selección (un factor que favorece la supervivencia de cierto tipo de ejemplares más que la de otros) y la retención (propagación de las características genéticas seleccionadas).

Karl Weick: la teoría del organizar

Durante los últimos años, las teorías Sigma han tenido un notable desarrollo. Antes, las preguntas organizativas por excelencia eran "¿dónde estamos?", "¿adónde queremos ir?" o "¿cómo hacemos para ir desde aquí a donde queremos llegar?". A pesar de que esos planteos –sin dudas– continúan siendo más que necesarios, la creciente dificultad para entender el contexto y reunir la lógica de las propias acciones organizativas nos conduce a interrogarnos, primero, respecto de cuestiones mucho más básicas, que interpelan al sentido y al significado de la acción: ¿qué estamos haciendo?, ¿para qué estamos aquí? De manera creciente, en los volátiles contextos que nos rodean, las crisis, antes que crisis de estrategia, se nos revelan como crisis de significado. Al respecto, uno de los aportes teóricos de mayor relevancia es el formulado por Weick en 1979, en su obra *The Social Psychology of Organizing*[8].

Tomando como punto de partida la noción de conductas interconectadas elaborada por Allport (1962)[9], la teoría de Weick se cuenta entre las teorías Sigma, ya que entiende a las organizaciones como procesos continuos

---

8. Weick, Karl: *The Social Psychology of Organizing*. Random House, New York, 1979. El análisis de la obra que desarrollo en este capítulo se basa en este libro. Las menciones de página se refieren a la edición citada. Para el lector interesado en profundizar, sugiero leer también, del mismo autor, *Sensemaking in Organizations (Foundations for Organizational Science)*; Sage, Thousand Oaks, 1995.
9. Allport, Gordon W.: *Pattern and Growth in Personality*. Holt, Rinehart & Winston, New York, 1961.

de organización. Weick utiliza el gerundio *organizing* en vez del sustantivo *organization* para acentuar que eso que llamamos "organizaciones" no son "cosas", sino acciones humanas permanentemente orientadas a interpretar los datos equívocos de la realidad a través de conductas interconectadas e interdependientes. Por este motivo, más que hablar de "organizaciones" habría que hablar de "organizando".

Desde esta perspectiva, la unidad última y más elemental de análisis no es el comportamiento del individuo singular, integrante de la organización, sino la interacción cíclica entre las personas. ¿Por qué? Porque la conducta de una persona es siempre contingente a la de los demás, siempre guarda relación con lo que hacen los otros. Así, los individuos conectan sus conductas a fin de reducir el equívoco[10] y lograr cierto orden o previsibilidad.

El trabajo de Weick se nutre de otros desarrollos conceptuales anteriores[11]. Admito que intentar explicar a este autor no es mucho más fácil que entenderlo, pero vale el intento.

¿Qué cosa es una organización? Tal como hemos dicho, para Weick, no es simplemente una "cosa". Aunque no

---

10. Weick no habla de incertidumbre, sino de equívocos. Según su definición, un equívoco es un término con al menos dos sentidos. Un insumo no es equívoco porque carezca de significado o sea confuso (es decir, no porque sea ambiguo o incierto) sino porque en realidad tiene varios significados.

11. Entre estos, se cuentan: a) *Social Psychology* de Solomon Asch (Prentice Hall, Englewood Cliffs, 1952); b) *The Theory of Organizations* de David Silverman (Basic Books, New York, 1971) y su concepto de "marco referencial de acción", basado en trabajos anteriores de Alfred Schutz (*Fenomenología del mundo social*; Paidós, Buenos Aires, 1972); c) *The Social Construction of Reality* de Peter Berger y Thomas Luckmann (Anchor Books, New York, 1967); d) *Asylum, Essays on the Social Situation of Mental Patients and Other Inmattes* de Ervin Goffman (Anchor Books, New York, 1961); e) *Studies in Ethnomethodology* de Harold Garfinkel (Blackwell Press, Malden, 1967) y la etnometodología para el estudio de la construcción del conocimiento en ambientes sociales.

lo dice en esos términos, creo que así como Shakespeare pensaba que "estamos hechos de la materia de los sueños", Weick piensa que las organizaciones (sean lo que fueren) están compuestas por los mismos materiales que los lenguajes, la ciencia, las creencias. Y que existen solamente cuando hay alguien haciendo algo con ellas. Así, las organizaciones son lo que hacen las personas cuando realizan cosas juntas conectando sus conductas. Y existen en tanto la gente hace cosas coordinando acciones. Por eso, para Weick, la organización no es un sustantivo sino un verbo: no es *organization* sino *organizing*. En consecuencia, tal vez una traducción menos elegante pero más precisa del título de su obra primigenia, esa que cité unas líneas más arriba, sería "Psicología social del estar organizando".

Tendemos a relacionarnos con las organizaciones como si fueran cosas probablemente porque eso –en apariencia– nos simplifica la vida. Según Weick, miramos la organización como si se tratara de un reloj... aunque de uno bastante peculiar, como señalaron Wallerstein y Sampson[12]:

- la cantidad de veces que uno consulte este reloj puede modificar la hora que indique;

- la hora que uno espera que sea puede modificar la que marca el reloj;

- si a uno no le gusta el aspecto del reloj, este dará una hora diferente que si a uno le parece bonito;

- la hora cambia si uno le pide a otra persona que se fije qué hora es;

---

12. Wallerstein, R. S.; Sampson, H.: "Issues in research in the psychoanalytic process", en *International Journal of Psycho-Analysis*, 52 N° 11, 11:50, 1971. Citado por Karl Weick.

- la hora que marcan otros relojes alrededor puede afectar lo que indica el que estamos mirando; y siguiendo.

A pesar de todo esto, se tiende a pensar en las organizaciones como si fueran relojes comunes, como máquinas totalmente controlables y controladas. La impronta de una organización que funciona como una máquina es típicamente militar. Y la metáfora castrense inunda todas las organizaciones[13], empresarias o no, con "estrategias", "tácticas", "líneas", "campañas", "reclutamiento", "hacer inteligencia", "atacar a la competencia". ¿Por qué persiste la metáfora militar? Probablemente porque crea una ilusión de orden. Los ejércitos, con rangos, jerarquías, códigos, frases premoldeadas, son dechados de orden, de un extremo control indispensable –tal vez en lo operativo, pero con seguridad en lo psicológico– en el extremo desorden de una batalla. Aunque tendamos a pensar la organización como organigramas, cuadros o procedimientos formales, la organización real siempre los excede, mientras que los planes y los diagramas –en el mejor de los casos– representan los deseos de algunos de los actores.

Entonces, ¿qué es la organización real? Es la interacción de mucha gente que hace algo junta, guiada por pautas formales pero también por sus propios criterios, por modalidades surgidas de su propio ambiente de trabajo y por la necesidad de responder a situaciones que nunca habían ocurrido antes. Cada uno de quienes actúan la organización hace cosas intentando comprender la realidad que lo rodea: la organización es la visión macro de todo ese quehacer. Por eso, en la teoría de Weick, la organización no puede ser explicada ni descripta o representada por medio de un sustantivo sino de un verbo. Es más un

---

13. Weick, K.: *op. cit.* (1979).

quehacer que algo ya hecho. Allí, cada uno de sus protagonistas actúa buscando sentido en lo que hace, y es esa búsqueda de sentido la que permite interpretar la realidad del organizarse. Para Weick, una organización es "una gramática validada por consenso para reducir la equivocalidad a través de conductas interconectadas razonables"[14]. En lo que sigue, intentaré develar junto con el lector qué quiere decir esto.

La organización como gramática

Retomando la definición de Weick que acabo de citar, empecemos por analizar el "validada por consenso". La idea de *consensual validation* pertenece a Harry Stack Sullivan[15] y refiere a algo así como el sentido común, algo aceptado por todos o casi todos. Otros autores, probablemente, lo hubieran llamado "realidad". Pero Weick o Sullivan, más cautamente, hablan de hechos validados por consenso. En cualquier caso, una organización está siempre apoyada en acuerdos sobre qué es real y qué es ilusorio. En la definición de organización que estamos analizando, lo que está validado por consenso es una gramática.

¿Por qué una organización es una gramática? En parte, porque lo que se valida son mucho más que hechos: son reglas y convenciones ensambladas para que la vida no sea un salpicado de sucesos aislados, sino historias entrelazadas, procesos sociales inteligibles para los actores. Y también es una gramática en el sentido de que consiste en reglas para formar nexos causales entre eventos, es decir, mapas causales capaces de sintetizar la experiencia de la gente que está organizada.

---

14. Ibídem.
15. Munroe, Ruth: *Schools of Psychoanalitic Thought.* Holt, New York, 1955. Citado por Karl Weick.

El estar organizando (*organizing*) está presente en todo hecho anómalo, que disminuye, que crece, que hace ruido, que no se entiende, que tiene más de un significado, que no se parece a lo que venía sucediendo. Una vez que lo que sucede se va entendiendo mejor, la actividad organizativa tiende a disminuir.

Notemos que Weick no está definiendo la organización como "un conjunto de personas que toman decisiones para lograr un objetivo", o cosas por el estilo. Los objetivos ya estaban. O vendrán después, da lo mismo. Una organización –o el estar organizando– tiene que ver ante todo con un grupo de gente que trata de entender o está entendiendo lo que sucede a su alrededor. Como cualquier ser humano, sus miembros están luchando con eventos sin sentido continuamente. Dado que todo lo que hacen busca dar significado al mundo que los rodea, no podemos explicar la organización en términos de estrategias, diseños, decisiones y liderazgo, asuntos que –en el mejor de los casos– llegarán después, cuando ese conjunto de personas haya acordado algún sentido para lo que sucede.

Imaginemos por un instante que viajamos en el tiempo y nos hallamos frente a los integrantes de una de aquellas fábricas de carruajes desplazadas por las automotrices que mencionamos al pasar. Corren los últimos años del siglo XIX y ellos observan con estupor esas máquinas ruidosas llamadas "automóviles". Es una locura. No hay calles adecuadas para que circulen, no es sencillo conseguir el combustible que usan, son complicadísimos de manejar… Las fábricas de carruajes no desaparecieron por problemas de management. Se extinguieron porque se produjeron cambios ecológicos, transformaciones radicales en el ambiente que en forma relativamente rápida dejaron fuera de funcionamiento todos los mapas causales de las organizaciones dedicadas a la fabricación de carruajes. Así, lo que hasta poco antes les permitía producir, vender y financiarse dejó de servirles.

Sin llegar necesariamente a los casos extremos, todas las organizaciones enfrentan continuamente cambios en el ambiente que hacen que deje de funcionar lo que recientemente había funcionado. Frente a lo ininteligible es necesario reordenar el mundo, al menos, para lograr entenderlo. El conocimiento, a su manera, es tranquilizante.

La acción, motor del conocimiento

A propósito, conviene detenernos en una de las paradojas de la teoría de la organización. Esta teoría, por lo general, describe a los gerentes como pura acción, aunque no entendamos mucho qué hacen. De hecho, solemos manejarnos con teorías que sostienen que la acción está precedida por el pensamiento. Sin embargo, para quien está explorando un terreno desconocido, todo lo que se quiera pensar deberá venir a medida que se vaya recorriendo el nuevo territorio. Por lo tanto, para entender la acción gerencial –y, tal vez, la acción en general– deberíamos contar con teorías que nos expliquen qué ocurre cuando la acción precede al pensamiento.

Creo que aquí Weick puede ayudarnos, ya que él plantea que la acción es el motor del pensamiento y, por ende, del conocimiento. En otras palabras, este autor puede colaborar para que entendamos cómo funcionan los procesos de exploración de realidades nuevas o desconocidas, cuando –como ya hemos dicho– no sabemos qué es lo que buscamos pero sí cuándo lo hemos encontrado.

El primer impulso frente a lo desconocido que traen frecuentemente aparejados los cambios ecológicos es recurrir a alguna explicación conocida, una de aquellas que nos permitieron encontrar inicialmente el sentido de las cosas y las que empleamos más a menudo ("fabriquemos carruajes más grandes, con más caballos"). Pero en la medida en que las explicaciones conocidas no dan abasto, comienzan a aparecer respuestas nuevas, cosas que nunca habían sucedido. Quizás un ejemplo ayude a entender este fenómeno.

Durante la mayor parte de mi vida, los teléfonos fueron un bien escaso en la ciudad de Buenos Aires. Cualquiera podía solicitar la contratación de una línea de telefonía fija, pero su instalación efectiva probablemente no ocurriera antes de transcurridos veinte años. En la década de 1990, con la privatización de las empresas telefónicas y la irrupción de la telefonía celular e Internet, la ciudad se inundó de canales de comunicación. Hasta entonces, quien quisiera comer pizza debía trasladarse hasta la pizzería. Pedirla por teléfono era impensable. Ningún comercio ofrecía el reparto a domicilio; después de todo, muy pocos negocios y muy pocos clientes tenían teléfonos como para hacer y recibir el pedido. Con este cambio en la ecología urbana, comenzaron a multiplicarse las pizzerías sin mesas, que solamente atendían para el reparto a domicilio, mientras que las más tradicionales debieron convencerse de que, si no ofrecían el servicio de envío, no podrían seguir compitiendo. Fue así como la ciudad se llenó de pequeñas y peligrosas motocicletas… entregando cualquier cosa, no solo pizzas, a cualquier hora, en cualquier parte.

Cada una de estas organizaciones fue capaz de hacer algo que nunca había hecho antes. Para explicar el proceso, Weick utiliza una teoría evolutiva, como la de Darwin. Es decir, no se limita a decir "la estrategia de la pizzería fue ir a los domicilios" porque eso no nos explicaría qué ocurrió en la organización. Él, en cambio, retoma una característica distintiva de las teorías evolutivas que ya mencionamos antes: el reconocer siempre procesos de variación, de selección y de retención o propagación. Frente a cambios ecológicos (proliferación de teléfonos), muchas pizzerías ofrecieron nuevos servicios y crecieron, y otras nuevas aparecieron para brindar exclusivamente esos nuevos servicios a domicilio. Si hubiera habido pizzerías que no lograron o no quisieron transformarse, es probable que ya no las veamos, que hayan desaparecido. Es importante notar que, en tanto los cambios en la telefonía no se hicieron para vender más pizza, probablemente ningún pizzero tuviera en el momento mismo de la acción un cuadro completo de la situación tal como lo estoy narrando. Las respuestas improvisadas se fueron articulando hasta construir una realidad diferente. El pensamiento *estratégico* surgió de ver el nuevo panorama de oferta y demanda, pero es muy dudoso que lo haya precedido.

Variación, selección y retención en el ámbito social

Si uno está por utilizar la metáfora evolutiva para entender una organización, deberá tener en cuenta tres particularidades. La primera es que mientras las variaciones –es decir, los cambios– en la naturaleza se producen, según Darwin, de modo azaroso, el azar se conjuga en las organizaciones con los intentos de las personas por responder a las situaciones nuevas. La segunda es que así como la selección está dada en la naturaleza por factores tales como el clima o la disponibilidad de agua, la selección en los contextos sociales tiene que ver, además, con la atribución de sentido a lo que sucede, o sea, a las repuestas que vamos articulando frente a las preguntas: "¿qué es esto?", "¿qué está pasando aquí?", "¿qué sentido tiene que…?", y otras similares. La tercera particularidad, por último, es que la forma de retener de las organizaciones no es genética sino cultural: la retención es el equivalente a la memoria organizativa.

Comencemos por las variaciones. Habíamos dicho que en el contexto organizativo son "cosas" que no habían sucedido, respuestas a eventos nuevos producidos por el ambiente y que no estaban en nuestra experiencia. Frente a situaciones nuevas, difíciles de entender, la gente genera respuestas nuevas, que no estaban en los manuales. Muchas veces esas respuestas tienen la forma de un artículo de bricolaje. El bricolaje se ocupa de generar algo nuevo armado a partir de elementos preexistentes. Un ejemplo típico es una lámpara hecha con una botella, un paraguas o un matafuego. Las variaciones suelen estar generadas sobre la base de elementos existentes pero con una forma, una utilización o un sentido nuevos.

El gerente suele moverse entre múltiples eventos a los que intenta poner orden y sentido. En ese marco, le suceden demasiadas cosas al mismo tiempo como para que pueda llamarse experiencia a eso que vive. La experiencia no es la recepción pasiva de una lluvia de estímulos sino la consecuencia de la actividad. No es algo que nos sucede sino, más bien, lo que cada uno de nosotros hace con eso que le ocurre. El gerente se zambulle en el pantano de eventos que lo rodea, intentando segmentarlo, hacerlo menos azaroso, darle más orden. Este es el propósito de su actividad de decir, hacer, tejer redes de significado, adaptar, producir variaciones, poner entre paréntesis y construir significado de porciones de la experiencia.

El gerente opera físicamente sobre el ambiente. Atiende algunas cosas, ignora la mayor parte de ellas, habla con muchas personas acerca de lo que ven y hacen, prueba varias alternativas al mismo tiempo, inicia acciones que no sabe bien qué son para averiguar adónde conducen. Habla para entender qué es lo que piensa. Actúa para comprender qué es lo que quiere. Como resultado, el ambiente comienza a parecerle más ordenado. Esta acción en busca de sentido es asimilable a la variación en la naturaleza, ya que produce configuraciones distintas a todo lo que haya existido antes. Es en estas respuestas precarias frente a los cambios ecológicos que el organismo se liga a un ambiente externo.

Tal como está narrada en el párrafo anterior, la acción gerencial puede parecer alocada. Sin embargo, se trata precisamente de lo contrario: es acción para construir sentido. Para vivir solos o colectivamente, el sentido y el significado son indispensables. Pero estos no emanan de los objetos mismos sino que son producto de una acción trabajosa –a veces infinitamente placentera, y otras, muy dolorosa–, pero nunca maquinal.

A medida que la gente actúa, el caos se descompone entre lo que fluye y lo que es equívoco. La gente en las organizaciones trata de distribuir este caos en ítems, eventos y partes que luego son conectadas, hilvanadas con sus consecuencias, ordenadas en serie y relacionadas. Es muy parecido a lo que ocurre cuando dibujamos mapas, con la diferencia que, en vez de unir lugares y paisajes aparentemente desconectados, se determinan tendencias y secuencias. No se trata de una actividad sensorial pura, ya que al hacerlo estamos poniendo en el ambiente elementos que no han pasado nunca por los sentidos. En este proceso, la acción individual es guiada por las representaciones de la acción colectiva que tiene la persona que la realiza. La representación habla de lo que suponemos que otros harán con lo que hagamos. De allí que, al narrar lo sucedido en una organización, la unidad de análisis no puede ser el individuo sino los vínculos entre los individuos y las representaciones que ellos tienen de esos vínculos. Lo que cada uno haga o deje de hacer tendrá mucho más que ver con su representación del vínculo que los une, de lo que está permitido y lo que no, de qué es bueno y qué es malo, de qué es "lógico" y qué es "absurdo" en ese contexto, y otras consideraciones por el estilo, que con lo que cada uno podría llegar a hacer en otras circunstancias.

Aun cuando las organizaciones parezcan muy sólidas, gran parte de sus creencias están basadas en pruebas no realizadas. Muchas veces los actores llegan a acuerdos implícitos para evitar pruebas, construyendo explicaciones de por qué ciertas cosas no pueden hacerse, ni intentarse ni conversarse. Asombrosamente, sabemos mucho menos sobre el ambiente de nuestras organizaciones de lo que creemos y eso tiene que ver con que –en cierta forma– nos complotamos para no probar. Luego, como cada uno ve que el otro no hace algo, todos creemos que es imposible actuar. Así, describimos el ambiente como lleno de imposibilidades que nadie verificó, nunca.

Resulta notable que tanta charla, construcción de consenso y aprendizaje de la experiencia de otros resulten muchas veces en ignorancia compartida. Como dice Weick, cada uno ve que el otro hace y evita ciertas cosas, piensa que esta evitación está motivada por peligros reales y, en consecuencia, tiende a hacer y a evitar cuestiones similares.

Equivocalidad

Todo lo que estamos describiendo habla del ambiente equívoco en el que nos movemos, en el que se mueven nuestras organizaciones. En vez de referirse a "incertidumbre" o "ambigüedad", Weick prefiere hablar de "equivocalidad". Una palabra o una situación es equívoca cuando puede tener diferentes significados. Cayeron las ventas: ¿es un fenómeno estacional o los clientes prefieren a la competencia? Ella me dijo algo y guiñó un ojo: ¿estaba bromeando o le entró algo que le molestaba? No es un problema de falta de significado, sino que hay demasiados significados posibles.

Vivimos en una realidad donde todos los eventos están "sobredeterminados". Esto significa que, para que algo ocurra, es necesario que hayan confluido muchas más causas que las que eran estrictamente necesarias. En consecuencia, el significado de cada objeto o evento en el que fijemos nuestra atención es siempre plural, nunca tiene una causa única. Alguien sale a comprar cigarrillos de noche y, al cruzar una calle oscura, un coche lo atropella. ¿Es un problema de inseguridad en la ciudad? ¿Del mal mantenimiento de los automóviles? ¿De falta de educación vial? ¿De mala iluminación urbana? ¿O de tabaquismo? La realidad es una sola, pero nuestra aproximación a ella puede ser muy variada.

En palabras de Weick, "nos preocupan las formas en las cuales las organizaciones dan sentido al mundo y el hecho de que gasten la mayor parte de su tiempo sobreimponiéndole una cantidad de significados. Es virtualmente imposible que un solo significado sea impuesto a la corriente de experiencia y que agote todas sus posibilidades, y es por esta razón que entendemos que la equivocalidad es un componente prominente en la existencia de una organización"[16]. En esta pluralidad de significados, la idea de Kurt Lewin –ya citada en el capítulo anterior– se vuelve más que nítida: si realmente nos interesa entender algo, debemos intentar modificarlo. Así, la organización no puede entenderse hasta que no se intenta hacer algo con ella.

Weick compara la acción organizativa con un juego de mímica, o charada, en el que, entre amigos, una persona debe representar solo mediante gestos, sin hablar, títulos de libros y películas para que sus compañeros de equipo los adivinen. En la charada, la persona que actúa sabe lo que hizo solamente cuando los otros reaccionan a eso. Hace un soliloquio; la puntuación y el significado los ponen los otros. Una persona haciendo una charada necesita actuar para entender qué significa lo que hace, igual que la gente en las organizaciones necesita actuar para entender lo que ha hecho. Weick resume esto en lo que él llama su fórmula para construir sentido: "¿Cómo quieren que sepa lo que dije si todavía no he visto lo que hice?"[17].

---

16. Weick, K.: *op. cit.* (1979, p. 175).
17. Weick, K.: *op.cit.* (1979, p. 133).

Construir significados a través de la acción se parece mucho a poner aclaraciones entre paréntesis. El flujo continuo de los hechos es casi como la desgrabación literal, sin puntos ni comas, de un discurso. Cuando leemos un texto así, solemos tener la misma frustrante sensación que cuando un empleado enfrenta un flujo de hechos cuyo significado desconoce y sin señales que le puedan decir qué es importante y qué no lo es, o cómo hay que leer lo que lee.

Cuando uno selecciona algo para leer con más atención, lo ha sacado de su contexto y lo que está mirando es tanto parte de uno mismo (por algo lo ha separado) como del objeto. Aunque parezca que la realidad "nos salta a los ojos" o "nos golpea en la cara", la verdad es que esa distinción entre lo relevante y lo insignificante no pertenece al objeto sino a nosotros. De allí que, aunque acostumbremos decir que hay que ver para creer, Weick insiste en que es necesario creer para ver. A diferencia de lo que ocurre con las computadoras, la información ingresa en los humanos por la memoria. Y lo que se ve, aunque parezca estar totalmente "allí afuera", tiene mucho que ver con historias, experiencias, conocimientos y creencias anteriores, que no están sucediendo necesariamente en ese momento pero que, sin embargo, nosotros hacemos volver a ocurrir en nuestra forma de percibir la realidad.

En consecuencia, nuestra lectura de la realidad y la forma en que la narramos no solo son efecto sino también causa de lo que sucede. De alguna manera toda descripción de sentido es centrífuga: la idea es proyectada hacia afuera y redescubierta luego como si estuviera en el mundo... aunque el descubrimiento haya sido "inventado" antes por el descubridor.

Variación y selección de sentido

Habíamos dicho que esa acción en busca de sentido es comparable con lo que en la naturaleza se describe como el proceso de variación. Sin embargo, Weick enfatiza que, a diferencia de lo que ocurre en la naturaleza, en este caso se trata de variaciones que producimos nosotros, aunque luego las percibamos como si fueran externas e independientes. En vez de "variación", el autor utiliza la palabra *enactment* para denominar a este aspecto del proceso evolutivo.

Este término resulta de imposible traducción al castellano, ya que tiene dos significados, ambos pertinentes a lo que Weick quiere decir, pero que no equivalen a una palabra única en español. Para el diccionario Merriam Webster, *to enact* significa tanto convertir en ley, decretar, promulgar, como actuar o representar. Para Weick, cuando frente a una realidad desconocida, consciente o inconscientemente, decidimos qué es esto o lo otro, qué es cierto o falso, significativo o insignificante, divertido o dramático, pertinente o absurdo, no solamente estamos actuando esa realidad que hemos definido, sino que también estamos "decretando" qué clase de cosa es esa realidad. El *enactment* es construcción de sentido hacia afuera: frente a lo desconocido, actuamos; y al actuar, lo definimos. Aunque al interactuar con la situación podemos modificar nuestra percepción de ella, es cierto que lo que encontramos tiene mucho que ver con el modo en que nos acercamos a la situación.

De la misma forma que el *enactment* equivale a la variación en la naturaleza, la construcción de sentido equivale a la selección. Con frecuencia, la selección se torna difícil de distinguir del *enactment* porque en ambos hay imposición de diferentes estructuras a situaciones (*enacted environments*)[18] que nos resultan equívocas a fin de reducir su equivocalidad. Tanto el *enactment* como la selección generan interpretaciones válidas de la equivocalidad. Pero las interpretaciones que surgen de la selección son más completas. De hecho, el *enactment*, la interacción con la realidad, no reduce la equivocalidad. Más bien

---

18. Una traducción mala pero posible sería algo así como "situaciones decretadas" o "ambientes actuados".

la aumenta. Interactuar con el mundo físico nos pone siempre frente a hechos rebosantes de significados posibles a los que después hay que darles sentido.

Un viejo acertijo infantil pregunta qué muestra la Figura 5.

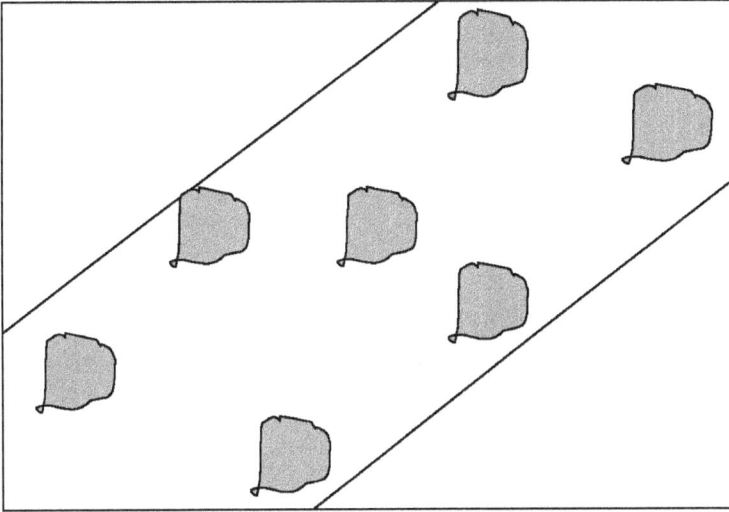

Figura 5. ¿Qué ve usted aquí?

Y la respuesta es… una jirafa pasando frente a una ventana. Al igual que en el acertijo, nos suceden (o hacemos suceder) todo el tiempo cosas que no terminamos de entender qué significan. Seguimos haciendo cosas con ellas (*enactment*), tratando de entender qué salió de lo que hicimos (*selection* o *sensemaking*). Muchas veces la selección toma la forma de mapas causales que contienen variables interconectadas producto de la experiencia pasada, como cuando el detective de novela dice "*cherchez la femme*" o el consultor tradicional de marketing aconseja "ir a vender a donde está el dinero". Es decir, no se trata de claves para leer una situación sino "cierto tipo" de situaciones. Y esos "tipos de situaciones" son lo que llamamos "ambientes *enactados*" (*enacted environments*).

En ocasiones, los *enacted environments* brindan una interpretación razonable. A veces, confunden más. Al principio, muchos generales alemanes y franceses vieron a la Primera Guerra Mundial como una continuación de la Guerra Franco-Prusiana de 1871. Al poco tiempo, ambos ejércitos y sus aliados estaban trabados en una guerra de trincheras donde nadie podía avanzar un metro y las muertes se contaban por millares: baste con recordar que durante los primeros treinta minutos de batalla en Somme murieron 60.000 soldados británicos. Los cambios tecnológicos, así como la decadencia de viejos imperios –como el Otomano o, en cierta medida, el Austro-Húngaro– y la misma Francia, sumados a la gestación de la Revolución Rusa que, de hecho, se produjo durante la guerra, componían un escenario absolutamente distinto al de 1871. Pero no era el que los actores de 1914 veían: ellos seguían percibiendo la vieja situación, el antiguo mapa conocido. Por supuesto, hubo muchos otros actores que percibieron un *enacted environment* diferente y alertaron sobre una masacre absurda, pero fueron desoídos o, simplemente, asesinados por "traidores". Los hechos "objetivos" eran los mismos para todos los actores, pero la selección –la construcción de sentido– era distinta. Esta diferencia no se debe a que las cosas no tengan significado, sino a que tienen demasiados significados posibles. Cada situación ofrece la base de diferentes arreglos potenciales de fondo y figura y, por eso, permiten –como los objetos gestálticos– que diferentes personas vean diversas cosas a partir de un mismo fenómeno. Los mapas que cada uno de nosotros lleva consigo seleccionan ambientes y también otros mapas.

Seleccionar consiste en determinar qué olvidar y qué recordar. Es construir sentido y significado. Muchas cosas ocurren en una organización. Algunas son racionales; otras no. Unas son intencionales y otras, aleatorias. Algunas son comprensibles y otras, extrañas. A partir de todo ese acontecer simultáneo y desatinado, es necesario construir sentido para coordinar conductas con uno mismo y con los demás. Y esto se hace solamente seleccionando y negociando significados.

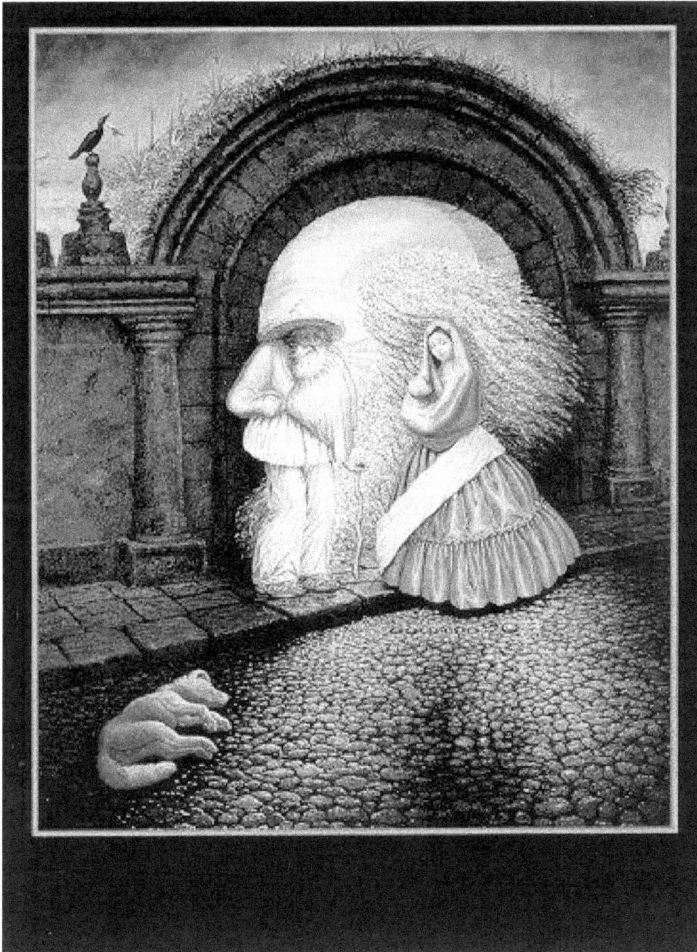

Figura 6. Fondo y figura.[19]

---

19. Extraído de http://www.terapiasnaturales.com/wp-content/uploads/2009/04/gestalt.jpg (consultado el 11 de enero de 2011).

La selección, la construcción de sentido, se ejerce sobre cosas que ya han sucedido. Por eso, es siempre retrospectiva. Los significados que permiten coordinar las conductas hacia el futuro se construyen mirando al pasado. Aunque también, recordando el futuro, se inventa un pasado. De allí que la memoria organizativa suela tomar la forma de historias, mapas causales que describen secuencias de tal manera que puedan repetirse. Se trata de repetir historias para mantener vínculos y recrear historias para construir posibilidades.

El dilema de la acción organizativa es siempre qué acreditar y qué desacreditar de lo que la memoria nos dice. Prestarle demasiada atención a la memoria puede ser una tontería tan grande como no atender a lo que nos dice. Ese es, precisamente, el problema de la retención.

Dijimos que todo *enactment* se parece a una charada, donde uno entiende lo que está diciendo sobre la base de lo que los demás interpretan. Por eso, para Weick, en la fórmula de construcción de sentido "¿cómo puedo saber lo que dije si todavía no vi lo que hice?", "ver" corresponde a la selección. La selección apunta a responder a la pregunta sobre *qué es lo que pasa aquí*. Y, por ello, seleccionar implica elegir directamente significados e interpretaciones. Al darle significado a lo que sucede, indirectamente se están eligiendo también personas, áreas, grupos u objetivos. A través del "¿qué es lo que pasa aquí?", los ítems equívocos se vuelven más razonables, más comprensibles, al tiempo que lo que está ocurriendo se convierte en algo diferente porque la selección implica siempre una transformación de lo que está sucediendo.

En las situaciones confusas que caracterizan al mundo organizativo, desentrañar el significado de una situación deja en evidencia una decisión que surge casi de suyo de esa asignación de sentido. Es importante darse cuenta de que la selección aloja a las decisiones: cuando se ha elegido un significado para una situación, la decisión viene sola. Stephen Covey[20] da el ejemplo de un hombre que volvía en subterráneo a su casa por la madrugada. Unos asientos más adelante del que él ocupaba, había unos niños gritando y haciendo ruido, corriendo por todo el vagón e impidiéndole descansar. El padre de los niños, sentado en uno de los asientos, los miraba impávido sin decirles nada. El pasajero se acercó al señor para pedirle que contuviera un poco a los chicos. Pero al acercarse, el hombre sentado le dijo antes de que él hablara: "Disculpe, sé que molestan. Pero están muy mal. Mi mujer está internada hace meses. Ahora volvemos del hospital". Al oír esto, el hombre entendió de otro modo lo que estaba sucediendo. Y los chicos corriendo y gritando ya no le molestaron. Comprender lo que sucedía y entender lo que haría eran una misma cosa.

Retención y memoria organizativa

La selección puede trabajar sobre la base de lo que hacemos con la realidad, tratando de darle sentido a lo que hicimos o estamos haciendo. Pero también puede tener como insumo las retenciones, la experiencia pasada.

En el caso de las organizaciones, los cambios ecológicos provocan a veces la producción de acciones adaptativas flexibles e improvisadas. Algunos de esos *enactments* son difíciles de etiquetar (por ejemplo, como "el modo en que superamos la falta coyuntural de financiación") y, en consecuencia, suelen ser destruidos, "olvidados", no capitalizados en el acervo de conocimiento de la organización. El problema con la adaptación en las organizaciones es que algunas respuestas exitosas suelen ser percibidas como la repetición

---

20. Covey, Stephen: *The Seven Habits of Highly Effective People*. Free Press, New York, 2004. En castellano: *Los siete hábitos de la gente eficaz*. Paidós, Buenos Aires, 1990.

de cosas conocidas. Aunque hayan sido respuestas nuevas y originales no se percibe "lo nuevo" que pueda haber en ellas, y son tratadas y retenidas como mera confirmación de lo que "siempre supimos y siempre hemos hecho".

Otra forma en que la retención desautoriza a la variación es cuando respuestas exitosas pero improvisadas y sueltas, se perciben a la hora de la selección como "cosas cerradas", conocimientos, que pueden repetirse exactamente, sin necesidad de seguir explorando y profundizando. En esos casos, la selección –más que responder a los *enactments* adaptativos disparados aquí y ahora– parece obedecer a la memoria organizativa, a retenciones del pasado. Al menos desde el punto de vista de sus percepciones, el problema de las organizaciones no es la entropía ni la pérdida de orden sino lo contrario: un exceso de orden, más bien mental, que permite no percibir lo nuevo en las actividades de todos los días, en las rutinas.

¿De qué materia está hecha la memoria organizativa? En su mayor parte, los contenidos de las retenciones son *enacted environments*, ambientes enactados, almacenados bajo la forma de variables o factores rotulados y conectados causalmente. Cualquier cosa, hecho, idea o persona que aspire a sobrevivir en un contexto organizativo –o sea, a ser seleccionado y retenido por la organización– debe encontrar algún lugar en los mapas causales existentes. La selección, en la práctica, es hecha sobre la base del ambiente *enactado*, del reconocido, rotulado –es decir, que tiene un nombre–, y no del ambiente físico.

Las retenciones y las creencias operantes controlan lo que se ve en la misma medida que lo que se ve controla las creencias. Como las únicas cosas que pueden seleccionarse y preservarse son las que ya existen, las organizaciones formulan estrategias tomando como materias primas cosas que ya han implementado. Así, la estrategia se formula también mirando el pasado, no solamente el futuro. La retención, lo que sabemos de antes, lo que se conservó como conocimiento, afecta tanto la selección (la forma que elegimos para definir qué pasa aquí) como el *enactment*. Los efectos de la experiencia pasada pueden ser directos o inversos, dependiendo de si la persona confía en su experiencia pasada o desconfía de ella.

Algo similar, pero de forma sensiblemente más poética, escribió Enrique Santos Discépolo cuando compuso el tango "Uno":

> *Si yo pudiera como ayer*
> *querer sin presentir...*
> *Es posible que a tus ojos*
> *que me gritan tu cariño*
> *los cerrara con mis besos...*
> *Sin pensar que eran como esos*
> *otros ojos, los perversos,*
> *los que hundieron mi vivir.*

¿Cómo podríamos explicar estos versos recurriendo a Weick? Diciendo que el poeta afirma que sus retenciones pasadas no le permiten enactar la situación como placentera, sino que lo llevan a verla amenazante, es decir, que acredita sus retenciones y desacredita *enactments*. Tal como hemos dicho, el *enactment* produce equivocalidad en vez de disminuirla. Es acción que produce equivocalidad a la que luego hay que darle sentido. Es evidente que él pudo darse la oportunidad de probar otra vez. Pero ahora vacila en el momento de decidir (seleccionar). Discépolo, en la perspectiva de Weick, está acreditando sus retenciones en el proceso de decidir aunque las hubiera desacreditado para enactar. Desacreditar las retenciones en el proceso de *enactment* y acreditarlas en la selección es una división de las decisiones típica en las organizaciones.

La retención es la posibilidad de recordar. Se relaciona con la exactitud, el acceso y la amplitud del rango de la información. La calidad de la información retenida en una organización tiene mucho que ver con la de la relación entre las personas. "Si lo que se dice está distribuido en una gran cantidad de personas en la organización, todas las cuales tienen posiciones poco conectadas, es más probable que olviden lo que algunas de ellas dijeron."[21] Dado que la memoria organizativa, así como la memoria individual, hacen a la identidad, podríamos preguntarnos: ¿cómo puedo saber lo que pienso si no recuerdo lo que dije? La memoria no retiene todo. Deforma, amplifica, disminuye, modifica.

En realidad, para Weick, la capacidad de error de la memoria es una de sus virtudes, ya que abre espacio para nuevas variaciones.

Weick cita a De Bono[22] cuando este compara la memoria con una placa de gelatina en la que se vierte un poco de agua caliente con un jarro. El agua hace un pequeño pozo en el centro de la placa, y canales. Solo algunos canales se conectan entre sí, pero todos desembocan en el pozo. Cuando después de unos minutos se echa agua fría sobre la placa, el agua (la nueva información) es organizada por las acumulaciones de gelatina y los canales (las relaciones causales) existentes. Así, la forma que la nueva información toma está condicionada por las improntas del pasado.

Sin embargo, a diferencia de la placa de gelatina, el material existente en la memoria también se reorganiza. Cuando hablamos de retención, no nos referimos a depósitos. Hechos nuevos hacen recordar elementos olvidados y olvidar otros que estaban presentes. La decisión crucial con respecto a la memoria es si acreditar los recuerdos o desacreditarlos. No acreditar los recuerdos puede ser tonto, porque significa no atender a la experiencia. Pero centrarse demasiado en la experiencia y en los recuerdos puede ser tonto también, porque impide acercarse a lo nuevo, experimentar otras cosas. Acreditar o desacreditar la experiencia, ese es el dilema sin respuesta.

---

21. Weick, K.: *op. cit.* (1979, p. 208).
22. De Bono, Edward: *The Mechanism of Mind.* Penguin, Baltimore, 1969.

La sabiduría del olvido

La decisión sobre cómo resolver el dilema del acreditar-des-acreditar podría resultar algo más fácil si alguien pudiera disponer de la totalidad de la memoria acumulada. Pero será difícil desde cualquier posición aislada comprender el sentido de las cosas recordadas o entender sus intenciones, porque el total de la memoria asociada con todos los miembros de la organización es siempre más complejo que lo que cualquier individuo o grupo particular de individuos puede comprender. En cualquier caso, es importante pensar que lo contrario de acreditar la experiencia puede no ser desacreditarla o negarla: siempre existe la posibilidad, más inteligente, de dudar[23]. Las preguntas aquí remitirían a cuestiones de selección (por ejemplo: sabiendo lo que sé ahora, ¿debo mirar de otra manera lo que sucedió?) o de *enactment* (sabiendo lo que sé ahora, ¿actuaría de otra manera?). La duda ronda todo el tiempo el contexto organizativo. Todo gerente con experiencia sabe que está profesionalmente obligado a dudar de lo que se tiene certezas y actuar con certeza en lo que se tiene dudas.

La relación entre memoria y selección exige un balance difícil. Se requiere flexibilidad cuando las prácticas deben modificarse en función de cambios en el ambiente. Pero una flexibilidad excesiva destruye la identidad. Del mismo modo, la estabilidad provee medios para manejar las contingencias que se repiten y facilita el manejo de las nuevas. Sin embargo, la estabilidad crónica impide que se detecten cambios en el ambiente o se descubran mejores maneras de hacer las cosas.

Casi nunca la falta de memoria ha sido la causa de una decadencia organizativa, es más frecuente que las organizaciones

---

23. Se le atribuye a un coronel argentino, de nombre Aldo Rico, una interesante observación: "Yo no dudo (…) la duda es una jactancia de los intelectuales". Para Jorge Luis Borges, en cambio, "la duda es uno de los nombres de la inteligencia".

se equivoquen por recordar demasiado durante mucho tiempo y por persistir haciendo cosas de la manera en que las han hecho siempre.

Entendemos la organización a través de nuestra actuación. Y comprendemos nuestra actuación al hilvanarla en relatos. Los relatos, las historias, las sagas organizativas son la memoria de la empresa. Para una organización que necesita aprender, la memoria es crucial. La forma en que esa memoria está distribuida, su exactitud y las condiciones bajo las cuales es tratada son características relevantes. La organización no será igual si esa memoria está en un equipo, en una red de equipos o en una sola persona. La memoria puede tener diferentes grados de exactitud, disponibilidad y comprensión de acuerdo con la forma en que esté organizada. En consecuencia, no puede ser tratada con independencia de las interrelaciones de los miembros de la organización.

La memoria organizativa no es un depósito de datos. Ella reorganiza la información, olvida algunas cosas, recuerda otras, magnifica y minimiza, resalta y confunde. Toda memoria incluye criterios de selección de la información.

Una memoria infinita, que no seleccione, es un gigantesco embrollo donde nada tiene significado. Para una memoria ilimitada como la del inolvidable Funes[24], hasta las palabras perdían su significado. ¿Qué significa algo tan genérico como "árbol" para quien no olvida ninguno de los árboles que ha visto en su vida? ¿O "rostro", para el que recuerda cómo su aspecto cambia a lo largo de cada día, en cada momento, en cada época del año? Para entender qué es un árbol no solo es necesario saber qué recordar: es menester saber también qué debe ser olvidado.

---

24. "Funes el memorioso" es un cuento del escritor argentino Jorge Luis Borges, incluido en el libro *Ficciones* (Emecé, Buenos Aires, 2007).

CAPÍTULO 3

QUÉ ES EL CONOCIMIENTO

Hemos visto en el capítulo anterior cómo la acción construye significados, mapas causales que explican lo que sucede, o memoria organizativa que hace a la identidad, a lo que la organización es, a lo que es capaz o no de hacer. El conocimiento organizativo está, luego, siempre anclado en la acción y en los significados colectivamente construidos. Este será el tema de este capítulo y de los dos siguientes.

Es importante saber de qué hablamos cuando nos referimos a conocimiento. Para explicarlo, tomaremos un caso atribuido a una comunidad indígena peruana[1].

En una aldea del Perú, era necesario persuadir a las amas de casa de que agregaran a sus tareas diarias la de hervir el agua para beber. Los médicos y agentes sanitarios del dispensario presentían que sería difícil porque, según decían, los aldeanos no entendían cómo se producían las enfermedades.

En realidad, los aldeanos tenían sus propias ideas sobre la relación entre sanidad y enfermedades. No les gustaba el sabor del agua hervida y no la soportaban sin agregarle canela, limón o algo que le cambiara el gusto. No les parecía

---

1. Rogers, Everett M.: *Diffusion of Innovations.* Free Press, New York, 1995.

creíble la idea de hervir el agua y arruinarle el gusto para después dejarla enfriar a fin de matar unos animalitos, que no se ven y que los agentes sanitarios –confesaban– tampoco habían visto nunca. Los aldeanos no creían que los microbios existieran y, menos aún, que produjeran enfermedades. Estas, a su juicio, eran producidas por los malos deseos de los enemigos o por los espíritus. Además, si debían agregar al duro trabajo de jornaleros que tenían el de buscar leña para hervir el agua, resultaba demasiado esfuerzo para algo en cuya utilidad no creían. De hecho, tampoco confiaban mucho en médicos y asistentes sociales, a quienes veían más como parte del sistema de autoridades que como a potenciales ayudas.

En este breve caso se hace evidente que información no es lo mismo que conocimiento. Los indígenas habían sido informados y ellos habían comprendido perfectamente lo que se dijo. Pero lo habían resignificado en función de sus propias creencias (las enfermedades no son causadas por organismos invisibles, sino por espíritus) y de sus vínculos con los médicos, considerados poco confiables.

Todo esto nos lleva a distinguir entre tres conceptos: dato, información y conocimiento. Utilizaremos la palabra "dato" para designar diferenciaciones significativas; llamaremos "información" a los datos anclados en un contexto, y "conocimiento" a la información anclada en creencias. Veamos cómo funcionan los tres conceptos en el ejemplo anterior.

Que los indígenas tomaban el agua sin hervir era un dato, una diferenciación significativa para los médicos. Para los indígenas, en cambio, casi no lo era, ya que veían el hecho como absolutamente natural porque encontraban mal gusto al agua hervida.

Los médicos les informaron que el agua sin hervir tenía parásitos. Eso estaba basado en datos extraídos de sus libros y anclado en el contexto de una parasitosis incontrolable.

Los indígenas comprendían esa información perfectamente, pero la convertían en un conocimiento que no era el de los médicos porque estaba resignificada por sus creencias. No atribuían las enfermedades a bichos que nadie había visto, sino a los espíritus. Desconfiaban de los médicos. El conocimiento es siempre algo que no ha pasado por los sentidos ya que, además de información, supone vínculos, creencias y significado. Los médicos pedían algo que no tenía sentido para los indígenas, y nadie en su sano juicio hace cosas a las que no les encuentra razón. Si los vínculos con los médicos hubieran sido distintos, tal vez lo habrían hecho, aun sin haber visto un ser microscópico en su vida… tal como lo hacemos quienes tenemos esa información anclada en otras creencias.

Los médicos del hospital y los indígenas constituían dos colectivos con creencias, significados y vínculos diferentes. La posibilidad de construir juntos conocimiento estaba directamente relacionada con la calidad de la relación entre ellos. El conocimiento es un hecho más social de lo que solemos creer. Uno puede, quizás, informarse solo. Pero el conocimiento siempre implica construir sentido y significado con otros, modificar los vínculos que nos ligan con alguien.

Conocimiento: ¿transmisión o construcción?

En el párrafo anterior, hablamos de "construir juntos conocimiento". Suponiendo que los médicos sabían el verdadero motivo de las enfermedades y los nativos no, alguien podría preguntarse si era necesario realizar una construcción conjunta o, simplemente, transmitir conocimientos. Esto nos conduce a una pregunta clave: ¿es posible que haya transmisión de conocimiento?

Si partimos de pensar que el conocimiento es una construcción que incluye creencias y vínculos, podríamos esperar que los indígenas se hagan de ese conocimiento cuando lo construyan en su ámbito, resignificando la información brindada por los médicos a la luz de sus propias creencias. Como veremos más adelante, es muy difícil transmitir conocimiento de un grupo a otro.

En el plano de la relación, los médicos ignoraban que los indígenas tenían razones fundadas en sus propias creencias y no pura obcecación para negarse a hacer lo que se les proponía. Tal vez habrían logrado revisar juntos esas creencias si los profesionales hubieran podido revisar las suyas acerca de los indígenas. Si hubiesen podido discutir lo que sucedía, ambos grupos habrían aprendido algo. Incluso desde el punto de vista estrictamente técnico y aun suponiendo que las culturas tradicionales no tuvieran nada que agregar sobre el origen de las enfermedades locales, la verdad es que, para que el conocimiento "blanco" fuera practicable, aún habría mucho por aprender, aunque más no fuera una forma de conseguir y utilizar el combustible que facilitara un poco la tarea de hervir el agua.

Codificación y personalización

Hemos dicho que el conocimiento implica "construir sentido y significado con otros, modificar los vínculos que nos ligan con alguien". Sin embargo, esta no es la visión más frecuente en las teorías de la acción que suelen guiar al management en las organizaciones. Tomaremos un breve caso para ejemplificar.

Miguel, gerente de Proyectos de una consultora multinacional, se propuso armar una biblioteca virtual de información sobre las producciones de los equipos de trabajo. Ocurría que cada producción se ponía en marcha a partir de un pedido realizado por un cliente y era llevada a cabo por un equipo de trabajo diferente en cada ocasión. Como los equipos tienen mucha rotación y están siempre atestados de tareas, es baja la posibilidad de recordar lo que ya han hecho o de saber si otros han realizado trabajos muy similares. Esta era la situación en la sede local de la consultora. Y nada permitía suponer que las cosas fueran distintas en las demás filiales. Como decía Miguel, era muy posible que en esas oficinas distribuidas alrededor del mundo hubiera "200 personas inventando nuevamente la rueda cada mañana". Crear un reservorio virtual permitiría acceder al conocimiento acumulado por la organización a cualquier empleado de la compañía. Miguel pensaba que esto haría que los equipos presentaran mejores productos, ya que contarían con otras producciones para reutilizar. Además, sería su aporte para la "gestión del conocimiento" al interior de la empresa, ya que el repositorio incrementaría el interés de los empleados en capacitarse, pues podrían buscar conocimiento sin exponer sus falencias ante sus líderes de proyecto y, también, manejar sus tiempos de forma individual.

Para decepción de Miguel, en la práctica, la base de datos fue muy poco empleada. La gente siguió consultándose entre sí, dentro de su equipo o con otros equipos, de manera informal. A veces, incluso, intercambiaban carpetas con presentaciones que conocían bien. Sin embargo, todo lo que estaba a disposición, producto del trabajo de decenas de equipos desplegados en distintos lugares del planeta, seguía allí casi intacto.

En el caso presentado, ¿qué entiende Miguel por "conocimiento" cuando se propone gestionarlo? Tal como se presenta en la situación, el conocimiento sería algo que puede guardarse en una presentación y distribuirse, una especie de elemento capaz de ser subido a la Web y bajado por los empleados para que lo utilicen cuando lo necesiten. En suma, el conocimiento sería siempre transferible y reutilizable, como un objeto, como un engranaje en una máquina.

Miguel utiliza una de las dos formas a través de las cuales las organizaciones suelen difundir su conocimiento: codificándolo. La otra es a través de relaciones personales. La difusión mediante la codificación se vale de textos, manuales, procedimientos, bases de datos. La vía de las relaciones personales, en cambio, lo hace por medio del trabajo cercano y directo de quien va a aprender con alguien muy experimentado. Esta última modalidad –que ilustraré más adelante con el caso TECNA[2]– representa una metodología preferida, por lo general, cuando los problemas resultan excesivamente versátiles como para recopilar las respuestas en un manual.

Hansen, Nohria y Tierney[3] han observado que en las organizaciones que tienen muchas tareas repetitivas el enfoque predominante es la codificación de información rápida, confiable y de alta calidad a través de sistemas basados en la reutilización de conocimiento escrito. Pero cuando el trabajo tiene más requerimientos de adaptación a una situación determinada y no hay forma de transmitir sus aspectos más significativos por escrito, se hace necesario que la gente más novata trabaje cerca de los expertos. En estos casos, se recurre a la personalización, a la construcción de conocimiento riguroso canalizando las experiencias individuales o grupales a través de interacciones personales. Los autores, sin embargo, señalan que ninguno de los dos procedimientos puede emplearse de manera exclusiva. Si se elige la personalización, aunque se aplique al 80% de la gestión del conocimiento, será necesario dedicar un 20% del esfuerzo a la codificación –por ejemplo, a elaborar guías

---

2. TECNA es una empresa tecnológica de muy rápido crecimiento y con pocos proyectos repetitivos. Allí, la necesidad de solucionar problemas complejos exige que los expertos compartan el conocimiento con los novatos a través del trabajo cotidiano.

3. Hansen, M.T.; Nohria, N.; Tierney, T.: "What's your strategy for managing knowledge?", en *Harvard Business Review*, N° 77, marzo-abril de 1999.

que permitan identificar a los expertos, a "quién sabe qué", a fin de poder hacerles consultas de manera personal–. Del mismo modo, si la estrategia elegida es la codificación, aunque el esfuerzo de codificar tome el 80% de la gestión, será preciso dedicar un 20% a generar un grupo de gente con inquietudes y habilidades como para ir a buscar y utilizar la información que se encuentra disponible.

Miguel supuso que la mera disponibilidad de conocimiento codificado impulsaría a los grupos de trabajo a recurrir a él. Ya sea porque no lo consideró su responsabilidad o porque no habría sabido hacerlo, de hecho, Miguel omitió asegurarse que la gente tuviera la capacidad, el conocimiento o la disposición para usar el conocimiento codificado: el hecho de que los individuos estén informados de que algo existe y está disponible no significa que recurran a él.

Miguel parece imaginar individuos que reciben pedidos y buscan materiales en carpetas o bases de datos para hacer una presentación. Sin embargo, diagnosticar la necesidad del cliente, entender a los interlocutores válidos dentro de la empresa, seleccionar la propuesta a ofrecer y armarla, son tareas que requieren mucho intercambio de información con los pares. Porque los grupos necesitan ir construyendo la capacidad para hacer juntos lo que no podían hacer en solitario, lo que antes hacían informalmente –contarse casos parecidos, comentar historias, y otras prácticas similares– debe convertirse para el grupo en una acción sistemática que, si bien permite acceder a mucha más información, requiere también una dedicación consciente y el desarrollo de formas de trabajo que hasta ahora no existían. Asimismo, ciertas habilidades elementales (como, por ejemplo, la de encontrar palabras clave para acceder a la información) necesitan un cierto desarrollo, que –a su vez– requiere tiempo y atención[4].

---

4. Orr, Julian: *Talking about Machines: an Ethnography of a Modern Job.* IRL Press, Ithaca, 1996.

Resulta notable que Miguel no haya observado con mayor detalle el trabajo de su gente. Su mirada es una versión simplificada, de uso corriente en las organizaciones, de lo que suele llamarse el "trabajo canónico"[5]. Como veremos, es frecuente que las reglas, los procedimientos e, incluso, la innovación y el entrenamiento, estén basados en una visión pobre y esquemática del trabajo real que, más que facilitarlo, lo dificulta. Lo que Miguel pone a disposición de los empleados es información. Pero la posibilidad de construir conocimiento no se logra automáticamente por disponer de ella. Hubiera sido necesario que la utilización de la base de datos se convirtiera al menos en un tema de conversación para poder ser elaborada por el grupo de trabajo.

Mutatis mutandi, la actitud de Miguel gira sobre supuestos parecidos a los de los médicos del Perú. En ambos casos, la confusión conceptual entre información y conocimiento alentó el deseo de cambiar la conducta del otro prescindiendo de comprender la situación. En el caso peruano, habría sido necesaria una acción por parte de los médicos para valorar aquello que los indígenas señalaban como problema: el sabor del agua hervida y la existencia de las bacterias. En el caso de Miguel, él debió entender más la forma de trabajo de su gente y tratar de establecer en forma conjunta cómo utilizar la base de datos para mejorar la tarea, dando espacio a la discusión de las dificultades –sin dudas, desconocidas hasta entonces– que aparecían al intentar hacerlo. Así, en el proceso de conocer, se hubieran puesto en juego variables tales como creencias, vínculos y construcción de sentido intentando hacer algo juntos.

Cook y Brown[6] han hecho notar que contar con conocimientos muchas veces no es suficiente: es necesario sumar-

5. Brown, John Seely; Duguid, Paul: *op. cit.* (1991).
6. Cook, Scott D.N.; Brown, John Seely: "Bridging epistemologies: the generative dance between organizational knowledge and organizational knowing", en *Organization Science*, Vol. 10, N° 4, julio-agosto de 1999.

les el intento de conocer. Este es un punto muy importante. Andar en bicicleta implica no solo lo que ya se sabe, sino también buscar el equilibrio todo el tiempo. Hacer nuevas propuestas no es solo cuestión de saber qué se hizo en otras ocasiones: supone tanto resignificar viejas presentaciones como buscar permanentemente nuevas respuestas.

Estos dos breves casos nos permitieron complejizar dos situaciones en apariencia simples: por un lado, por qué los indígenas no hacen algo que, desde nuestro punto de vista, a todas luces les conviene; por otro, por qué la gente de la consultora no utiliza un material que la podría ayudar mucho. Como decíamos al principio, aceptar la perplejidad en cosas que antes considerábamos obvias es abrir la posibilidad de nuevos conocimientos.

Transferencia y transformación

Tanto Miguel como los médicos se proponían llevar conocimiento desarrollado en un cierto lugar a otro y, en esa tarea, encontraron más dificultades de las que esperaban.

Tradicionalmente, se ha denominado "transferencia" al "traslado" de conocimientos. Este concepto suele resultar adecuado solo en una escala estrictamente individual. Por ejemplo, si sé conducir un modelo de automóvil, es probable que pueda manejar cualquier otro aunque no sea exactamente igual. En este caso, la transferencia es positiva. En cambio, si estoy acostumbrado a manejar un auto pequeño, quizás encuentre dificultades serias para aprender a conducir un gran camión: los aprendizajes anteriores podrían crearme tanto ventajas como dificultades. Sin embargo, al pensar la cuestión desde un punto de vista colectivo, no resulta tan claro en qué medida el conocimiento desarrollado por un grupo en un contexto dado puede servir en otro. Con frecuencia, para que sirva, es necesario recrearlo en tal medida que ya no puede establecerse si se trata del mismo conocimiento o de otro nuevo.

Nonaka y Takeuchi[7], por ejemplo, describen un caso en el que se trataba de entender cómo los maestros panaderos elaboraban el pan francés a fin de que los ingenieros pudieran, con ese conocimiento, crear una máquina para fabricación casera. Los autores cuentan la experiencia como la conversión de conocimiento tácito en explícito con el propósito de transferir el conocimiento del *locus* de los panaderos al de los ingenieros. Para llevar a cabo la conversión, una ingeniera se integró a un grupo de trabajo de panaderos hasta que pudo definir qué era lo que hacían: "mientras retuercen, estiran". Sobre esa base, los ingenieros pudieron crear la máquina de manera exitosa.

Cook y Brown[8] creen que la misma historia puede interpretarse de otra manera. No se trató simplemente de "convertir" el conocimiento tácito en conocimiento explícito. En la búsqueda, hubo que conocer también formas de hacer verdad la fórmula de "estirar mientras se retuerce", que unía el conocimiento tácito de cómo se elabora pan con el conocimiento tácito de cómo se hace una máquina. La fórmula guiaba las interacciones en el proceso de ensayo y error pero, de hecho, no era conversión de conocimiento: era la creación de conocimiento nuevo.

Del mismo modo, Beth Bechky[9] describe un caso basado en una observación participante realizada por ella en una planta industrial de EquipCo. Observó allí a tres grupos diferentes que trabajaban sobre un mismo producto en distintas etapas: un grupo de ingenieros que se encargaba del diseño;

7. Nonaka, Ikujiro; Takeuchi, Hirotaka: *The Knowledge Creating Company*. Oxford University Press, New York, 1995.
8. Cook, Scott D.N.; Brown, John Seely: *op. cit.*
9. Bechky, Beth A.: "Sharing meaning across occupational communities: the transformation of understanding on a production floor", en *Organization Science*, Vol. 14, N° 3, mayo-junio de 2003.

otro de ensambladores que lo armaban, y otro de técnicos que convertía el diseño de los ingenieros en pautas de armado para los ensambladores. Las tres comunidades de práctica[10] diferían en cuanto a su lenguaje, su lugar de trabajo y el tipo de tareas que realizaban. Dado que la producción dependía de la colaboración de todos, los tres grupos debieron crear en forma conjunta bases comunes, que transformaron su comprensión del producto y de la forma de producción. ¿Cómo se desarrollaron esas bases comunes?

La esencia del trabajo de los ingenieros era el diseño de máquinas. Su espacio de práctica era conceptual y distante de los productos físicos. Tenían una comprensión del producto y del proceso de producción más esquemática que procesal. Su objetivo era diseñar un producto que funcionara y satisficiera estéticamente. No les preocupaba demasiado el conocimiento necesario para su construcción: de hecho, se sorprendían cuando el aspecto del producto terminado no era igual al modelo que habían construido con la computadora.

El trabajo de los ensambladores, en cambio, era estructurado, físico y concreto. Su espacio se centraba en la manipulación física de los componentes de la máquina. Seguían especificaciones que les daban relativamente poca discreción acerca del producto que debían obtener. Su comprensión de lo que fabricaban estaba basada en la práctica, en sus encuentros cotidianos con la máquina. Conceptualizaban el proceso de producción de un modo espacio-temporal y procesal: trabajaban metiendo las manos en el producto. La construcción misma era concebida como el ensamblado

---

10. La expresión "comunidad de práctica", como veremos más adelante, pertenece a Etienne Wenger y Jean Lave. Se refiere a un conjunto de gente que comparte un interés, una capacidad o una profesión, evolucionando a través de un proceso social por el cual se integran como grupo aprendiendo unos de otros, de tal manera que el proceso de constitución del grupo y el aprendizaje de su dominio no son dos procesos distintos sino uno.

de grupos de piezas que debían, a su vez, encajarse en un orden temporal preciso. Rara vez hablaban de planos o dibujos: su lenguaje, impregnado del mundo concreto de la máquina, refería a objetos físicos.

Los técnicos, entretanto, trabajaban en la interfase entre los ingenieros y los ensambladores, traduciendo los requisitos de cada grupo para el otro. Ellos tomaban representaciones conceptuales de los ingenieros y las convertían en productos concretos. El centro de su práctica era tanto físico como conceptual. Tenían un concepto del producto como algo modificable: buscaban que sirviera y, también, que fuera fácil de construir. Podían hablar tanto el lenguaje del diseño con los ingenieros como el de la máquina con los ensambladores, aunque estaban más cómodos con este último.

Las diferencias en la comprensión del producto de los tres grupos reflejaban la diversidad de sus contextos de trabajo y tecnologías, lo que hacía imposible una transferencia simple de conocimiento entre ellos. Bechky llama "descontextualización" a las diferencias de contexto entre grupos que se manifiestan en un tipo particular de incomprensión: la que ocurre cuando gente de equipos heterogéneos se reúne a discutir un mismo problema pero, cada cual, trayendo a la discusión aspectos diferentes. Así, todos hablan acerca de un mismo objeto, aunque de formas tan diversas que puede parecer que se refieren a elementos diferentes.

La transformación del conocimiento se hacía evidente cuando un miembro de una comunidad de práctica intentaba entender cómo el conocimiento de otra comunidad se articulaba en el contexto de su propio trabajo. Al hacerlo, enriquecía y alteraba lo que ya sabía. La comprensión individual no solamente se incrementaba por la incorporación de nuevo conocimiento, sino también por ubicarlo en el universo de práctica propio. Por otro lado, los malentendidos entre los grupos se superaban a través del uso de definiciones tangibles para crear, en forma conjunta, bases de entendimiento mediante las cuales los miembros de los grupos eran capaces de recontextualizar sus comprensiones locales proveyendo el contexto necesario para crear entendimientos compartidos entre comunidades.

Así, para comprender muchos de los comentarios de los ensambladores, era necesario tener muy claro el proceso por el cual la máquina era armada: resultaba imposible entender qué decían sin haber intentado armar una máquina o, al menos, haber presenciado y observado ese proceso con mucha atención. Con frecuencia, las transformaciones del conocimiento no se podían llevar a cabo verbalmente o mediante el lenguaje escrito de los dibujos. Por eso, muchos usaban definiciones tangibles, empleando piezas físicas del equipo para ejemplificar conceptos o mostrar problemas.

De acuerdo con Beth Bechky, el problema de la creación de conocimiento compartido va más allá de la comunicación, porque puede ser problemático aun cuando ella es buena. La especialización genera en cada una de las comunidades diferentes perspectivas sobre la organización y el trabajo, así como diferentes saberes y experiencias. Todo esto conduce al desarrollo de una comprensión local, particular de cada comunidad.

Hacia un concepto enriquecido del conocimiento

Aunque las organizaciones utilizan estructuras y procedimientos –por ejemplo, rutinas y estándares– para transferir conocimientos, el carácter tácito de gran parte de ese acervo hace que la codificación, la transferencia, la réplica de las rutinas y los estándares operativos resulten difíciles. En consecuencia, desde esta perspectiva, la idea de transferencia aparece como una metáfora empobrecida para conceptualizar el conocimiento en las organizaciones.

La idea de transferencia de conocimiento lleva consigo una teoría del significado que lo supone universal y homogéneo, independiente del contexto. Sin embargo, sabemos que la comprensión –el entender– es situacional, cultural y contextuada. Aun cuando el conocimiento se explicite en una rutina codificada, puede que no sea entendido cuando se comunique a través de las fronteras de las diferentes comunidades ocupacionales. La creación y la puesta en acción del conocimiento organizacional es un asunto complejo, que involucra la comprensión, el entendimiento, de diferentes comunidades[11].

El proceso por el cual la comprensión local, situada, se llega a hacer compartida no es uno de mera transferencia del conocimiento, sino que implica una transformación. En tanto las palabras pueden significar diversos contenidos y estos dependen de la situación, el contexto y la comunidad en la que la gente se expresa, el conocimiento es siempre construido y situado. En consecuencia, es difícil entender qué conocimiento está siendo transferido.

Para entender cómo circula o cómo se traba el conocimiento en las organizaciones es importante comprender el concepto y el papel que la práctica, o las prácticas, juegan en este proceso, así como el rol que los grupos sociales desempeñan en la construcción de esas prácticas. En algún sentido, las interacciones sociales de construcción de prácticas que permiten la circulación del conocimiento son un proceso instituyente. Ese será el tema de los próximos dos capítulos.

---

11. Hay dos vídeos breves donde enfoco este tema como para abrir un diálogo sobre la cuestión en una organización. El primero (http://www.inconciente. com/216/como-aprende-una-organizacion.html) se refiere a todo tipo de organizaciones. El segundo (http://www.inconciente.com/417/tender-puentes-en-las-escuelas.html) está centrado específicamente en organizaciones educativas.

CAPÍTULO 4

LA PRÁCTICA COMO SABER

En el capítulo anterior comenzamos a complejizar el concepto de conocimiento, diferenciándolo de dato y de información, distinguiendo entre conocimiento tácito y explícito, y mostrando cómo este último puede codificarse o personalizarse. Notamos, asimismo, que existen conocimientos individuales y grupales.

Señalamos también que el conocimiento no es un objeto por cuanto, además de implicar información, está relacionado con el sentido de las cosas, las creencias y los vínculos. Dado que, en consecuencia, no es trasladable, queda cuestionado el tradicional concepto de transferencia de conocimientos: cuando un conocimiento se traslada de un grupo a otro, no se trata simplemente de una transferencia sino de una transformación, ya que es muy probable que el significado se modifique notablemente.

El conocimiento pasa de un grupo a otro como una práctica. La idea de "práctica" implica "hacer", y se usa con un doble significado: "entrenarse para el mundo real" (como cuando uno ensaya tocar la guitarra) y "hacer en el mundo real" (como en el caso de las prácticas de arquitectura o de procuración). Utilizamos entonces la palabra "práctica" no solamente para designar "cosas que se hacen", sino también para referirnos a actividades relativamente validadas por grupos que comparten ese saber y que se reconocen entre sí como tales[1]. Para ser electricista, es necesario que los demás profesionales del rubro crean que somos uno de ellos. Las prácticas pueden definirse, entonces, como actividades coordinadas de individuos y de grupos para hacer su trabajo según pautas más o menos formales de su organización o de su contexto grupal. Para ilustrar lo expuesto hasta aquí, podríamos decir que mover la rodilla es una conducta; hacer eso mismo para ver si duele es una acción, es decir, una conducta con significado, y si esa verificación es parte de un examen médico, es una práctica. El examen de la rodilla lo ejerce un médico individualmente, pero es la comunidad médica la que, a través de mecanismos más o menos formales, decide qué es una buena práctica. Como puede inferirse, en toda práctica hay una cierta institucionalidad involucrada.

Reflexión en la acción

Donald Schön[2] señalaba críticamente que el conocimiento proveniente de la acción suele considerarse algo inferior al pensamiento escolar, privilegiado de manera tradicional. En lo que sigue, me propongo tematizar esta jerarquización siguiendo su línea de pensamiento.

Sin dudas, uno de los mayores logros de nuestra sociedad es haber conseguido sistematizar el pensamiento abstracto en "paquetes" fácilmente verificables y comunicables. Este es el conocimiento que suelen producir los investigadores y que se enseña en las escuelas. Siguiendo

---

1. Brown, John Seely; Duguid, Paul: *op. cit.* (1991).
2. Schön, Donald A.: *The Reflective Practitioner. How Professionals Think in Action.* Basic Books, New York, 1983. También está disponible en español: *El profesional reflexivo: cómo piensan los profesionales cuando actúan.* Paidós, Barcelona, 1998.

a Schön, lo llamaremos "conocimiento escolar". Este conocimiento estandarizado, "empaquetado", tiene algunas ventajas nítidas: es controlable, medible y administrable. Sin embargo, no es el tipo de conocimiento proveniente de la acción que se produce y utiliza en las organizaciones. ¿Qué características tiene este otro conocimiento, típico de un grupo determinado y que se origina en la acción? Veamos, por ejemplo, cómo actúa un grupo de personas que arreglan un auto.

Cuando las cosas van como ellas esperan, muestran habilidades que parecen naturales, aunque –en realidad– son producto de aprendizajes anteriores. A pesar de que no puedan explicar lo que hacen, despliegan un conocimiento en la acción que los lleva a encontrar la herramienta adecuada, así como la presión y la fuerza que es necesario aplicar en cada caso. Cuando no logran lo que buscan, observan, tratan, prueban, exploran, se preguntan entre sí o a colegas y proveedores, consultan libros y revistas. Buscan conocimiento pertinente, lo verifican, lo comparan, lo constatan. Cada uno va diciendo al otro lo que piensa. Se cuentan historias de otros autos en los que notaron problemas parecidos. No se sientan a planificar. Hay cierta dosis de azar en su trabajo, pero no se puede decir que sea puramente azaroso. Es una búsqueda de conocimiento orientada, regulada, medida. Trabajan a partir de lo que saben y con lo que saben; lo recrean, lo resignifican, lo modifican a partir de la información que obtienen actuando. No "agregan" conocimientos sino que resignifican los que ya tienen sobre la base de nuevos elementos que perciben para integrarlos en forma diferente y extraer de ellos conclusiones distintas a las que tenían. Es una tarea reflexiva, solo que no se realiza en abstracto, sino en la acción: es una tarea de reflexión en la acción.

Para Schön, el concepto de "reflexión en la acción" constituye la llave del aprendizaje en la práctica.

Debe notarse que, a diferencia del conocimiento abstracto, esta clase de conocimiento muestra algunas características interesantes:

- es relativamente resistente a la ambigüedad, ya que puede manejar ciertas dosis de información contradictoria o "sin sentido";

- no es independiente de la persona que conoce, porque exige tomar riesgo, poner el cuerpo, "jugarse", y

- su validez no proviene de la consistencia interna, sino de su posibilidad de enfrentar la realidad.

Otras características del conocimiento emergente de la reflexión en la acción marcan, sin embargo, ciertas limitaciones:

- no siempre es integrable, porque no reconoce la unicidad de fenómenos que se presentan como diversos;

- a veces es limitado, porque la persona evita el conflicto, no avanza sobre zonas que le significarían cambios personales;

- en muchos casos lleva consigo las restricciones del contexto organizativo, de la estructura, de la cultura y del negocio, dando por absolutas afirmaciones que son relativas a una cierta circunstancia;

- en ocasiones, ese conocimiento no es comunicable, porque no está conceptualizado y opera como conocimiento privado, que funciona con códigos personales; y

- con frecuencia, es demasiado emocional o físico para ser socializado –por ejemplo, cuál es el peso justo de un fardo, la tensión precisa de un elástico, la presión correcta en una negociación, etcétera–.

En otras palabras, el conocimiento surgido de la reflexión en la acción muchas veces no puede trasladarse de contexto. Por el contrario, pareciera demasiado atado al escenario en el que surgió. No obstante, con todas sus limitaciones, el conocimiento en la acción equivale a maestría: una forma de hacer las cosas y un modo enfocar lo que no se sabe.

En la visión de Schön, queda perfectamente claro que la práctica es una forma de la acción que genera conocimiento. Sin embargo, hablar de una práctica en los términos estáticos del conocimiento es un error conceptual. La práctica no solo implica lo que ya se sabe, sino también la acción para operar eso que se sabe resolviendo dificultades y afrontando lo nuevo.

Conocimiento situado

Como señalé, la práctica genera conocimiento. Pero como depende del contexto en el que surgió, su difusión puede resultar, en algunos casos, compleja. Por lo tanto, el generado a partir de la práctica es siempre un conocimiento situado[3]. En el proceso de generación, la actividad generadora de conocimiento y el vínculo con los otros se vuelven uno, porque la calidad del conocimiento depende de la calidad del vínculo. A continuación, presento el caso "¿Cuántos significados puede tener 'cero'?", que permitirá revisar ese proceso[4].

Era una empresa pequeña, familiar, de conocidos de toda la vida. Durante su historia había tenido altibajos, pero había logrado superarse a sí misma, convirtiéndose en una empresa inmensa, de una escala

---

3. Lave, Jean; Wenger, Etienne: *Situated Learning. Legitimate Peripherical Participation.* Cambridge University Press, Cambridge, 2003.
4. El caso original fue escrito en 2010 por Florencia Alippe, quien cursaba entonces la Maestría de Estudios Organizacionales en la Universidad de San Andrés (Buenos Aires, Argentina).

que sus fundadores, allá lejos y hace tiempo, jamás hubieran podido imaginar.

Implementando las centrales de registro más modernas del mercado, sistemas de radiofrecuencia, un sistema de logística, reposición asistida y compras sugeridas con fórmulas eternas y complejísimos algoritmos, los ingenieros de la empresa habían escalado unos cuantos escalones de estatus a los ojos de la alta dirección. E incluso a los ojos del presidente, ingeniero él también.

El nuevo sistema de compras era una entidad en sí misma. La vieja forma de realizar las compras era historia antigua, parte del anecdotario de la cultura de la empresa.

Los cuentos pasaban de boca en boca y formaban parte de la experiencia transmitida entre los compradores de todos los tiempos. Sin embargo, cada vez más, y dado que el sistema "asistía" las decisiones de los compradores, se asumía que no solo el cuadernillo de compras era historia, sino también los errores de los compradores. Si se contaba con un sistema y estaba todo sistematizado, ¿quién iba a equivocarse? El sistema hacía todo.

Luego de algunos pases matemáticos, indescifrables para cualquier ser humano normal, el sistema calculaba –teniendo en cuenta los ingresos al depósito, los egresos por línea de cajas y la mercadería en tránsito– qué hacía falta comprar para tener un stock mínimo y evitar los quiebres de productos. Según los ingenieros, gracias al sistema "cualquiera es comprador. El sistema te dice todo. No sé por qué todavía piensan que es un arte eso de comprar. Lo complicado es hacer que el sistema aprenda. Ellos tienen que hacer lo que dice el sistema y listo".

Sí, sí, tal cual. Para los ingenieros el sistema aprendía y tenía el potencial de hacer proyecciones, cada vez más acertadas a medida que los productos ganaran historia en los algoritmos. Mientras, en el edificio viejo, los comerciales...

—El sistema me tira "cero". ¿Puede ser que no tenga que comprar? –consultaba César, un comprador nuevo, a Martín, un comprador con 22 años de experiencia en su puesto dentro de la empresa.

—Sí. De vez en cuando te tira "cero". Pero yo no le presto atención. Si veo "cero", lo primero que pienso es que el sistema está mal, que no sirve. No te guíes tanto por él. Seguí tu intuición. Te vas a dar cuenta de que "cero" muchas veces no es "cero". Comprá lo que tenías pensado.

—¿Te parece? ¿Estás seguro? A mí me dijeron que el sistema está testeado, que es una herramienta fundamental, que así no voy a meter la pata. Como soy nuevo en esto, no quisiera tener problemas, ¿viste? –suplicó César, tratando de entender esta matemática particular en la que los números no son lo que parecen.

César, cada vez más preocupado, debía cerrar el pedido ese día, sin falta. Pero no tenía ni una pista de cuánto comprar. ¿Compraba o no compraba? Y si compraba, ¿cuánto?

—Mirá, yo ya compraba cuando este sistema no estaba, a mano, con el lápiz y el ojo de almacenero. ¡Horas haciendo las cuentitas para saber qué comprar! No había sistema y, aun así, nunca me equivoqué. Ni una vez.

Bueno, alguna vez Martín sí se había equivocado, pero exageraba para ganarse el respeto del comprador novel que dudaba de su palabra. En cierta medida, la situación tocaba su orgullo: ¿cómo un principiante iba a confiar más en el sistema que en su experiencia de 22 años? Por eso, remató:

—Si te digo que el sistema no sirve, no sirve. Vos hacé lo que te parezca.

—¿Y si llamo a Sistemas, a los chicos de Logística que diseñaron esto? A lo mejor me pueden dar una mano, ¿no te parece? –preguntó tímidamente César.

—Ya te dije –respondió Martín, seco y desganado–. Hacé lo que quieras. Si querés, llamalos. Pero te advierto: son gente rara.

Martín se sentía traicionado. "¿Llamar a Sistemas? ¿A Logística? ¿Qué parte no entiende este chico? El sistema no sirve. Punto."

Sin comprender qué había hecho o dicho para ofender a Martín, César se debatía entre llamar, comprar lo que la intuición le dictara o hacerle caso al sistema y no comprar nada. "Si dice 'cero', a lo mejor es realmente 'cero'. Al fin y al cabo, ¿cuántas interpretaciones de 'cero' puede haber? Es matemática de primer grado. 'Cero' es igual a 'nada', ¿no?"

César decidió tomarse unos segundos, meditar un poco, calmar la ansiedad y dirigirse a la máquina de café. Pensaba que, tal vez, se encontraría allí con alguien que pudiera orientarlo un poco y así, entre café y café, preguntar el significado de "cero" sin exponerse mucho. Cuando llegó, fue enorme su decepción al leer: "Por favor, no arme colas ni reuniones en este sector". Es decir, "no queremos intercambios *informales". Así que, ahí, no encontró respuestas: todos entraban y salían sin perder tiempo ni dar lugar a las "charlitas" típicas ante la máquina de café. Finalmente, regresó a su escritorio. Pero ya era la hora del almuerzo.*

En el comedor, César almorzó con un grupo de gente que aún no conocía muy bien y, por eso, ni sabía a qué se dedicaban.

—¿Y? ¿Cómo vas? ¿Adaptándote? –le preguntó un compañero de mesa. A modo de desahogo, sin pensar, César contestó:

—Y... Tratando de entender cuántos significados de "cero" puede haber. Los sistemas me están matando.

A raíz de este comentario, en la mesa se armó un lindo debate en torno a las variopintas situaciones que pueden llevar al sistema a tirar "cero". En el grupo había gente de diferentes sectores: un analista de Logística también nuevo; un chico de Contabilidad que hablaba poco; unas chicas que debían de ser de Recursos Humanos.

En realidad, César no estaba muy seguro de las áreas en que trabajaba cada compañero de mesa, pero disfrutaba la magia de que fuesen todos, simplemente, "gente almorzando" y de olvidarse por un rato de lo demás. En esas situaciones, la charla se vuelve siempre más distendida e íntima, se pueden hacer chistes y hasta una pequeña catarsis de lo que acontece en el trabajo.

En medio del almuerzo, llegó "El Ingeniero", gran creador del sistema. A veces comía con ellos porque tenía que viajar y no llegaba a tiempo para hacerlo en su horario. El ingeniero le pareció a César simpático y muy accesible. No entendía por qué Martín podría considerarlo "gente rara". César estaba tranquilo: la suerte lo había ayudado. Gracias a este encuentro casual, no estaría socavando el ego de Martín llamando al enemigo para consultar sobre su problema. Después de todo, el horario y la mesa de almuerzo le fueron asignados por el sector de Personal el día de su ingreso. ¿Qué culpa tendría él de consultar, si el tema que lo preocupaba surgía por casualidad durante su almuerzo habitual con la gente de Logística? De todos modos, César se ocupó de actuar con prudencia, cuidando las apariencias, no vaya a ser que pareciera que se pasó de bando. "Que quede en una charla de almuerzo", dijo. "Que no trascienda."

Haciendo bromas y riéndose de su propia desorientación como comprador novel, César logró hallar algunas respuestas. La primera, que "cero" significaba, en algunos casos, que el producto es nuevo y, por lo tanto, que el sistema no sabe cuánto sugerir porque no tiene un historial a partir del cual hacer una proyección. En este caso, "cero" indica que el sistema no aprendió todavía a sugerir un stock mínimo a comprar. Por lo tanto, el comprador debe decidir valiéndose de su intuición, análisis y experiencia. La caja negra –el sistema bendito– empezaba a volverse más transparente para César, porque el producto que le daba "cero" era nuevito, nuevito.

El caso presenta una situación típica de alguien que ingresa a una compañía. ¿Cómo sumarse a la nueva práctica? ¿Cómo hacer su tarea? César sabe que debe escuchar a los otros compradores porque, para formar parte del grupo, debe hacer las cosas de tal manera que ellos se reconozcan en sus prácticas. Pero tiene presente también que no debe equivocarse porque, si así fuera, algún jefe que no sea miembro del grupo de compradores podría objetarlo. Es consciente de que necesita preguntar a la gente de Sistemas. Sin embargo, hacerlo por los canales formales parecería casi una traición o, por lo menos, poner en duda su confianza en el grupo. Intuye que necesita una situación informal para formular la consulta, pero el cartel de la máquina de café le muestra que las conversaciones informales no son siempre bien recibidas. ¿De qué manera preguntar para no quedar expuesto? ¿Con quiénes puede contarse en una situación crítica y a quiénes es mejor no acudir? ¿Qué grupos existen? ¿Cuáles están enfrentados y entre quiénes hay buena relación? ¿Qué códigos tienen? ¿Qué palabras utilizan para mostrar pertenencia?

Las preguntas que César se hace a sí mismo tienen que ver tanto con la tarea como con su integración al grupo. La inserción social y las pautas de la tarea no son dos cosas diferentes: ambas pertenecen a la misma práctica. La competencia definida socialmente por el grupo está siempre en diálogo con su experiencia. Esto nos ocurre a todos cuando somos nuevos y necesitamos alinear nuestra experiencia con la del grupo. Aunque también nos ocurre al revés, cuando somos parte pero tenemos una experiencia diferente en otro lugar y, entonces, queremos cambiar la forma en que nuestra comunidad define las competencias necesarias para pertenecer a ella. El aprendizaje, lejos de ser un hecho puramente individual, es siempre un diálogo entre la competencia social y la experiencia individual.

En este momento de transición, dos tipos de conocimiento parecen convivir en el equipo de compradores. Por un lado, el nuevo, creado por gente de la misma organización pero del área de Sistemas para generar una nueva práctica de compra. Por otro, el elaborado a través de los años por el equipo de compradores, codificado ahora por el nuevo sistema. La flamante forma canónica, oficial, de comprar en la empresa es a través del sistema, el cual no solo ha recibido el conocimiento de los compradores, sino que además lo ha transformado. Así, el conocimiento adquirido ha quedado plasmado en una nueva herramienta. Pero muchos aspectos de la nueva herramienta, clarísimos para la gente de Sistemas, resultan incomprensibles en el área de Compras, y más aún para una persona nueva que no tiene incorporadas las prácticas anteriores en grado suficiente como para apoyarse en ellas cuando no comprende el sistema.

Para la gente de computación, el "cero" indica que, tratándose de un producto nuevo, no hay experiencia acumulada. Luego, el comprador debe seguir su criterio porque la herramienta (el sistema de compras) está todavía reuniendo antecedentes (experiencia). Más claro, imposible. Pero para César, recién incorporado a la organización, "cero" significa solamente "nada" y, por ende, "no compre". Sin embargo, Martín le dice que sí compre. ¿Qué lógica puede ayudar a resolver esta situación? La clave no está en la lógica. Está en la forma en que César se integre a los distintos grupos que necesita para construir conocimiento y para legitimar su práctica. Si lo dice "El Ingeniero", y lo hacen quienes conocen hace tiempo la empresa y ya han experimentado con la utilización del sistema, el conocimiento está legitimado en una práctica que, a su vez, lo legitima a él en su decisión y en su pertenencia al grupo.

Brown y Duguid[5] señalan que la práctica se constituye a través de la construcción social, de la colaboración y de las narraciones. Tres puntos clave presentes en este caso.

Ya hemos señalado cómo la construcción de la red le permite a César –con Martín en su propia área y, durante el almuerzo, con la gente de Sistemas– acceder al conocimiento y legitimar su práctica. César narra su problema, Martín da su punto de vista y, en el almuerzo, la gente le explica su propia lógica. Las distintas narraciones construyen un mapa causal, que hace posible para César ir entendiendo lo que ocurre así como crear sentido y coherencia con lo que sucede.

De manera paralela, además, las narraciones almacenan la sabiduría acumulada: los árboles de decisión de los manuales están descontextuados, mientras que las habilidades desarrolladas en la práctica se retienen en las historias transmitidas oralmente. En forma simultánea, se desarrolla un proceso comunal de colaboración basado en las narraciones. Así, no solo el aprendizaje es inseparable del trabajo, sino que el aprendizaje individual resulta inseparable del colectivo que lo produjo.

Se observa cómo alrededor de la comunidad de práctica de los compradores existen historias, de papel y lápiz, de "cuentitas" y de cálculos manuales. El sistema viene a interrumpir esas narraciones imponiendo una nueva forma de trabajo, que se relaciona mejor con los nuevos integrantes de la empresa, abiertos al aprendizaje de lo que su flamante posición tenga para darles. La innovación choca con quienes trabajan allí desde hace varios años, quienes deberán reaprender a comprar utilizando ahora un sistema

---

5. Brown, John Seely; Duguid, Paul: *op. cit.* (1991).

informático. Para la vieja narración, instalada entre los veteranos, no hay un cuestionamiento respecto de por qué aparece un "cero": esa situación, directamente, es descalificada.

Idéntica descalificación usa la gente de Sistemas para decir que comprar es fácil ahora, gracias a su nuevo prodigio. Pero omiten admitir que la reciente maravilla sistematiza conocimiento construido en las "tierras pantanosas" de la experiencia, como diría Donald Schön. La colaboración entre César y Martín es difícil porque se da en el cruce de dos formas de conocimiento. De un lado, el conocimiento de la gente de Sistemas, que César sabe que debe lograr manejar para integrarse a la empresa. Del otro, el del grupo de los compradores que –como el de Martín– surge de su historia y le exige a César comprar de acuerdo con un criterio propio.

César cuenta con una historia, que le fue transmitida al ingresar a la empresa: el sistema no se equivoca; hay que comprar según diga el sistema. Pero la perseverancia de Martín en su historia impide que la confusión ante el resultado "cero" dispare un proceso de construcción social de conocimiento. Solamente el contacto casi casual con la gente de Sistemas durante el almuerzo permite a César encontrarle sentido a la situación.

Cuatro formas de conocimiento

Los dos grupos que encontramos en el caso de los compradores –y los tres descriptos por Beth Bechky en el capítulo anterior (ingenieros, técnicos y ensambladores)– se caracterizan por desarrollar, cada uno, prácticas diferentes. En estos ejemplos es posible advertir que la práctica es, como hemos señalado, siempre situada: depende del contexto porque surge en la interacción de un grupo con el mundo que lo rodea. Aunque todavía no he tratado el tema específicamente, pronto veremos que en ambos casos aparecen distintos tipos de conocimiento.

En el capítulo anterior traté los conocimientos tácitos y explícitos, así como los conocimientos individuales y grupales. A partir de estos conceptos, Cook y Brown[6] describen cuatro formas de conocimiento, cada una distinta pero de similar jerarquía que las otras tres: *conceptos, historias, habilidades y géneros.* La Figura 7 grafica la relación entre ellas.

	INDIVIDUAL	GRUPAL
EXPLÍCITO	CONCEPTOS	HISTORIAS
TÁCITO	HABILIDADES	GÉNERO

Figura 7. Cuatro formas de conocimiento según Scott Cook y John Brown.

El conocimiento individual y explícito es el dominio de los conceptos. En el caso de Miguel, el gerente de Proyectos que quería crear una biblioteca de casos trabajados por su consultora descripto en el capítulo anterior, él percibía claramente el papel de lo individual y explícito en la tarea de su gente. Si hubiera podido entender también el rol de lo grupal y explícito —es decir, de las historias que se cuentan unos a otros en la construcción del conocimiento colectivo—, habría podido hacer más de lo que hizo. Claro que, en la organización, existían además conocimientos individuales y tácitos. No obstante, leer

6. Cook, Scott D.N.; Brown, John Seely: *op. cit.*

un texto en inglés no es lo mismo que encontrar información en un buscador usando palabras clave. En sí, las palabras son conceptos. Pero cómo usarlas en un buscador para hallar lo que buscamos (un tema no previsto por Miguel) es una habilidad, sobre todo cuando no sabemos con exactitud qué queremos encontrar.

Según Neil Postman[7], no alcanza con los mensajes para que haya comunicación. Debe haber también una situación dentro de la cual los mensajes tengan sentido. La conversación tiene sentido –o carece de él– no en función de las palabras que las personas usan sino del reconocimiento del ambiente semántico en que son emitidas, de la relación entre sus distinciones y de la totalidad de la situación dentro de la cual se encuentran. En consecuencia, un ambiente semántico es una estructura social donde la gente quiere hacer algo y, con ese fin, produce transacciones importantes para ellos. Cada organización, así como cada subgrupo relevante de una organización, constituye un ambiente semántico que da sentido y valor a las transacciones que se establecen en su marco.

Desde el punto de vista comunicacional, el primer desafío consiste siempre en reconocer el contexto dentro del cual la conversación podrá tener sentido o carecer de él. Aunque no citan este concepto –de Postman–, Cook y Brown parecen considerarlo presente en el conocimiento grupal y tácito que ellos designan con el término "género" (en inglés, "*genres*"). La palabra está usada en el mismo sentido en que decimos de una película, una obra teatral o una novela que es un drama, una comedia, una autobiografía y otras clasificaciones por el estilo. En nuestro caso, los autores hacen la muy interesante observación de que todo grupo, de alguna manera, define de modo tácito "de qué se trata todo esto". A partir de allí, saben –por ejemplo– si un

---

7. Postman, Neil: *Crazy Talk, Stupid Talk: How we Defeat Ourselves by the Way We Talk and What We do about It.* Delacorte Press, New York, 1976.

jefe enojado, en ese lugar, es una cosa seria o una tormenta de verano, o si a un cliente molesto debe tratárselo con seriedad y con cuidado o, simplemente, no prestarle atención. El género constituye el marco general que encuadra y resignifica lo que sucede en ese contexto, al tiempo que contiene la forma en que la realidad se encara.

Cada una de las cuatro formas de conocimiento es importante en sí misma porque hace algo que las otras no. En conjunto, conforman lo que sabemos. Dado que "lo que es sabido" se percibe como un conocimiento que poseemos, Cook y Brown lo describen como la epistemología de la posesión.

Antes dije que, con frecuencia, los conocimientos no son suficientes sino que es necesario sumarles el intento de conocer. En el caso de la aldea peruana descripto en el capítulo anterior, por ejemplo, habría sido importante que ambos grupos (los habitantes y los agentes sanitarios) se hubiesen planteado eliminar juntos la parasitosis. Y en el de la biblioteca de casos de la consultora, que Miguel hubiera planteado abrir las fuentes de información como un objetivo grupal orientado a trabajar más rápido y mejor. Para Cook y Brown, la comprensión de la acción individual y de la grupal requiere hablar del conocimiento usado en la acción y del conocer como parte de la acción. En lo que se hace, hay siempre más conocimiento que el que se posee. La epistemología de la práctica, ya no de la posesión, implica tanto al conocimiento que se tiene como a la acción que se desarrolla. ¿Por qué? Porque esa acción, como diría Schön, es acción inteligente: supone una búsqueda y una reflexión en la acción que construyen nuevo conocimiento.

Todo esto imprime una dimensión nueva a lo que entendemos por conocimiento y por management. Gerenciar es ir encontrando, a través de la acción, formas que permitan a los individuos y a los grupos enriquecerse con las cuatro formas de conocimiento: conceptos, historias, habilidades, género.

Se trata de generar interacciones nuevas, que permitan:

- volver útil para los grupos lo que los individuos saben tácitamente, y

- emplear instrucciones explícitas como ayudas para desarrollar conocimientos tácitos.

En suma, gerenciar significa respetar lo que se sabe pero confrontándolo permanentemente con lo que se aprende para que, de ese modo, el saber y el aprendizaje dialoguen en una dinámica generativa. Desde este punto de vista, si volviéramos sobre nuestro amigo Miguel, observaríamos que tiene una muy buena idea (poner a disposición del conjunto de la organización lo que sus equipos van aprendiendo), pero atrapada en una noción pobre y limitada del conocimiento, que limita también su capacidad de management. Miguel pide a su gente que busque y capitalice experiencias ya hechas. Sin embargo, él no se ha permitido siquiera preguntarse qué otras herramientas de gestión del conocimiento había en su consultora y qué dificultades habían tenido sus colegas al implementarlas. Él estaba haciendo lo que pretendía que su gente dejara de hacer. Así, trabajando en soledad, sin dialogar ni poner en duda lo que quería hacer, daba una sensación de certeza que eliminaba lo que la práctica permitía aprender.

El conocimiento tácito suele ser considerado como un conocimiento que requiere explicitación, como si solamente existiera en la acción misma. No obstante, es también algo que puede poseerse. Para andar en bicicleta, debe poseerse el conocimiento tácito para mantenerse derecho. Porque no es la actividad de andar en sí misma la que nos permite sostenernos, sino también ese conocimiento que se posee aunque no se esté andando en bicicleta.

Asimismo, con frecuencia, se da primacía a lo individual, atribuyendo al conocimiento individual y explícito una calidad mayor que a los otros. Sin embargo, Mary Douglas[8] ha señalado que nuestra mente está surcada por instituciones: nadie puede definir en forma individual qué es *sano* y qué *enfermo*, qué es *sensato* y qué *loco*, qué es *limpio* y qué *sucio*, porque todos esos conceptos –que ordenan nuestra vida y seleccionan nuestros aprendizajes– son construcciones colectivas, es+ decir, instituciones. Mientras que los médicos pueden diagnosticar en forma individual, solo la comunidad médica puede decir qué es un diagnóstico bien hecho.

Conocimiento y conocer

Para John Dewey, conocer es algo que hacemos. Chris Argyris recoge esa idea cuando dice que saber *algo* es poder *hacer* realidad lo que *decimos* que *sabemos*[9]. Así, constituye un error conceptual hablar de una práctica en los términos estáticos del conocimiento, obviando la búsqueda inteligente que significa el hacer. Aunque, seguramente, un guitarrista maneja mucho conocimiento explícito de música, no todos los que tengan esta clase de conocimiento son guitarristas. El arte de tocar la guitarra requiere, por una parte, conocimientos explícitos y tácitos; y, por otra, también el intento activo e inteligente de hacerlo. En el ejemplo de la bicicleta, aunque se posean conocimientos explícitos y tácitos, estos resultarán insuficientes si no se les agrega el intento de andar.

Es necesario, por lo tanto, hacer una distinción entre conocimiento y conocer[10]. Por sí mismo, el conocimiento

---

8. Douglas, Mary: *How Institutions Think*. Syracuse University Press, New York, 1986.
9. Argyris, Chris: *Conocimiento para la acción. Una guía para superar los obstáculos del cambio en la organización*. Granica, Buenos Aires, 1999.
10. En inglés, "*knowledge and knowing*". Cook, Scott D.N.; Brown, John Seely: *op. cit.*

no produce conocer. Conocer es una acción, una búsqueda que hace uso del conocimiento, un hacer que el conocimiento disciplina pero que es capaz de enriquecer y modificar ese conocimiento. Mientras que el conocimiento remite a la posesión (algo que una persona o un grupo tiene o no, puede o quiere tener), el conocer tiene que ver con la relación o interacción entre el que aprende y el mundo. La acción de conocer no está centrada en lo que sabemos sino en cómo afectamos al mundo social o físico que nos rodea.

El siguiente ejercicio es un ejemplo simple, que uso en mis cursos aunque no sé exactamente su origen ni cómo llegó a mis manos. ¿Puede usted leer lo que dice aquí?

C13R7O 214 D3 V3R4NO 3574B4 3N L4 PL4Y4 O853RV4N20 4 TR35 CH1C45 8R1NC4N20 3N L4 4R3N4 357484N 7R484J4N20 MUCHO CON57RUY3N20 UN C4571LLO 23 4R3N4.

Notablemente, casi todo el mundo logra hacerlo. La lectura es posible porque mucho de lo que vemos está condicionado por lo que sabíamos de antes. Sin embargo, no es ese conocimiento estático el que nos permite interpretar el texto sino la interacción entre ese conocimiento y la acción de conocer que desplegamos al tratar de interpretar su significado. Dewey hablaba de la "indagación productiva"[11], que es la búsqueda de una respuesta a través de la acción. Se trata de una indagación porque nos guía una pregunta. Y es productiva porque busca una resolución. La indagación productiva ocurre en cada actividad en la que estemos buscando algo, en forma deliberada aunque no siempre consciente, en función de lo que queremos hacer. No debe confundirse ni con una búsqueda azarosa (porque lleva en sí un aprendizaje y, sin dudas, es capaz de producir conocimiento nuevo) ni con

---

11. En inglés, "*productive inquiry*". Ibídem.

el conocimiento tácito (que, como decíamos en el ejemplo de la bicicleta, es una forma de conocimiento que se posee y no es parte de la acción misma).

El conocer es, entonces, un aspecto de la acción o práctica que hace trabajo epistémico. Incluye tanto cosas que sabemos hacer como, a través de la indagación productiva, el descubrimiento de otras formas de hacer lo que queremos, incluyendo conocimiento nuevo.

Para que la interacción con el contexto que se vale del conocimiento como herramienta sea efectiva, Cook y Brown señalan la necesidad de respetar ese mundo[12]. Cuando presenté el caso de la aldea peruana, señalé la desconfianza entre sus habitantes y los médicos. Al explicar el de la consultora, hablé del conocimiento relativamente superficial que Miguel tenía sobre los requerimientos del trabajo hacia su gente. La idea de que conocer demanda respetar el mundo nos recuerda las exigencias de cuidado que toda práctica encierra. No existe algo así como un trabajo fácil. De la misma manera que, para construir un objeto, el artesano debe aprender a respetar las características del material, en el mundo social debemos respetar las fortalezas, las debilidades y el carácter de las personas y los grupos para poder generar acción coordinada.

En el caso descripto por Beth Bechky, vimos cómo los planos, los esquemas o las piezas mismas servían a ingenieros, técnicos y ensambladores respectivamente para lograr que los otros entendieran lo que ellos estaban haciendo o pretendían hacer. Estas demostraciones tangibles proveían bases para ligar diferentes contextos, permitiendo entender mejor el mundo en el proceso de interactuar con él. Cook y Brown llaman "facilitadores dinámicos" (en inglés, *dynamic affordances*) a este tipo de elementos.

El concepto de *dynamic affordances* se origina en James J. Gibson, quien introdujo el término *"affordance"* en su libro

---

12. Literalmente: *"To interact with the world effectively we need to honor it"*. Ídem.

The Ecological Approach to Visual Perception en 1979[13]. La palabra "*afford*" indica la capacidad para encarar o afrontar algo. Gibson definió "*affordance*" como las posibilidades de acción latentes en el entorno, independientemente de las habilidades de los individuos para reconocerlas. Para tomar un ejemplo trivial, el picaporte de una puerta o un cartel con indicaciones son ejemplos de algunas cosas que nos permiten hacer otras. No hay una traducción precisa para *affordance*, pero "facilitador" es un neologismo que podría ayudar. Más tarde, el concepto se extendió a las posibilidades del usuario para reconocer su capacidad de relación o manejo de un objeto en su interrelación con el mundo. Denominamos *dynamic affordance* a esta segunda acepción.

Lo que sabemos y lo que podemos hacer no se descubre a través del pensamiento abstracto sino de la interacción con las circunstancias. El concepto de *dynamic affordance* se vincula con nuestra posibilidad de manejarnos, de enfrentar las cosas. Tiene que ver con lo que se puede sostener, manejar, "bancar". Y, en un sentido intuitivo, toda práctica implica un "enfrentamiento dinámico" con una realidad.

---

13. Gibson, James J.: *The Ecological Approach to Visual Perception*. Lawrence Erlbaum, New Jersey, 1986.

CAPÍTULO 5

COMUNIDADES Y REDES DE PRÁCTICA

De acuerdo con lo explicado hasta aquí, el aprendizaje es claramente un proceso social. Sin embargo, aún son pocos los autores que así lo explican[1]. Esto nos exige retomar, otra vez, el concepto de organización.

Típicamente, los manuales de administración continúan describiendo las organizaciones como un agregado de personas donde cada una de ellas es influenciada e influencia a la organización en su conjunto. Esta visión es coherente con la idea extendida de que la sociedad es el fruto de un pacto o contrato entre individuos, cuya identidad individual antecede al fenómeno social[2]. Sin embargo, desde una perspectiva alternativa, Mary Douglas, a quien citamos en el capítulo anterior, sostiene que la identidad individual

1. Nonaka, I.; Toyama, R.; Byosiere, Ph.: "A theory of organizational knowledge creation: understanding the dynamic process of creating knowledge", en Dierkes, M.; Antal, A.B.; Child, J.; Nonaka, I. (eds.): *Handbook of Organizational Learning and Knowledge*. Oxford University Press, Oxford, 2001.
2. Cuando a esa mirada se le suma la visión mecanicista propia de la tradición del management científico, donde las personas aparecen subordinadas al diseño y a la estrategia de la organización, ya ni siquiera se observa una suma de individuos sino, como decía irónicamente Bateson (*op. cit.*), de *partes* de individuos. Desde esta perspectiva, una persona sería para la organización un par de brazos; otra, dos piernas; una más, una cabeza; y así.

es producto de una construcción colectiva que la precede. Y también, que la mente individual es producto de un bricolaje peculiar de instituciones que son, por definición, sociales. ¿Qué significa esto? Que, por más libre y salvaje que una mente individual vuele, solo podrá crear combinando elementos que existían previamente en su contexto social. Claro que nada de esto resta a ese producto de bricolaje la capacidad de constituirse como un algo nuevo, irrepetible y valioso.

Es probable que uno de los primeros en presentar la idea de aprendizaje organizacional haya sido Simon, cuando dijo que las escuelas de administración "saben"[3]. En este caso, las comillas pertenecen al mismo Simon, quien de ese modo señalaba que solo se trataba de una metáfora. La idea de metáfora está explícita también en el trabajo precursor de Argyris y Schön[4], obra en la que continuaban una discusión comenzada varios años antes en *Theory in Practice*[5]. Allí sugerían que el modelo corriente de aprendizaje del que todos somos portadores se inhibe a sí mismo, y que la realidad organizativa refleja esos modelos de aprendizaje individual limitado[6]. Desde esta perspectiva, las organizaciones son como son porque nosotros somos como somos. Duncan y Weiss[7] señalaron –acertadamente y sin restarle su valor a

3. Simon, Herbert: *Administrative Behavior, a Study of Decision-making Processes in Administrative Organization*. Free Press, New York, 1976 (primera edición, 1945).
4. Argyris, Chris; Donald Schön: *Organizational Learning, a Theory of Action Perspective*. Addison Wesley: Reading, Massachusetts, 1978.
5. Argyris, Chris; Schön, Donald: *Theory in Practice, Increasing Professional Effectiveness*. Jossey Bass, San Francisco, 1974.
6. De hecho, en mi libro *Aprendizaje y organización. Una lectura educativa de teorías de la organización*, escrito en 1987 en colaboración con Diane Dunlap, la idea de aprendizaje organizacional también era tratada como una metáfora porque "en realidad solamente los individuos pueden aprender". La primera edición de este libro es de la editorial Tesis (1988), y la última, de Ediciones Granica (2004).
7. Duncan, Robert; Weiss, A.: "Organizational learning: implications for organizational design", en Straw, B.M.; Cummings, L.L. (eds.): *Research in Organizational Behaviour*. JAI Press, Greenwich, 1979.

los aportes de Argyris y Schön– que si nos movemos con sistemas de aprendizaje limitado y que son nuestras propias restricciones de aprendizaje las que observamos en las organizaciones, estos autores habían escrito en realidad sobre aprendizaje individual. En rigor, la idea de un aprendizaje claramente colectivo aparece recién claramente en Weick en 1979[8] y más explícitamente en las comunidades de práctica de Lave y Wenger en 1991[9].

La unidad de análisis

Tal como hemos señalado, en *The Social Psychology of Organizing* Weick afirma que, para abordar el fenómeno organizativo, la unidad de análisis no puede ser el individuo sino su conducta interconectada (*interlocked behavior*), es decir, el vínculo que establece con los demás miembros de la organización, porque cada persona actúa en función de cómo lo hacen las demás.

Esta idea aparece mejor desarrollada en el trabajo sobre mente colectiva de Weick y Roberts de 1993[10]. Allí, los autores toman el trabajo de Asch de 1952[11], en el que señala que los individuos subordinan su conducta a sus representaciones de lo que los demás harán con su contribución. Así, cada uno actúa de acuerdo con lo que cree que los demás harán con lo que él haga. Weick llama "mente colectiva" al grado de ajuste en esas conductas. Se trata de conductas recíprocamente cuidadas (en inglés, *heedful*) en función de lo que el sujeto cree que harán con ellas. Obsérvese que la

---

8. Weick, Karl: *op. cit.* (1979).
9. Lave, Jean; Wenger, Etienne: *op. cit.*
10. Weick, Karl; Roberts, Karlene: "Collective minds in organizations: heedful interrelating on fligth decks", en *Administrative Science Quaterly*, N° 38, 1993.
11. Asch, Solomon: *Social Psychology*. Prentice Hall, Englewood Cliffs, 1952.

mente colectiva no es un objeto, ni siquiera un lugar: es un dato observable, que se refiere a la eficacia de las conductas cuidadas en función de los otros. En este sentido, una mente colectiva puede ser más tonta o más inteligente según la capacidad de sus miembros de anticipar la respuesta de los otros y de ajustar recíprocamente sus contribuciones.

Todo hecho significativo genera sus propios antecedentes. Es imposible no recordar los trabajos de George Mead[12] (1863-1931) y Lev Vygotsky[13] (1896-1934). Para Mead, el *self* es la internalización de un proceso social que lo precede, mientras que para Vygotsky, así como para Alexander Luria[14] (1902-1977), la sobrevivencia humana está en la acción colectiva. Por ejemplo, el lenguaje –construcción colectiva por excelencia– posibilitó a la humanidad la caza grupal, una tarea que implica a su vez una división social del trabajo.

Una mirada al aprendizaje como proceso grupal o colectivo conduce necesariamente a la teoría de comunidades de práctica de Lave y Wenger. Desde esta mirada, la unidad de análisis es la comunidad de práctica, ya que los individuos aprenden a través de un proceso de incorporación gradual a la comunidad, similar al que hace la mayoría de los ingresantes a una organización. Wenger llama a este proceso –sobre el que volveremos más adelante– "participación legítima periférica". Así, la construcción de conocimiento, la comunicación y el involucramiento en una comunidad determinada son parte de un mismo proceso social[15]. En consecuencia, saber, aprender y compartir conoci-

---

12. Mead, George H.: *Mind, Self and Society*. University of Chicago Press, Chicago, 1934.
13. Vygotsky, Lev (autor), Robert W. Rieber (ed.): *The Collected Works of Lev S. Vygotsky. Volumen 6: Scientific Legacy (Cognition and Language: a Series in Psycholinguistics)*. Plenum Press, New York, 1993.
14. Luria, Alexander: *The Working Brain. An Introduction to Neuropsychology*. Penguin Press, New York, 1973.
15. Wenger, Etienne: *Comunidades de práctica: aprendizaje, significado e identidad*. Paidós, Barcelona, 2001.

miento no son acciones abstractas que hacemos porque sí: son parte de lo que significa pertenecer. Saber es un acto de pertenencia. Una persona nueva en una comunidad busca adquirir las competencias que le permiten, en primer lugar, pertenecer a ese grupo y, más tarde, en determinado momento, agregar su experiencia para modificar ciertas pautas de relación del grupo.

En el Capítulo 3 he explicado cómo diferentes comunidades de práctica pueden producir conocimientos que resulten difícilmente comprensibles más allá de sus fronteras. Ahora, me concentraré en definir qué es una comunidad de práctica capaz de producir conocimiento.

Identidad y pertenencia

Ya se trate de una patota en la esquina, de una familia, de un grupo de vendedores o de la Academia de Ciencias, en todos los casos el grupo social define las competencias requeridas para pertenecer a él. Para ser carpintero, historiador o neurocirujano no alcanza con el dominio técnico de la disciplina: es también necesario que el sujeto (carpintero, historiador o neurocirujano) se considere y sea considerado miembro de esos colectivos.

La adquisición de las competencias requeridas por el grupo y la incorporación conforman un mismo proceso. Para Wenger, saber no es solo una cuestión intelectual: es desplegar aprendizajes que fueron definidos en comunidades sociales. En un sistema social de aprendizaje, la competencia es histórica y socialmente definida. La competencia socialmente definida está siempre en diálogo con nuestra experiencia.

Cuando somos *nuevos*, debemos alinear nuestra experiencia con lo que el grupo hace, demostrándole que somos parecidos a los demás integrantes. Recíprocamente, a veces

119

somos parte de un grupo, pero tenemos una experiencia diferente, adquirida en otro contexto. Esto nos impulsa a buscar el cambio en la forma en que nuestra comunidad define las competencias necesarias para pertenecer, porque el aprendizaje es un diálogo entre la competencia social y la experiencia individual.

Para Nonaka[16], la conversión de conocimientos tácitos en explícitos y la internalización de conocimientos explícitos[17] es un proceso social *entre* individuos, más que *en* individuos. El conocimiento se crea en las interacciones entre individuos con conocimientos de tipo y contenido diferentes. Por eso, existe una relación entre aprendizaje e identidad: ambos se construyen mutuamente. La identidad es una historia que nos contamos acerca de quiénes somos. Ese relato supone necesariamente una selección y una reconstrucción de los sucesos y los rasgos que nos atribuimos.

Las identidades desempeñan un papel crucial en los sistemas sociales de aprendizaje porque determinan qué es importante y qué no, en quién confiamos y en quién no, a quién le decimos lo que sabemos y a quién no. Nuestra habilidad para manejar fronteras y relacionarnos con gente algo diferente a nosotros mismos depende de nuestra capacidad para involucrar y suspender nuestra identidad. Aprender más allá de las fronteras no es solamente una cuestión intelectual: es una cuestión de abrirnos, porque en nuestras identidades las comunidades y las fronteras se vuelven experiencias personales. Wenger, en un trabajo que seguiremos en esta descripción[18], lo dice en forma significativa: a veces, saber demasiado o ignorar algo es una traición a quienes somos. Porque nuestras identidades son claves en la estructuración de lo que sabemos.

---

16. Nonaka, I.; Toyama, R.; Byosiere, Ph.: *op. cit.*
17. Cfr. Capítulo 3.
18. Wenger, Etienne: *op. cit.*

Si el saber es un acto de pertenencia, esta puede darse de diversas formas. Wenger describe tres. La primera es la pertenencia por involucramiento, esto es, porque hacemos cosas juntos. La segunda es la pertenencia imaginaria: sentimos que pertenecemos a un grupo de gente del cual, en rigor, conocemos solo a unos pocos. Así, podemos vernos a nosotros mismos como académicos, padres, jóvenes rebeldes, revolucionarios o damas serias, y actuar según la imagen que tengamos de cómo se comporta un miembro de esos grupos. La pertenencia es imaginaria no porque sea una fantasía, sino porque está construida sobre imágenes.

Una tercera forma de pertenencia es el alineamiento. Se produce cuando nuestras actividades están ajustadas con otros procesos para ser más efectivas. Es el caso, por ejemplo, de quien compara las actividades locales de una organización con otras filiales del exterior para asegurarse de estar dentro del estándar aceptable. Y también, cuando coordinamos las etapas de un proyecto, o convencemos a un colega para trabajar juntos para conseguir algo. El alineamiento no es obediencia sino coordinación. Como individuo, estoy alineado cuando me comporto según ciertos procedimientos, pautas o estándares que me definen como una persona que practica cierto credo, trabaja según criterios de *Total Quality Management* o hace dieta macrobiótica.

Las comunidades de práctica son los ladrillos de los sistemas sociales de aprendizaje. La organización puede definir un estándar del tipo "vender cuarenta solicitudes al mes", pero en qué consiste esa práctica[19] y la competencia requerida para ejercerla son aspectos que, casi con seguridad, el grupo determinará más o menos inadvertidamente en la interacción cotidiana.

---

19. Recordemos que, en el capítulo anterior, habíamos establecido la diferencia entre conducta, acción y práctica. En toda práctica hay una cierta institucionalidad y, por ende, acción colectiva involucrada.

Valor de la comunidad de práctica

Para saber qué hay que hacer en un determinado puesto, debe observarse cómo procede esa "pequeña conspiración" que es una comunidad de práctica. Al respecto, John Seely Brown –un académico a quien ya hemos citado en los capítulos anteriores y que realizó gran parte de sus investigaciones en Xerox– cuenta una anécdota muy ilustrativa. El manual de uso de las fotocopiadoras indicaba que, frente a cierta clase de inconvenientes, "saque 5.000 fotocopias y vea las características comunes del error". Sorprendido, Brown le preguntó entonces a un reparador si, ante esa clase de problemas, efectivamente sacaba las 5.000 fotocopias. El hombre, sorprendido, le respondió:

"¿Usted tiene un título de doctorado y me hace esa pregunta? Piense un instante: ¿qué hace la gente con las fotocopias que salen mal? Las tira a la basura. Bueno, pues yo miro la basura."[20]

Estas prácticas no canónicas, que el grupo toma para sí y transmite a través de narraciones e historias informales, van definiendo simultáneamente la integración de una persona a una comunidad, su pertenencia y sus competencias.

Para Wenger, las comunidades de práctica se caracterizan, en primer lugar, por un cierto "sentido de empresa conjunta" que es "energía de aprendizaje". ¿En qué consiste? En entender la comunidad lo suficiente como para poder contribuir a ella. En segundo lugar, las comunidades de práctica se distinguen por un sentido de mutualidad entre sus integrantes, por ser confiables y confiar en las interacciones, y sentirse sus miembros mutuamente responsables; este es su capital social. Por último, pueden identificarse por un cierto repertorio compartido (de lenguajes, rutinas, sensibilidades, objetos y palabras) al que se tiene acceso y se sabe usar.

---

20. Narrado por John Seely Brown en la reunión de la Academy of Management realizada durante agosto de 2008 en Anaheim, California.

Explícita o implícitamente, cada comunidad define un "adentro" y un "afuera". Por eso, su concepto está esencialmente ligado al de frontera. Los límites separan. Pero conectan también comunidades, permitiendo aprender otras cosas y de otra manera. En las fronteras, las experiencias tienden a divergir, obligando a ratificar o a reconfigurar experiencias y competencias: mucho de la identidad y de los saberes propios se construye cooperando, compitiendo, rivalizando, negociando y comparando con otros. Sin embargo, si las competencias y las experiencias de los otros resultan muy cercanas o muy lejanas, no hay desafío. Para que exista tensión entre experiencias y competencias hace falta algo con lo que se pueda interactuar, cierto terreno compartido, compromiso para suspender el juicio y formas de trasladarse entre repertorios.

De la misma manera que las comunidades pueden cuidar y desarrollar una competencia, pueden volverse también rehenes de su propia historia. Las comunidades de práctica tienen buena prensa: se tiende a pensar que son islotes "naturales" donde todo lo que ocurre es bueno. No obstante, es importante tener presente que la tendencia a ahondar en los saberes compartidos puede llevar a convicciones que no rigen en absoluto más allá de las propias fronteras: después de todo, quienes se dedicaban a la caza de brujas conformaban también comunidades de práctica.

Por lo tanto, ¿qué valor corresponde atribuir a las comunidades de práctica? En sí mismas, no son buenas ni malas. Son formas gregarias de construcción de significado, conocimiento e identidad, típicas de los humanos. Cualquier juicio sobre ellas será hecho siempre desde alguna otra comunidad cuyas características básicas no serán diferentes.

En todo caso, las comunidades de práctica son sitios privilegiados para identificar problemas, aprender y producir conocimiento. En ellas, no encontramos un conocimiento desarrollado por "especialistas" sino por quienes se benefician de las soluciones. Son repositorios para el desarrollo, el mantenimiento y la reproducción del conocimiento. Y aunque el conocimiento no es homogéneo en ellas, el acceso a la comunidad (participación legítima periférica) permite también acceder a él. Además, en tanto los miembros de las comunidades se dan entre sí posibilidades que no existirían si no actuaran juntos (*affordances*), cada comunidad es más que la suma de sus partes.

Comunidades de práctica en acción

El siguiente caso se llama "Bienvenido al condominio"[21]. Presenta el orden social de una comunidad de práctica, donde el conocimiento se genera y se mantiene vivo, al tiempo que las historias y las interacciones cobran sentido para sus actores.

> *La vida en mi condominio es bastante normal. Básicamente está protagonizada por tres actores: Pancho, en adelante "Labón"; Clara, en adelante "Claret" o "Clari"; y yo (que seguiré siendo yo).*
>
> *Llegamos tempranito, las computadoras se encienden y, junto con su encandilante luminosidad y algún que otro rayo de sol que —con suerte— se cuela por las ventanas, damos comienzo a la jornada laboral. Las palabras a esta hora son pocas. Se puede escuchar algo del estilo de "¿Qué hacés, Claret?" (más saludito con la mano). O "Liebon [Labón], ¿cómo le va today?" (más palmadita en la espalda). O quizás, de vez en cuando... muy de vez en cuando, algún arriesgado "Voy a buscar café, ¿quién viene?". Pero no mucho más que esto. Besos no nos damos porque los "buenos días" están sobreentendidos y, en este caso, serían francamente redundantes. Eso se hace con extraños.*
>
> *Es un comienzo bastante gestual. No es muy recomendable hablar mucho tan temprano, ni tampoco demostrarse muy afectuoso. Lo aclaramos una sola vez, hace un tiempo, cuando nos sentaron juntos, y creo*

---

21. Caso presentado en 2003 por Claudine Restaino, quien cursaba entonces el posgrado en Recursos Humanos de la Universidad de San Andrés, Buenos Aires, Argentina.

que los tres lo captamos porque nunca más se replanteó el tema. El amor viene con el tiempo, como dice mi abuela. Así que dejamos las expresiones de cariño para cuando se abre el baile: "¡Vas al horno si esto no sale ya!", "¡Te voy a meter en la hoguera!", "¡Rodarán nuestras cabezas!", "¡Te pongo brasas y caminá por encima!". Solo amor, en su estado más puro.

En el condominio, se toma mate. Cuando las miradas se entrecruzan, el equipo está buscando un candidato que vaya por agua caliente. Pero es una mirada especial. Casi diría, convocante. Porque también está la "mirada-lanzarrayos", que es la herramienta que usamos entre nosotros para cuando viene alguien con toda su orquesta de flautas a cantarte "las 40" y la culpa es de algún otro miembro.

También tenemos la "mirada caribeña", que pide por favor que te quedes porque posteriormente al eventual encuentro hay que reírse en conjunto. Mentes tropicales.

A la hora del almuerzo, el equipo se agranda. No es lo mismo ya. Flor busca a Tom. Tom busca al condominio completo. El condominio busca a Caro. Caro, que nos ve a todos juntos, llama por teléfono a Laura. Luego de este recorrido, desembocamos a cinco pasos del comedor. Nuestras miradas, sin embargo, sobreviven a esta expansión.

Llegan "ellos". Somos dos.

Sabemos que tiene que haber café, mucha parsimonia y mucho "pere-pe-pe-pe". Nadie en este mundo puede ser ajeno a la llegada de Sarah Input y Peter Webcam. Ellos nos lideran desde allá. Y cuando vienen acá, las oficinas del country *reviven.*

Si el condominio fuera un barco, diríamos que, en este caso, el timón lo tenía Clari. Ella nos presentó y nos pasó algunos tips *principales para encarar la relación.*

Son gente de pocas palabras, ningún español y colores sobrios. Muy planchados, caminan elegantemente. Si te ven, te dan la mano (los deditos). Dicen sus nombres, sus apellidos, su posición (tardan cinco minutos) y te invitan a que hagas lo mismo (lo solucionamos en uno y llenamos el resto con sonrisas). "¡Qué simpáticos los argentinos!", los oímos decir. Y sí, llenamos con sonrisas.

Particularmente este día, nos esperaba una interesante jornada. Nos habían encomendado el reclutamiento de un equipo creativo para liderar una nueva campaña, por lo que decidimos realizar una entrevista grupal convocando aproximadamente a quince chicos, entre estudiantes y recién egresados, y participar del evento a los flamantes invitados.

Llegan los "otros". Ahora somos tres (el banquete de Wenger).

Entrevista grupal, a las 17 horas. Los creativos pisan la academia. Toda la corte de los milagros en la empresa. Pelos de colores y bien parados, pantalones anchos, mucho piercing *y mucha plataforma pisando fuerte entre nuestros taquitos.*

Preparamos todo. Como siempre, pero no nos faltaba nada. Todo muy sencillo: pantalla gigante, bebidas, café (mucho), galletitas, masitas y presentación multimedia. La reunión la abrimos nosotros tres contando con esmero, detalle, orgullo, dedicación, paciencia, entusiasmo, fervor, etcétera, aspectos relacionados con nuestra empresa. No nos intimidó la presencia de nuestros dos referentes. Durante el discurso, nos pareció bueno sugerirles varias veces a los otros que se soltaran en sus presentaciones personales. Se soltaron enseguida. Digamos que ya habían entrado sueltos. Incluso, varios habían hecho caso omiso de las sillas eligiendo como lugar de establecimiento el piso y yaciendo en él en posiciones... variadas. Varios también bailaron coreando la música institucional de la compañía. Gente particular.

Cerramos con un tímido aplauso de Sarah Input y Peter Webcam, quienes sentaditos derechitos asentían a un costado de la sala. Este aplauso se continuó con una acalorada y entusiasta ovación, tipo cancha de fútbol, de todo el equipo a reclutar. Por supuesto, tratamos de reprimir inmediatamente agradeciendo por demás esa demostración.

La tarea pesada me la dieron a mí: traducción.

1- Un otro: "Banquen. Faltan 30 para las 6, que es mi pico creativo. Poncheá a otro". Silencio general. Miradas.

Yo: "OK. He's asking for us to wait because he's going to be inspired at 6. *¿Quién sigue?". Mirada al público.*

Ellos: no responden, son de pocas palabras. Hacen un gesto de "OK". Asienten, no entienden.

2- Otro otro: "Quiero ser como ustedes". Y señaló con su dedo a S.I. y a P.W. El candidato tenía un aro en la lengua y un tatuaje en el cachete izquierdo. "Busco la variación."

Yo: mirada a Claret; Claret mira el horizonte; mirada-lanzarrayos a Claret. "OK. He's glad to be here and he appreciates this opportunity."

Ellos: no responden, son de pocas palabras. Hacen un gesto de "OK". Asienten.

3- Último otro: "Soy un creator *desde que nací. Toco la bata, no tengo novia pero sí muchas amigas con licencia. Me gusta irme de gira por los bares con mis amigos. Pensar me quema, así que 'surfeo' y, de repente, la atajo. La idea viene a mí, no yo a ella".*

Yo: "He's a musician. He doesn't have girlfriends, he plays the drums... stop".

126

Ellos: no responden, son de pocas palabras. Hacen un gesto de "ok".
Asienten.
Hay formas de salir airosos de un combo. Nosotros nos entendemos.
Ellos se fueron contentos. Y los otros, también. Fuimos como una gran
familia: tomamos café todos juntos.
Luego, nos retiramos de la sala. Se apagaron las computadoras y, ya
con un día más bajo el brazo, apelamos nuevamente a nuestro clásico
leitmotiv, *que usualmente repetimos en conjunto: "Colegio Jesús en el*
Huerto de los Olivos... ¡misión cumplida!".
Mañana llegaremos tempranito. Las computadoras se encenderán y,
junto con su encandilante luminosidad y algún que otro rayo de sol
que con suerte se cuele por las ventanas, daremos comienzo a la jornada
laboral...

El caso describe muy nítidamente tres grupos diferentes en una situación que les exige interactuar. El primero está conformado por Claret, Labón y "quien escribe". En ellos es fácil identificar una comunidad de práctica, con sus códigos, reglas, señales propias, rituales y, sobre todo, el sentido de pertenencia y dependencia mutua que el narrador transmite. Esta comunidad de práctica recibe al segundo grupo, integrado por Sarah Input y Peter Webcam, ejecutivos de la firma provenientes del extranjero, quienes probablemente sean miembros de otra comunidad de práctica en la casa central. Por último, entran en escena "los creativos". Ellos, aunque nos parezcan muy similares unos a otros, no sabemos si están vinculados entre sí.

Cada grupo posee señas muy particulares que nos hablan de la pertenencia a otras redes. Los locales comparten ritos ininteligibles para un profano, como, por ejemplo, el "Colegio Jesús en el Huerto de los Olivos... ¡misión cumplida!". También, procesos de colaboración ("hay formas de salir airosos de un combo" o "nosotros nos entendemos") y de construcción social ("si el condominio fuera un barco, diríamos que, en este caso, el timón lo tenía Clari", o "ella nos presentó y nos pasó algunos *tips* principales para encarar la relación".

La comunidad de práctica no es un fenómeno planeado. De hecho, es muy probable que la "del Huerto de los Olivos", por ejemplo, se haya constituido a partir de un grupo de trabajo. En sus interacciones, los miembros generaron aprendizajes y significados propios, que los hacen reconocibles. Posiblemente hayan creado artefactos (herramientas, documentos, modelos), discursos y un lenguaje común para abordar los temas y negociar significados, así como también algunos procesos, incluidas rutinas explícitas (como el lacónico saludo matinal) y otras que permiten coordinar las acciones.

Cada comunidad habla de las otras y, a través del discurso, marca límites y diferencias con respecto a la propia. Quien narra el caso describe a los creativos como "la corte de los milagros". Habla de "pelos de colores y bien parados, pantalones anchos, mucho *piercing* y mucha plataforma pisando fuerte entre nuestros taquitos". Hay una forma de hablar peculiar, un vocabulario, que conforma significados compartidos. Estos indican la pertenencia, configurando el "nosotros" y el "ellos" que señalan las fronteras entre la comunidad propia y las demás.

Cada comunidad parece compartir sus artefactos y sus rutinas: tomar mate, ir a la máquina de café por la mañana, saludarse rápidamente al llegar al trabajo. "Besos no nos damos porque los 'buenos días' están sobreentendidos y, en este caso, serían francamente redundantes. [...] Es un comienzo bastante gestual. No es muy recomendable hablar mucho tan temprano, ni tampoco demostrarse muy afectuoso. Lo aclaramos una sola vez, hace un tiempo, cuando nos sentaron juntos, y creo que los tres lo captamos porque nunca más se replanteó el tema". Es evidente que hubo un proceso de negociación al interior de la comunidad. El resultado fue un conjunto de acuerdos, que se mantienen a lo largo del tiempo y no serán cuestionados, a menos que se sume un nuevo integrante.

Como ya señalamos, la pertenencia a una comunidad puede darse haciendo cosas juntos, por involucramiento. Pero uno puede también sentirse parte de una comunidad por imaginación, construyendo imágenes de sí mismo sobre la base de un grupo de referencia. O por alineamiento, ajustando esas imágenes con otros procesos, lo que nos permite ser más efectivos que el involucramiento.

En el caso de Claret, Labón y "quien escribe", los miembros de la comunidad trabajan juntos con un nivel de involucramiento tal que, para muchos temas, ya no necesitan siquiera hablar. Un "código de miradas" es suficiente para comprender los mensajes ("mirada-lanzarrayos", "mirada caribeña", "mirada para que alguien busque agua caliente"). Claro que estas miradas se entienden solo dentro de la comunidad: difícilmente tendrían sentido para alguien de afuera. Los integrantes construyeron una imagen de su comunidad que se refleja en la forma en que trabajan y en su vocabulario con frases tales como "nosotros nos entendemos". Al estar alineados en su trabajo, son capaces de llevar adelante diferentes desafíos: "Preparamos todo. Como siempre, pero no nos faltaba nada. Todo muy sencillo: pantalla gigante, bebidas, café (mucho), galletitas, masitas y presentación multimedia. La reunión la abrimos nosotros tres contando con esmero, detalle, orgullo, dedicación, paciencia, entusiasmo, fervor, etcétera, aspectos relacionados con nuestra empresa". Y también, pueden interactuar exitosamente con otras comunidades: "Ellos se fueron contentos. Y los otros, también".

En cuanto a los creativos, no sabemos si se conocían entre ellos antes de la reunión, aunque pareciera que sí por su aspecto y sus hábitos. Sin embargo, esto bien podría ser, simplemente, el efecto de la imaginación (del tratar de parecerse a una imagen) y del alineamiento. Los dos grupos "corporativos" (los locales y los visitantes) parecen mostrar huellas de sus organizaciones. Pero en la narración, hay signos claros de que el grupo es un sistema social de aprendizaje y de que las competencias para pertenecer están definidas histórica y socialmente. En ese grupo, como en cualquier otro, saber no es una abstracción: es una cuestión de desplegar aprendizajes definidos en comunidades sociales.

Volvamos sobre esta interacción, que se lleva a cabo con personas insertas en otras comunidades delimitadas por fronteras. Es muy importante ubicar el foco de análisis tanto en las comunidades como en sus límites, ya que es en los márgenes donde muchas veces se aprenden cosas nuevas. En las fronteras, las experiencias y las competencias tienden a divergir. Precisamente, esa reconfiguración de experiencias y competencias constituye un aspecto importante del aprendizaje. Si las competencias y las experiencias son muy cercanas o muy lejanas, no hay desafío. Para que haya tensión entre experiencias y competencias hace falta que se ubiquen en un punto intermedio.

El grupo de "quien escribe" parece especialmente competente para manejarse con gente que se encuentra más allá de sus fronteras. Sus miembros se muestran abiertos, flexibles y casi divertidos tratando con personas a las que perciben como distintas. Notemos que los "ellos" y los "otros" no son tan diferentes a los "del Huerto de los Olivos" como para impedir la interacción: a pesar de las diferencias, tienen un terreno compartido. Por lo demás, "quien escribe" y sus compañeros demuestran la capacidad de suspender el juicio y de aceptar lo que venga del otro lado. Y porque pueden trasladarse entre repertorios, permiten que la experiencia y la competencia puedan interactuar.

Las comunidades de práctica contienen y, en gran medida, definen las competencias que hacen a ese sistema social. Tal como habíamos señalado, se caracterizan, en primer lugar, por compartir una energía de aprendizaje, su sentido de empresa conjunta. Por eso, resulta indispensable que cada miembro entienda a la comunidad lo suficiente como para poder contribuir a ella. En segundo lugar, la pertenencia a una comunidad de práctica crea un sentido de responsabilidad recíproca, esto es, la conciencia individual de que, para bien o para mal, lo que cada uno hace o deja de hacer afecta a los demás. Este carácter mutual es su capital social. Para pertenecer, cada miembro necesita lograr ser confiable en las interacciones. Por último, existe un repertorio compartido de lenguajes, rutinas, sensibilidades, artefactos y palabras: ser miembro significa tener acceso y saber usar ese repertorio.

Habíamos dicho que los vínculos constituyen las bases de las comunidades de práctica. La acción individual es guiada por las representaciones de la acción colectiva: qué harán los demás con lo que cada uno haga. De allí que la unidad de análisis en una organización no puede ser el individuo sino los vínculos entre los individuos y las representaciones que ellos tienen de esos vínculos. En el caso de Claret, Labón y "quien escribe", el lector adivina un buen vínculo que les permite trabajar juntos, enfrentar desafíos y ofrecerse refugio. El grupo parece tener suficiente sentido de empresa –que es fuerza e iniciativa– como para aprender lo que resulta central para esa comunidad. Por eso, pueden ser flexibles y aceptar lo desconocido. Tienen mutualidad como para confiar y descansar en las capacidades del otro. Dominan un repertorio compartido, que incluye desde las miradas hasta cierta conciencia de cuánto saben sobre lo que saben como para poder hacer sus propios caminos de crecimiento[22].

Circulación del conocimiento

Las comunidades de práctica abren continuamente posibilidades de aprendizaje a través de las interacciones que

---

22. Gore, Ernesto; García, Fernanda: "Transfer of learning into work settings: a network view". Trabajo presentado en la reunión de la Academy of Management, Annual Meeting 2009, Chicago.

surgen en su interior y a través de sus fronteras. La forma en que los novatos se incorporan a una comunidad de práctica, así como el contacto entre comunidades, remite –nuevamente– a la transferencia o transformación del conocimiento en las organizaciones.

Según John Seely Brown y Paul Duguid[23], la circulación del conocimiento suele describirse con visiones contradictorias. A veces, el conocimiento parece "líquido" (en inglés, *leaky*: que gotea, se filtra), porque se expande más allá de lo prudente. En otros casos, se vuelve "pegajoso" (*sticky*), porque se fija donde uno no quiere, lo que vuelve muy difícil su circulación. Así, con frecuencia, el conocimiento no fluye hacia las áreas de la organización que necesitan compartirlo, pero se filtra de manera incontrolable hacia la competencia. Para comprender estos fenómenos, los autores proponen una lectura de la organización desde sus prácticas.

Habíamos dicho que el aprendizaje no solamente tiene que ver con el conocimiento sino también con la identidad: se aprende *sobre* algo, pero también a *ser* alguien. Estos no son dos procesos distintos. Por el contrario, la construcción del conocimiento y de la pertenencia constituye una experiencia única. Incluso aprender el trabajo más fácil requiere atravesar un proceso social complejo. Tal como hemos dicho antes, en tanto toda práctica es una competencia social e implica ser parte de un grupo, para ser carpintero o físico no alcanza con saber utilizar un martillo o diagonalizar matrices simétricas, es necesario también que los físicos y los carpinteros nos reconozcan como uno de ellos.

Si aceptamos que el medio tiene que ver con el aprendizaje, debemos preguntarnos inevitablemente por el contexto en que se desenvuelven los individuos. En nuestro caso,

---

23. Brown, John Seely; Duguid, Paul: "Knowledge and organization: a social-practice perspective", en *Organization Science*, Vol. 12, N° 2, marzo-abril de 2001.

la organización es un contexto de aprendizaje, sin embargo ese contexto no es todo el tiempo toda la organización. De la misma manera que, aunque vivamos en una ciudad de millones de habitantes, cada uno de nosotros se moverá dentro de una red limitada donde directa o indirectamente casi todos se conocen entre sí, la gente que interactúa dentro de las organizaciones lo hace en el ámbito de sus comunidades de práctica y de sus redes de relaciones.

Es posible que las fuerzas culturales más importantes en el aprendizaje sean las que surgen de la tarea. Así, por ejemplo, la interacción que se da entre el miembro antiguo y el nuevo es clave para el aprendizaje: esta dinámica permite que quien aún no conoce sobre alguna cuestión pueda acceder a ese saber a través de la experiencia de un guía, quien a su vez podrá repensar su propio quehacer al explicarle al "nuevo". En el caso "¿Cuántos significados puede tener 'cero'?", presentado en el Capítulo 4 –"La práctica como saber"–, Martín (el comprador con quien el novato César interactúa en primer lugar) es un miembro antiguo de la comunidad. Sin embargo, a pesar de tener una mayor experiencia, la pregunta de César (qué significa que el nuevo sistema informático implementado en el área de Compras indique "cero") es también novedosa para él. Pero no le resulta relevante y, por lo tanto, no le da el lugar de un problema a resolver: simplemente, espera que el novato acate su palabra sin más. ¿Cuándo halla la respuesta César? Cuando abre el juego e interactúa con miembros de otras comunidades de la organización –por ejemplo, la gente del área de Sistemas–, modificando su red de relaciones y ampliando su capital social y, con él, su capacidad de hacer: el conocimiento es, precisamente, eso.

Ante la pregunta de César, podrían haberse generado dos escenarios. Uno, donde el comprador con más antigüedad, a partir de la consulta del novato, se cuestionara su práctica y analizara el problema. El otro es el que se dio efectivamente: Martín no se cuestionó su práctica. Si se hubiera dado el primer escenario, la comunidad de los vendedores se podría haber enriquecido con una más adecuada comprensión del sistema. En esto reside la gran contribución que suele significar para una comunidad de práctica establecida el ingreso de un novato: él es quien, por lo general, hace las preguntas que hasta el momento no habían sido realizadas.

Otro tema importante que ilustra este caso es la importancia de la interacción con otras comunidades. César no consigue la respuesta que busca en su comunidad –la de los vendedores– sino conversando con participantes de otras comunidades. Esto señala, por un lado, el mayor o menor grado de permeabilidad que puede existir en las fronteras, establecido y fomentado por dispositivos formales o informales (como el cartelito que prohibía a los empleados reunirse alrededor de la máquina de café o, inversamente, los almuerzos compartidos por miembros de distintos sectores de la organización). Por otro lado, el caso pone de manifiesto la importancia del enlace en la génesis de nuevos aprendizajes: la relevancia de aquellas personas o elementos que actúan uniendo comunidades de práctica. César ha actuado como puente. Ha conseguido la respuesta que buscaba en otra comunidad. Y vuelve con ella a la suya, enriqueciéndola. Su comunidad podrá ahora sumar un conocimiento que, o bien será resignificado en la interacción y promoverá la evolución de la comunidad, o bien será desestimado y esta permanecerá estancada.

A esta persona que cumple el rol de unir dos comunidades de práctica, Wenger lo hubiera llamado un "corredor" o "agente" (en inglés, *broker*)[24] y Burt[25] lo hubiera descripto como un "agujero estructural". En cualquier caso, estas

---

24. Wenger, Etienne: *op. cit.*
25. Burt, Ronald S.: *Structural Holes, the Social Structure of Competition.* Harvard University Press, Cambridge, 1992.

personas que unen áreas que sin su intervención estarían desconectadas, cumplen una función importante en la construcción de conocimiento organizativo.

El concepto de comunidad de práctica sirve para dar cuenta de la circulación del conocimiento siempre que se atienda tanto a la noción de comunidad como a la de práctica.

El conocimiento corre por rieles tendidos por la práctica. Las palabras tienen sentido y se hacen comprensibles cuando hay una práctica compartida. Aunque se dé por sentado que el conocimiento debe ser explícito para poder circular, este adquiere sentido cuando hay una práctica que permite interpretarlo. Esta necesidad de compartir alguna práctica para poder compartir nuevas ideas muestra el desafío de comunicación y de coordinación en el lugar de trabajo.

¿De qué depende que un conocimiento inmerso en un ámbito pueda trasladarse de alguna manera a otro? ¿Qué le permite ser "reinmerso"? Para entender dónde el conocimiento fluye y dónde se estanca necesitamos observar dónde y por qué las prácticas son comunes, y dónde y por qué no lo son.

Las comunidades de práctica comparten conocimientos tácitos en tanto y en cuanto comparten prácticas. Cuando distintas personas comparten una práctica, es muy posible que el conocimiento explícito tenga para ellas un sentido mucho más claro que los que no la comparten. Esto se verifica, incluso, entre individuos que no forman parte de una comunidad de práctica por involucramiento, que no se conocen o que no interactúan en forma directa. En cierto sentido, estos grupos epistémicos "flojos" son redes, donde la práctica común permite el flujo de conocimiento y la acción conjunta. Brown y Duguid[26] las denominan "redes de práctica". En ellas, la práctica se convierte en el sustrato donde

---

26. Brown, John Seely; Duguid, Paul: *op. cit.* (2001).

prosperan relaciones entre personas (redes) más flojas que las que aglutinan a los miembros en las comunidades[27].

De acuerdo con estos autores, los 24.000 representantes técnicos de Xerox conforman una red de práctica. Las redes son más grandes que una o muchas comunidades de práctica. Esto no obstaculiza que compartan conocimiento con gente –de la propia organización o de otras compañías– que realiza una práctica similar. Si bien existen recetas, entenderlas no es para cualquiera, es preciso compartir una práctica. Dicho en forma clara: los libros de cocina son útiles para quienes saben cocinar, las partituras sirven para guiar la acción de quienes saben música. Las redes difunden el conocimiento entre sus miembros cruzando los límites de cualquier organización, siguiendo las rutas de la práctica. Si la práctica común ha abierto el camino, el conocimiento se filtrará sin reconocer fronteras. Pero donde la práctica común esté ausente, el conocimiento tal vez pase de un área o una organización a otra convertido en simple material inerte, susceptible de ser repetido en palabras, pero olvidable con facilidad y difícilmente puesto en acción. Por eso, muchas veces la gente de un área de la empresa se entiende mejor con quienes se desempeñan en la misma área pero en otras organizaciones que con compañeros que trabajan en otro sector de su misma compañía.

De este modo, la práctica permite entender el flujo de información dentro y fuera de la organización. Cada comunidad de práctica está en la intersección entre la organi-

---

27. Más adelante, cuando presente el caso TECNA, veremos cómo los miembros de la organización, frente a nuevos contratos, buscan en el mercado compañeros de estudio o viejos colegas en antiguos proyectos que, sin tener experiencia en el área específica, puedan integrarse rápidamente a redes de conocimiento y, así, consultar a los más experimentados. El hecho de compartir una práctica les permite acceder rápidamente al conocimiento explícito de los más veteranos y convertirlo en acción. Incorporando gente con experiencia, aunque no sea exactamente igual, la empresa puede crecer con rapidez asegurando el funcionamiento de redes de consulta.

zación y la red. Sus miembros están ligados, en parte, por la pertenencia organizativa, que se extiende por la cadena de valor de la firma y cruza sus divisiones de trabajo y de práctica. Y en parte, están ligados por la práctica, que se extiende más allá de la organización a través de las redes de práctica.

Coordinar conocimientos

En el Capítulo 3 hemos hablado sobre la transferencia y la transformación del conocimiento en las organizaciones. Decíamos allí que, cuando el saber de un colectivo pasa a otros, suele necesitar una transformación tal que puede dudarse incluso de que sea el mismo conocimiento el que circula de un grupo a otro. Esta dificultad, como estamos viendo ahora, suele tener que ver con la falta de prácticas compartidas. El conocimiento es "líquido" cuando circula a través de las redes construidas por la práctica dentro de una organización o entre compañías. Dado el rol de las redes, contener el flujo de información en las fronteras organizacionales puede constituir una tarea difícil. Los miembros de la empresa pueden tener lealtades divididas entre su propia red y la organización: el flujo de conocimientos depende de a cuál favorezcan. En ocasiones, los miembros tienden a frenar la difusión de conocimientos para cuidar sus intereses; en otras, a difundirlos para aumentar su empleabilidad en función de la reputación personal ganada en la red. En cualquier caso, es importante tener presente que el intento de frenar la salida de conocimientos puede clausurar también su entrada: un costo alto, ya que el conocimiento existente fuera de la organización es siempre –como veremos pronto– mayor que el interno.

Las redes de práctica explican tanto las filtraciones no deseadas como la circulación deseada del conocimiento.

Conviene señalar una vez más que, como fenómeno, este tráfico no es una propiedad de cierta clase de conocimiento. Ni siquiera del explícito, porque explicitar el conocimiento no alcanza para lograr que circule: hace falta una práctica compartida para que las palabras tengan sentido. Donde la práctica no prepara el terreno, rara vez el conocimiento fluye, ni en su dimensión tácita ni en la explícita. De modo análogo a este fluir, la "pegajosidad" tampoco es una característica de cierta clase de conocimiento. Y así como el conocimiento fluye en la práctica compartida, se "pega" y se estanca donde no la hay.

Las organizaciones no son estructuras monolíticas, como se pretendió describirlas durante años. Su crecimiento tiene que ver con el fortalecimiento de sus comunidades internas tanto como con el establecimiento de puentes que las conecten entre sí. Esta es una demanda contradictoria para el management: por un lado fortalecer cada una de las comunidades y por otro hacer puentes entre ellas. Pero la existencia de comunidades de práctica no solo es inevitable sino indispensable: ellas generan las competencias que permiten sobrevivir a la organización.

A su vez, ninguna comunidad de práctica puede sobrevivir por sí misma sin construir vínculos con otras comunidades y compartir con ellas significados, conocimientos e identidad. El conocimiento construido por cada comunidad tiene que ver con sus propias prácticas y las perspectivas que de ellas surgen, por lo que si bien es un conocimiento esencial y útil, es también de una amplitud muy limitada. Wenger lo describe como un conocimiento "parroquial" –en el sentido de "pueblerino"–, que tiende a convertir en verdades absolutas lo que en realidad es un efecto de su propia perspectiva. Por eso, no resulta extraño que –por ejemplo– mucha gente de las áreas financieras piense, en el fondo de su corazón, que los vendedores son irresponsables y temerarios, mientras que las personas de ventas creen que los de Finanzas tienen tanto miedo de no cobrar que no les interesa vender. O, de manera similar, que los investigadores de los museos consideren a las exposiciones como una maldición que pone en peligro la colección, al tiempo que los curadores de esas muestras, paralelamente, están convencidos de que los investigadores se quieren apropiar de los objetos impidiendo su exhibición. O que las maestras jardineras opinen que los administrativos son demasiado estructurados, sin percibir que a estos el comportamiento de ellas les resulta infantil. El lector, seguramente, podrá enriquecer esta breve lista de ejemplos con facilidad.

Es frecuente y normal que cada grupo se cuente a sí mismo una historia parecida a esta: "Aquí, nosotros damos todo por hacer las cosas bien, sin solemnidad, sin presumir de ello, con auténtico compromiso. Ellos, en cambio, quieren solo sacarse las cosas de encima". Esta perspectiva limitada –y a veces poco respetuosa– del trabajo ajeno suele basarse en datos reales, solamente que seleccionados desde la peculiar perspectiva del observador.

Por lo general, si estas miradas o descripciones tienen algo de falso, no es lo que señalan sino lo que omiten. Cabe aclarar que la mirada del "jefe" (sea la de un CEO, un *partner manager*, un director o un archiduque) no es menos parroquial o pueblerina que las demás. ¿Por qué? Porque cada uno mira el mundo desde su propio mundo. La complejidad del trabajo del management, esa "demanda contradictoria" a la que está sometido que mencioné unas líneas más arriba, reside en que debe ayudar, por una parte, a profundizar las miradas parroquiales (absolutas) y, por otra, a tender puentes entre ellas, mostrándoles que ninguna puede dar cuenta de la figura completa. Quiero subrayar que, cuando me refiero al "trabajo del management", no se trata tanto de un nivel dentro de la organización como de una tarea, una actividad. Así, cualquiera que tiende puentes, que actúe como *broker* entre distintas comunidades o redes, está haciendo management, más allá de su nivel formal. Ayudar a erigir puentes entre las comunidades es, en sí, una forma de construir conocimiento en la organización. Volveremos sobre este punto en el Capítulo 7.

Muchas organizaciones comienzan a comprender hoy que la coordinación interna no debe focalizarse tanto en los individuos como en las comunidades y sus prácticas, porque la innovación surge de la acción entre áreas. Coordinar distintas comunidades de práctica no es solamente un problema de acrecentar la confianza y la motivación, aunque indudablemente ambas sean relevantes. Para que distintas áreas puedan trabajar juntas no es solamente cuestión de que la gente se comprenda más: es necesario que entiendan qué es lo que los otros hacen, cómo lo hacen y qué tensiones genera esa tarea.

Es preciso dar entidad a los problemas de comprensión de la situación que aparecen entre diferentes áreas. La idea de negociación entre comunidades es una de las diferencias más importantes con la coordinación organizacional tradicional, porque no existe ninguna organización internamente homogénea. La práctica, en sí misma, guía las divisiones internas y las conexiones externas donde el conocimiento tiende a fijarse o a fluir.

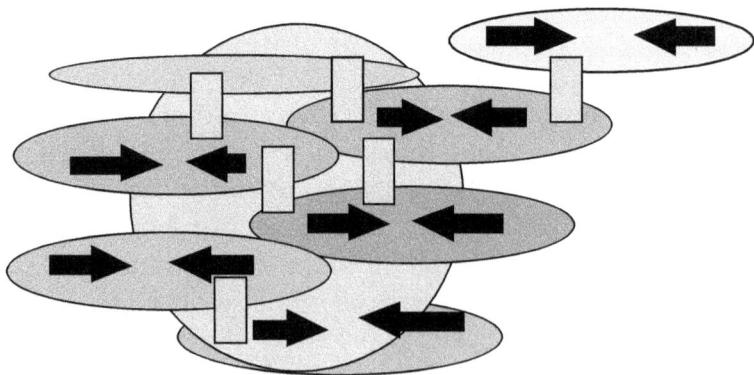

Figura 8. La organización como una constelación de comunidades de práctica.

El enfoque tradicional usa el control para coordinar las acciones de los miembros de la organización, tratando de evitar que las áreas introduzcan en los conocimientos cambios eventualmente disruptivos durante la circulación. ¿Y la innovación? En el esquema tradicional, solo ciertas áreas reciben autorización para buscar conocimiento nuevo, mientras que las demás deben sujetarse a sus rutinas. Por suerte, eso casi nunca sucede y el espacio de trabajo suele ser, para bien o para mal, un espacio de innovación. Los mayores logros en conocimiento suelen provenir de crear puentes entre fronteras, ligando diferentes redes y comunidades de práctica, internas y externas. Claro que la coordinación de una empresa alrededor del conocimiento y de la práctica es muy diferente que coordinar rutinas convencionales. Pero ese es precisamente el desafío del próximo management.

Conciliar trabajo, aprendizaje e innovación

Según Brown y Duguid[28] el trabajo, el aprendizaje y la innovación son formas de actividad humana muy relacionadas a las que, convencionalmente, se piensa en conflicto. ¿Por qué? Tal vez, porque las descripciones formales del trabajo y del aprendizaje son abstraídas de la práctica. Sin embargo, de acuerdo con lo que hemos presentado en este capítulo, se hace evidente que la práctica es central tanto para el trabajo como para el aprendizaje, y que su observación permite saber qué está ocurriendo en el interior de una organización. En cambio, cuando el trabajo se describe en términos de una práctica canónica[29], un concepto simplificado de la tarea, escrito por alguien que no la conoce, lo que realmente sucede queda oculto bajo el manto de lo que "debe suceder". Sin dudas, este enfoque comporta

---

28. Brown, John Seely; Duguid, Paul: *op. cit.* (1999).
29. Orr, Julian: *op. cit.*

una distorsión notable, ya que –todos sabemos– el trabajo real suma a las tareas formalmente establecidas una serie de quehaceres solo conocidos por quienes deben llevarlos a cabo.

El aprendizaje es también una construcción social, fruto de la interacción entre los materiales existentes y los recursos de la comunidad local. A través del caso "¿Cuántos significados puede tener 'cero'?" se advierte que el aprendizaje en el trabajo no solo implica conocer la nueva práctica. Exige también convertirse en su practicante y ser reconocido como tal por los pares. En otros casos, requiere entender lo que los demás harán con lo que uno haga para poder tener una contribución "cuidadosa". Esto es, en términos de Weick, ayudar a generar una mente colectiva inteligente.

El re-registro continuo del ambiente, la interacción con novatos, los puentes establecidos con otras comunidades de práctica y la improvisación para dar respuestas creativas a problemas imprevisibles son fuentes permanentes de innovación incremental o radical. Trabajo, aprendizaje e innovación no pueden tratarse como fenómenos independientes ni trabajarse como espacios separados, simplemente porque no lo son.

Impacto en el management

Este cambio de mirada exige necesariamente cambios en el management. Significa aceptar que hay procesos que no pueden ser controlados o monitoreados directamente, pero que resultan indispensables para el desarrollo de la organización. Implica comprender que esos procesos pueden nutrirse, guiarse, orientarse pero no conducirse, debido a su carácter idiosincrásico y a las limitaciones de conocimiento de quien debería hacerlo: después de todo, la gerencia general es también una comunidad de práctica, que sufre las mismas limitaciones de perspectiva que el resto. Según

Juan Pablo Mobili[30], más que práctica, más que acción recurrente y examinada, en las organizaciones hay reacción, esto es, falta de un pensamiento acabado sobre la repercusión de protocolos, procesos y dinámicas organizativas. Pareciera que muchos líderes ejecutivos no consideran la autorreflexión como práctica. Como examen de uno mismo, de la raíz y del impacto de las decisiones propias, la autorreflexión tal vez no sea exclusivamente una disciplina de introspección sino una nueva forma de escuchar a la organización. Por eso, se vuelve particularmente crítico que quien tiene responsabilidades de liderazgo se cuestione cómo escucha. Él debe ser consciente de que la organización tiene una realidad más compleja y variada que la que puede llegar a conocer de antemano.

Como en el viejo cuento, cada organización es un conjunto de ciegos tratando de descubrir, por medio del tacto y guiados por otro ciego, que tienen delante un elefante. Por eso, nada ayudará más a entender a la organización que tanto el management como su gente sean conscientes de las limitaciones del conocimiento, de la necesidad del trabajo conjunto y de la suspensión del juicio que esto implica. La conciencia de las limitaciones puede ayudar a que la búsqueda compartida de sentido y significado haga que las estrategias y la toma de decisiones fluyan de modo más natural, y que se conviertan en un elemento de aprendizaje y no de clausura de la indagación.

---

30. Comunicación personal.

CAPÍTULO 6

CUANDO EL DESARROLLO CREA CONOCIMIENTO: EL CASO TECNA

Contamos con muchos trabajos que dan cuenta de cómo el conocimiento contribuye al desarrollo de las organizaciones, pero con pocas investigaciones sobre cómo el crecimiento genera conocimiento nuevo en las organizaciones. El presente capítulo –versión algo abreviada del trabajo realizado en conjunto con Alejandro Artopoulos[1]– busca realizar un aporte a la comprensión de este segundo fenómeno, tomando como punto de partida un estudio de campo llevado a cabo en TECNA, una compañía argentina que nació como una típica consultora local, integrada por una veintena de ingenieros expertos, y se transformó en una empresa diversificada de base tecnológica, con operaciones en cuatro continentes, unidades de negocios especializadas y una verdadera "fábrica de diseño" de ingeniería básica y de detalle para la industria de la energía.

¿Por qué nos interesó TECNA? Porque es una empresa surgida en un país emergente, que se desarrolló mediante

---

1. Colega de la Universidad de San Andrés (Buenos Aires, Argentina), donde dirige el Laboratorio de Aprendizaje Ubicuo de la Escuela de Educación.

una estrategia de *bootstrapping*[2] y, también, gracias a un fuerte vínculo informal con la Facultad de Ingeniería de la Universidad de Buenos Aires, que le dio acceso a gente formada –al igual que sus fundadores, profesores de esa institución– y redes de conocimiento. Aunque no todas la precedieron, algunas preguntas guiaron la investigación, entre otras, cómo logró la firma quintuplicar su personal calificado en cuatro años, a pesar de que esa clase de perfiles no existía aún en el mercado de trabajo local; o cómo puede una organización manejar su crecimiento cuando necesita proyectos para contratar expertos, y expertos para adquirir conocimientos. A continuación, el caso y algunos de los principales hallazgos que nos permitió realizar.

La explotación del gas en la Argentina

En 2007, junto con los Estados Unidos, Gran Bretaña, Canadá y Australia, la Argentina conformaba el reducido grupo de cinco países con una industria petrolera y gasífera totalmente privada y abierta al juego de los mercados, donde tanto los locales como los extranjeros podían competir en igualdad de condiciones, ya sea en actividades industriales o comerciales. ¿Qué peso tiene este dato en la historia de la explotación de los recursos naturales argentinos? Importante, porque desde 1907, cuando se descubrió petróleo en nuestro territorio, hasta las privatizaciones de las empresas estatales de gas y petróleo durante la década de 1990 –Gas del Estado en 1992 y Yacimientos Petrolíferos Fiscales (YPF) en 1993–, la industria creció por ciclos según la participación o la exclusión del capital privado en la actividad.

---

2. "*Bootstrapping*" es una expresión en inglés tan gráfica como difícil de traducir. Significa levantarse uno mismo, tirando de los cordones de los zapatos: es decir, refiere a un esfuerzo con resultado exitoso, hecho sin ayuda ni apoyo externo.

La Argentina fue pionera en la explotación de gas natural. En 1949, por ejemplo, inauguró un gasoducto de 1.605 km y 103/4" de diámetro, que se extendía desde la localidad de Comodoro Rivadavia (en la provincia patagónica de Chubut) hasta la ciudad de Buenos Aires. La obra se convirtió en la segunda más extensa del mundo y la primera en su tipo en América Latina. El último gran período de transformación de la industria se desplegó entre 1991 y 1996. Durante ese lapso, la desregulación de la actividad, así como la privatización de las empresas estatales mencionadas, permitieron al país convertirse en exportador neto de petróleo[3].

Cabe señalar que la privatización exigió someter a YPF a una gigantesca reingeniería. La conclusión de este proceso coincidió –hacia fines de los años 90– con una caída estrepitosa del precio del petróleo hasta los 13 dólares por barril. Por supuesto, muchos planes de inversión se tornaron entonces inviables, pero fueron retomados a partir de la invasión a Irak en 2003, ya que la caída del régimen de Saddam Hussein desató un aumento violento del precio del crudo. La suba constante del barril provocó un verdadero torbellino de actividad en el sector, coincidente con el contexto de la recuperación posterior a la crisis argentina de 2001[4], y a pesar de la incidencia negativa de las retenciones a las exportaciones y de las presiones para el control de precios. Así, provincias petroleras como Neuquén y Santa Cruz vivieron una etapa sin precedentes de expansión del consumo y la inversión inmobiliaria.

El incremento de la demanda mundial de gas natural –por lo general, de combustión más limpia que otros combustibles

---

3. La serie histórica de exportaciones argentinas, organizadas por grandes rubros, puede consultarse en la página del Instituto Nacional de Estadística y Censos (www.indec.gov.ar).

4. Crisis política y económica que desencadenó cambios profundos, entre otros, el fin de la Ley de Convertibilidad Cambiaria, y la consecuente devaluación del peso argentino, así como la caída del presidente Fernando de la Rúa.

fósiles– benefició a esa industria y a sus proveedores de servicios. Sin embargo, desató un problema de extrema gravedad política en el Cono Sur, ya que la Argentina, debido a la devaluación de su moneda (que frenó la inversión en las actividades extractivas) y el congelamiento de los precios internos de los combustibles, no pudo cumplir con sus compromisos de entrega de gas a Chile y debió importar el producto desde Bolivia para satisfacer la demanda interna.

Qué es TECNA

Como explica su página de Internet, "TECNA es una empresa global de ingeniería y construcciones, de alta capacidad tecnológica y de gerenciamiento, con un equipo de trabajo de más de 700 profesionales que actúan en diferentes países, capaz de asumir completamente la responsabilidad en proyectos energéticos, desde el diseño conceptual hasta la construcción, puesta en marcha, operación y mantenimiento"[5].

La compañía fue fundada a comienzos de los años 70 como una consultora en ingeniería. Sin embargo, desde la primera década del siglo XXI, se ha convertido en una organización que brinda servicios integrales y de avanzada para el sector del petróleo y el gas. Sus prestaciones incluyen desde la consultoría hasta la creación, el diseño y la ingeniería de diversas actividades (construcción, puesta en marcha de proyectos y operación de plantas de tratamiento) relacionadas con la explotación del gas natural. Dado que los encargos atendidos no suelen ser repetitivos, en la mayoría de los casos, la compañía desarrolla el *know-how* para proveer –y tercerizar– los servicios requeridos.

La fuerte relación de TECNA con la explotación gasífera se remonta, en rigor, a principios de la década de 1990,

---

5. Cfr. http://www.TECNA.com/AboutUs.aspx (consultado el 12 de septiembre de 2011).

cuando el Estado argentino promovió e implementó cambios en las regulaciones que afectaron radicalmente –entre otras– a la industria del gas y el petróleo. El nuevo marco jurídico obligó a mejorar la calidad del gas a la salida de los yacimientos mediante la construcción de nuevas plantas. Esta necesidad generó una demanda de servicios avanzados que permitieron a TECNA tomar la delantera a través del diseño de equipos, que se convirtieron en el primer eslabón de la cadena de cambios requeridos.

El mayor crecimiento de TECNA se registra a partir del año 2000. Hacia 2005, la compañía ya desarrollaba actividades en todas las cuencas argentinas y llevaba adelante proyectos en Brasil, Bolivia y Ecuador. Además de sus oficinas centrales en la Ciudad Autónoma de Buenos Aires, disponía de representaciones en Bolivia, Brasil, Ecuador, España, los Estados Unidos, Perú y Venezuela. Así, había devenido en una empresa regional de servicios para la industria del gas y el petróleo.

En 2004, la empresa alcanzó un incremento interanual en las ventas del 34% –pasando de más de 18 millones de dólares en 2003 a superar los 27 millones de dólares en 2004–, debido principalmente a la incorporación de dos divisiones comerciales: de consultoría e ingeniería (TEDIN) y un área de proyectos (TEPLA). El grupo societario controlaba, además, tres empresas asociadas que complementaban los servicios de TECNA:

– Flargent, que construía plantas y equipos para procesamiento de agua e hidrocarburos; asimismo, proveía servicios de diseño conceptual e ingeniería, y provisión, instalación, puesta en marcha y asistencia técnica para las plantas y equipos que construía;

– EMC, empresa constructora que desarrollaba construcciones y montajes industriales, principalmente para el sector del gas y el petróleo, y

149

– Medanito, que se ocupaba de operaciones de producción de hidrocarburos, tratamiento de gas natural comprimido, captación y endulzado de gas ácido, y transporte y compresión de gas en la cuenca neuquina.

Para el año 2006, TECNA había devenido la mayor empresa de servicios avanzados para la industria energética de la Argentina, con operaciones en diversos países, incluida Arabia Saudita.

La construcción de un perfil singular

Los socios fundadores fueron Ricardo Altube (presidente) y Carlos Grimaldi (vicepresidente). Su propósito era crear una consultora dedicada a realizar estudios y proyectos de ingeniería desarrollando tecnología nacional. Por eso, llamaron a la compañía "TECNA": TECnología NAcional.

Ricardo Altube se graduó como ingeniero químico en la Universidad de Buenos Aires (UBA). Después de trabajar durante seis años en los Estados Unidos desarrollando ingeniería y construyendo plantas de procesos, regresó a la Argentina en 1973, cuando ganó el concurso de profesor de Proyecto de Planta en la UBA. "En el 75 –cuenta Altube– todo se importaba y era muy difícil competir, la política del país no nos ayudaba en nada. Con Carlos Grimaldi y un grupo de trabajo (compuesto en gran parte por amigos y excompañeros de estudios universitarios) decidimos organizarnos sobre la base de una idea previamente elaborada. Veíamos que se venteaba mucho gas natural, y decidimos hacer algo con eso. Preparamos un grupo de excelentes ingenieros en todo lo referente a ese tema. Comenzamos a viajar al exterior y a ampliar esa red de contactos, a hacer uso de ella, viajes, cotizaciones, investigaciones y más viajes, hasta que una petrolera nacional nos dio la gran oportunidad. Confiaron en nosotros y comenzamos a hacer nuestro primer proyecto 'llave en mano' de planta TECNA."[6]

Entre 1974 y 1982, predominaron los trabajos de consultoría en ingeniería de tratamiento de gases en variadas industrias sin una especialización definitiva. La especialización en gas y petróleo que caracterizaría más tarde a TECNA solo fue definiéndose en el transcurso de la década de 1980, a partir de la licitación de áreas petroleras argentinas durante el gobierno de Raúl Alfonsín.

El primer trabajo consistió en realizar la ingeniería para la recuperación de calor de motores en Electrometalúrgica Andina. En 1978, se puso en marcha una nueva central de generación de vapor de YPF en la ciudad de La Plata, con ingeniería de procesos de TECNA. Durante este período, la lista de clientes de la firma mostraba empresas de variada naturaleza, que requerían tratamiento de gases. No se trataba solamente de organizaciones ligadas a la explotación del petróleo y el gas sino también del sector de los alimentos, la energía atómica, la tecnología y los productos para el cuidado personal.

Hacia 1982, con la fundación del Grupo TECNA, se inició un proceso de cambio, que implicaba la expansión de la compañía hacia nuevas actividades a través de la creación de firmas asociadas, como la ya mencionada Flargent, dedicada a la provisión de equipos. En 1989 se compró el 50% de TECNOR. Y en 1991 se creó una nueva sociedad, que controlaba Medanito.

Durante la década de 1980, TECNA se había especializado en la industria del petróleo y el gas. En 1987, Bridas (una petrolera local)[7] le adjudicó el diseño conceptual de

---

6. Entrevista a Ricardo Altube y equipo. Disponible en el sitio de la Asociación Argentina de Ingenieros Químicos, en http://www.aaiq.org.ar/home/index.pl?iid=2503&isa=Category (consultado el 21 de septiembre de 2011).

7. Para más información, puede visitarse el sitio www.bridascorp.com (consultado el 12 de septiembre de 2011).

dos plantas modulares en la zona andina, participando en el diseño del oleoducto Puesto Hernández - Cerro Divisadero para YPF. En 1991, cuando se puso en marcha la planta de gas de YPF "Loma Las Yeguas", TECNA era parte del consorcio contratista.

A partir de ese año, comenzó a notarse la consolidación de TECNA como empresa de consultoría tecnológica de las principales petroleras nacionales e internacionales que operaban en la Argentina. La compañía se reorganizó y definió dos unidades de negocios: TEDIN, de ingeniería; y TEPLA, para atender la demanda creciente de proyectos que incluían tanto ingeniería como construcción de plantas y equipamientos de superficie. En 1992, por ejemplo, Amoco[8] le adjudicó la ingeniería de una planta en Cerro Dragón, importante yacimiento localizado sobre el litoral patagónico, en la provincia argentina de Chubut. Esa resultó la primera planta llave en mano diseñada y construida por TECNA.

Entre 1998 y 2001, TECNA experimentó una fuerte internacionalización. La demanda de consultoría en ingeniería para la industria del petróleo y el gas excedió el ámbito nacional y adquirió escala regional. Esto impulsó la apertura de oficinas internacionales como TECNA Bolivia (1998) y TECNA Ecuador (1999), donde se iniciaron los trabajos en una planta para YPF. El objetivo de establecer una representación en cada país donde la empresa operaba no era otro que facilitar la relación con los clientes locales. Desde luego, tanto sus dotaciones como el despliegue técnico estaban necesariamente acotados, ya que la actividad central continuaba resolviéndose a través de personal con base en la Ciudad de Buenos Aires que viajaba por períodos relativamente prolongados (entre tres y seis meses) a donde fuese necesario.

---

8. Empresa antes conocida como Standard Oil of Indiana, que se fusionó con British Petroleum (BP) en 1998.

En 1999, la estrategia internacional se profundizó. Además de las oficinas en países con subsidiarias de compañías petroleras como Bolivia y Ecuador, ese año se fundó TECNA Brasil y, en 2001, TECNA España. Se trataba de oficinas en Río de Janeiro y Madrid, respectivamente, que establecían el enlace con las oficinas centrales de Petrobras[9] y de Repsol-YPF.[10] También se crearon TECNINTER (compañía del Grupo TECNA) y TECNA Internacional, formalizando así la expansión más allá de las fronteras nacionales.

Junto con la internacionalización, se inició un período de gran crecimiento, tanto por la envergadura de los contratos como por el aumento de la plantilla. Si bien la dotación se había incrementado más de un 150% entre 1998 y 2000, pasó de 21 a 54 personas, el salto más significativo se produjo en 2002, cuando casi se cuadriplicó (185 empleados). Ese año, se puso en marcha en Cerro Dragón la planta Zorro III para Pan American Energy[11], el proyecto más importante desarrollado integralmente hasta entonces por TECNA. También con esa empresa, se firmó un contrato marco que incluía la ingeniería conceptual y básica necesaria para la explotación del yacimiento.

En 2004, se puso en marcha un complejo en el yacimiento de gas de Camisea (provincia de Cuzco, Perú), que supuso la construcción de gasoductos de gas natural y de gas natural licuado. Estos permitirían comercializar el fluido traído desde un campo −con 8.000 millones de pies cúbicos de reservas− situado en la zona selvática, 100 km al norte

---

9. Empresa de origen brasileño, de capital mixto, que desde 1993 realiza actividades de exploración y producción de gas y petróleo en la Argentina.

10. Compañía española, de capital mixto, que en 1999 adquirió casi la totalidad de las acciones de YPF, creándose así la empresa Repsol-YPF Sociedad Anónima.

11. Empresa dedicada a la exploración y producción de petróleo y gas, segunda en importancia como productora de hidrocarburos en la Argentina. Su sitio web es http://www.pan-energy.com/htm/es_home.php (consultado el 12 de septiembre de 2011).

de Cuzco, hasta Lima y la costa del país. El proyecto era de gran complejidad, sobre todo por los desafíos relacionados con la topografía: atravesar la Cordillera de los Andes alcanzando alturas sobre el nivel del mar que superaban los 4.500 metros, y sobreponerse al rigor del clima. El grupo de trabajo estaba conformado por miembros de diferentes empresas y nacionalidades (argentinos, brasileños, colombianos, ecuatorianos e, incluso, argelinos). Trabajaban aislados, en condiciones arduas. TECNA participó como socia del consorcio contratista en la planta Malvinas, y como encargada de la ingeniería en la planta de Pisco.

También en 2004, Petrobras adjudicó a la compañía su primer módulo *offshore* y su primera refinería para Brasil. Asimismo, TECNA formó parte del consorcio adjudicatario de la reforma de fraccionamiento, para el plan de reducción de azufre, en la refinería de YPF en la ciudad argentina de La Plata.

Durante 2005 y hasta marzo de 2006, TECNA continuó su proceso de internacionalización. Consolidó su dominio en el Cono Sur y extendió sus operaciones fuera de la región, desarrollando proyectos en África, Asia y Europa. El establecimiento de la oficina de TECNA en Houston, Estados Unidos, centro mundial de la industria energética, marcó un nuevo hito y coronó la etapa de seis años consecutivos de crecimiento acelerado.

De este modo, hacia 2006, TECNA había adquirido un tamaño y un nivel de complejidad que la ubicaban en un grupo muy reducido de consultoras y empresas de ingeniería independientes en la región, compitiendo con otras compañías internacionales como Sener[12] e Hiprotech[13]. Y si bien estas organizaciones contaban con dotaciones en el país de casi medio centenar de profesionales locales, actuaban solo como filiales de firmas internacionales, es decir, no eran independientes.

---

12. Compañía de origen español (www.sener.es).
13. Firma estadounidense (www.hiprotech.com).

Otras organizaciones dedicadas a la ingeniería y la construcción con la misma área de incumbencia que TECNA (aunque con diferentes especializaciones en la región) eran parte de conglomerados ingenieriles más grandes, como, por ejemplo, la división de Ingeniería y Construcción del Grupo Techint[14]. En el mundo de habla hispana, tampoco eran muchas las empresas comparables: la venezolana Inelectra, la colombiana Tipiel o la española Técnicas Reunidas, proveedora habitual de Repsol-YPF[15]. En una posición similar se hallaban la ingeniería básica y de gas natural dentro de las unidades de Investigación y Desarrollo de Petrobras (el CENPES, Centro de Pesquisas e Desenvolvimento Leopoldo Américo Miguez de Mello)[16] o el Instituto Mexicano del Petróleo[17] de Petróleos Mexicanos (PEMEX). Los grandes jugadores de la industria estaban en otro plano. Estos, además de las actividades mencionadas, tenían divisiones fuertes de investigación y desarrollo, como los casos de Foster Wheeler, Axens y el (ex) Instituto Francés del Petróleo (IFP)[18].

Otras empresas, especializadas en investigación y desarrollo pero que no tenían ingeniería básica, tendían a convertirse en aliados naturales de TECNA, que licenciaba de ellas patentes de desarrollos. Así procedió con Ortloff, una empresa estadounidense con sede en Houston, de la cual TECNA obtuvo tecnología de procesos de turboexpansión y de desarrollo de gas para el proyecto de Repsol-YPF en Argelia.

---

14. Empresa multinacional creada en la Argentina (www.techint.com).
15. Para más información sobre estas empresas, pueden consultarse los siguientes sitios: www.inelectra.com, www.linkedin.com/company/tipiel, www.ypf.com/ar_es/ y www.tecnicasreunidas.es.
16. Cfr. http://www.petrobras.com.br/pt/energia-e-tecnologia/tecnologia-e-pesquisa/ (consultado el 12 de septiembre de 2011).
17. Más información en www.imp.mx.
18. Datos adicionales en www.fwc.com, www.axens.net y www.ifpenergiesnouvelles.fr.

Organización y dinámica internas

Hacia 2006, TECNA podía aún describirse como una consultora expandida hacia una diversidad de actividades. Lejos todavía de haber adquirido su madurez organizativa, la compañía aparecía como una empresa de ingeniería especializada en la tecnología y el diseño de plantas e instalaciones de gas y de petróleo, que prestaba también servicios de gerenciamiento de proyectos, de construcción de plantas llave en mano y plantas modulares, y de automatización, control y/o mantenimiento de plantas e instalaciones.

Desde el punto de vista formal, TECNA se organizaba en una estructura matricial, que favorecía el desarrollo de proyectos mediante el cruzamiento de las unidades de proyecto con las áreas funcionales. Gran parte del personal dependía funcionalmente de las áreas (Dirección de Negocios, Recursos Humanos, Operaciones, Finanzas, Ingeniería y demás), que tenían a su cargo la supervisión técnica, la formación de cuadros gerenciales y técnicos, y el apoyo logístico y comercial a las unidades de proyecto. Por su parte, las unidades de proyecto (por ejemplo, TEPES, es decir, TECNA Proyectos Especiales) se ocupaban principalmente de gerenciar, operar y mantener las plantas.

En esta línea, TEPLA (TECNA Plantas) era la responsable del diseño, construcción y puesta en marcha de plantas llave en mano en los yacimientos de gas y de petróleo de varias cuencas de la Argentina, así como en proyectos localizados en Bolivia, Perú y Brasil. TEINFO (TECNA Proyectos Informáticos) desarrollaba los proyectos de automatización y control. Y con una fuerte integración al resto de las actividades, TEDIN (TECNA Proyectos de Ingeniería) se ocupaba de la ingeniería y la consultoría.

TEPLA obtenía el 73% de las ventas totales a través de proyectos de plantas, mientras que TEDIN justificaba el 11% a través de la ingeniería conceptual o básica y de detalle:

entre ambas actividades se explicaba el 84% de la facturación. Sus servicios incluían desde la organización funcional en la matriz hasta la dirección de ingeniería. Estas unidades de proyecto hicieron diversos estudios para Pan American Energy, Chevron Texaco Argentina, Total Austral, Pluspetrol Argentina, Petrobras Energía Argentina, Petrobras Bolivia y Repsol-YPF, en la Argentina, Bolivia, Ecuador, Perú y España.

Por su parte, TEINFO fue creada en 2004 a partir de la división Automatización y Control de TECNA como una nueva unidad de proyectos orientada hacia la generación de servicios y aplicaciones informáticas. Si bien comenzó diseñando soluciones a pedido, logró convertir uno de ellos en un producto, hecho inusual en la cultura de TECNA.

La célula básica de la empresa era el proyecto. Su organización involucraba a los líderes de proyecto (que dependían de las áreas transversales de la matriz), a los coordinadores de cada especialidad, a los participantes y a los miembros del *staff*. Los líderes encabezaban cada proyecto y respondían las tres preguntas clave: *qué, cuándo* y *cuánto*. Su responsabilidad consistía en planificar y organizar el desarrollo de la tarea, dirigirla dentro de los costos, plazos y estándares de calidad estipulados por el contrato, y evaluar los resultados. Reportaban a la Gerencia de Proyectos, que tenía responsabilidad –como veremos oportunamente– por las preguntas acerca de *quién* y *cómo*.

Asistiendo a los líderes, se encontraban los participantes en el proyecto desde las distintas áreas funcionales y disciplinas involucradas. Cada disciplina contaba con un coordinador responsable de planificar, organizar y supervisar la ejecución del trabajo, para lo cual establecía los procedimientos, programaciones y presupuestos de su área de incumbencia. Los coordinadores, en tanto, respondían ante los líderes por los tiempos y el presupuesto, y por las metodologías, los materiales, el diseño y otras cuestiones prácticas ante los gerentes de las áreas funcionales. Por su parte, los ingenieros *junior*, así como los técnicos del *staff*, respondían a los coordinadores.

En los niveles de management, por un lado, los gerentes de las áreas funcionales se ocupaban, como dijimos, de desarrollar la práctica respondiendo a las preguntas referidas a *quién* y *cómo*. Tenían la responsabilidad de organizar a los miembros de sus áreas de práctica y asignarlos a los proyectos de acuerdo con su experiencia y capacidad, estableciendo también políticas, procedimientos y normas de calidad. Por otro lado, el proyecto constituía la unidad mínima de control. Integraba las funciones y disciplinas necesarias para la concepción, el desarrollo y la documentación de la ingeniería de las obras, al tiempo que organizaba y gestionaba los recursos para su construcción, operación y mantenimiento. Al respecto, TECNA funcionaba también como una empresa de construcciones con alta capacidad en ingeniería. Sin embargo, es importante no perder de vista que la naturaleza de la tarea en el desarrollo de proyectos no se limitaba al gerenciamiento, como ocurría con las obras: implicaba también gestión de conocimientos bajo la forma de diseño y tecnología.

Análisis del caso

La descripción de TECNA realizada hasta aquí exhibe algunas cuestiones referidas a la generación, la selección y la retención de conocimientos en una empresa de servicios tecnológicos, ya que operar a demanda en economías emergentes vuelve particularmente alto el grado de incertidumbre respecto de qué conocimientos deben retenerse y cuáles no. Mientras intentábamos con Alejandro Artopoulos dar forma al caso, varias preguntas implícitas se nos repetían:

– ¿Cómo crece una empresa de conocimientos en un país en desarrollo?

– ¿Cómo puede mantener estándares de calidad una organización que hace siempre cosas nuevas?

– ¿Cómo puede crecer una organización que necesita proyectos para incorporar personal… pero que precisa personal para poder acceder a los proyectos?

– ¿Cómo es posible formar a la gente necesaria para cuadriplicar la producción sin perder rentabilidad cuando la gente que hace falta no está en el mercado?

– ¿Cómo se generan conocimientos para utilizar una sola vez?

– ¿Cómo se selecciona lo que debe retenerse y lo que debe descartarse?

– ¿Cómo se retiene lo seleccionado?

Hemos visto que el negocio de TECNA se ligaba directamente a su capacidad de resolver los dilemas, pudiera o no ponerlos en palabras, vinculados con el manejo del conocimiento. En el momento del análisis, vendía soluciones que consistían –según el caso– en diseños, documentación, equipamiento a medida o plantas llave en mano. La organización trabajaba a demanda. Si todas las empresas manejan niveles de incertidumbre, estos crecen cuando se tienen muy pocas posibilidades de planificar su producción como no sea proyecto por proyecto. En estas circunstancias, la compañía debe siempre tener capacidad disponible para responder a proyectos impensados, ya sea por magnitud, costos, volumen, localización o tecnología requerida: lo impensado es tal porque puede originarse en más factores que los que resulta posible prever.

159

Aunque en una primera etapa se trabaja con costos variables, tarde o temprano se desarrolla una estructura de costos fijos porque las personas no son fungibles. En tanto no haya disponibilidad de gente en el mercado, es necesario trabajar con los conocimientos que pueden retenerse y que pueden generarse. Y dado que los tiempos los fija el cliente, para el management, son más un dato que una decisión. Hacer *stock* en este negocio equivale a acumular y sistematizar conocimiento, es decir, a una competencia. No puede implementarse el *just in time.*

El negocio parte de un núcleo básico de habilidades, aunque los proyectos conducen necesariamente a desplegar otras nuevas, que plantean luego la necesidad de más demanda para poder sostener a la gente que se ha desarrollado o que se ha incorporado para llevar a cabo las actividades requeridas. La ecuación económica permite el crecimiento siempre que se resuelvan las cuestiones de generación o adquisición de conocimientos en nuevos campos, de formación de personal en conocimientos poco compartidos en la organización, de accesibilidad del conocimiento, de personal formado en la cultura de acceder y de hacer accesible el conocimiento. Pero si lo central es el conocimiento y este es a demanda, ¿cómo se compatibilizan el *statu quo* y las jerarquías con el crecimiento de la organización si las jerarquías están asociadas a un conocimiento cambiante? ¿Qué pasa cuando existe una jerarquía "disciplinar" del conocimiento que deja de coincidir con la realidad productiva de la organización?

El aprendizaje en esta organización –caracterizada por una alta tasa de crecimiento e innovación continua, así como por la necesidad permanente de formación y desarrollo de los profesionales incorporados– requirió el surgimiento de estructuras sociales crecientemente complejas. Lo que hemos dado en llamar "fábrica de diseño" (competencia central de la organización) fue el producto de la interacción de un número cada vez mayor de personas, organizadas en grupos de trabajo y redes de consulta, dedicadas a la producción de intangibles. Sin embargo, todo esto hubiera resultado insuficiente sin la incorporación de las tecnologías de la información y de la comunicación. Esto se hace visible en un proceso clave: la incorporación de nuevos miembros. Allí, la relación entre expertos y novatos se dio a través de procesos de socialización e integración. Pero también, a través de registros digitales de la experiencia y de la sistematización del pasaje digital de una etapa del diseño a otra.

La fábrica de diseño

Este es el nombre que hemos dado a las áreas de ingeniería básica y de detalle. Ellas permitieron que, entre 2000 y 2006, una pequeña consultora, integrada por una veintena de ingenieros expertos, se transformara en una empresa diversificada, con unidades de negocios especializadas y una plantilla de personal quintuplicada. La fábrica de diseño constituyó el núcleo de una compañía reconocida por producir ingeniería de instalaciones de superficie para yacimientos de hidrocarburos, así como por sus capacidades para desarrollar tecnología. La ingeniería básica y de detalle fue la habilidad central, que permitiría a TECNA expandirse hacia la ejecución de plantas llave en mano, su operación y el desarrollo de sistemas de control.

En 2006, TECNA era ya considerada la consultora de ingeniería para gas y petróleo más grande de la Argentina, y se proyectaba como una de las más importantes del Cono Sur y con oportunidades en el mercado global. ¿Cuál era su cualidad distintiva? Haber desarrollado tecnologías que, de otra manera, hubieran debido comprarse en el exterior. En gas natural, TECNA tenía maestría en el ajuste de punto de rocío, recuperación de líquidos –*Natural Gas Liquids* (NGL) y *Liquified Petroleum Gas* (LPG)–, y endulzamiento y deshidratación. En petróleo, la firma se destacaba en las actividades de separación petróleo-agua, desalinización, tratamiento de agua de formación, remoción de contaminantes, y en transporte y bombeo. Disponía de autonomía en la concepción tecnológica para el diseño de instalaciones de procesamiento y transporte de hidrocarburos en las áreas productivas, tanto en exploración y perforación[19] como en refinamiento y distribución[20].

Si bien en su expansión había incorporado el gerenciamiento de los suministros, la construcción y demás funciones relacionadas con la tercerización del desarrollo de las instalaciones usadas en la superficie de los yacimientos, TECNA se distinguía por su capacidad para resolver problemas constructivos que otras empresas no podían encarar por falta de capacidad tecnológica y de diseño en el área de energía. De este modo, la compañía se había convertido en una empresa que producía conocimiento embebido en la gestión de proyectos. Entre los casi 700 colaboradores de TECNA, podía reconocerse un núcleo de 200 ingenieros y técnicos dedicados a la actividad central (ingeniería básica y de detalle), que hacían el diseño y desarrollo de las tecnologías de procesamiento de gas y petróleo para satisfacer pedidos específicos de empresas de energía. Desde un punto de vista disciplinar,

---

19. O *upstream*, expresión en idioma inglés que –literalmente– significa "aguas arriba". En los procesos productivos, el concepto se aplica al hallazgo o producción de las materias primas hasta su llegada al proceso industrial. En el caso de los hidrocarburos, el *upstream* incluye la exploración, la perforación, la explotación y la entrega en refinería, plantas de proceso o fraccionamiento.

20. O *downstream*, "aguas abajo". Abarca los últimos tramos del proceso industrial y/o la etapa de comercialización del producto o subproductos. Respecto del petróleo y el gas, define el intervalo en que se cumplen los procesos de refinación, separación, fraccionamiento, distribución y comercialización.

el núcleo duro de estas competencias centrales del área de Tecnología residía en la ingeniería química.

TECNA estaba implicada en las tres etapas comunes a la construcción de cualquier planta para la industria petrolera y gasífera: la ingeniería conceptual y el diseño básico de plantas, la construcción, y la operación y el mantenimiento. No obstante, muchos consideraban que la principal ventaja de TECNA se centraba en la primera fase, la de ingeniería básica y de diseño. Aunque la empresa no disponía de investigación y desarrollo propios, tenía la habilidad de utilizar tecnologías existentes de frontera, a las que accedía mediante información y conocimiento públicos o contratándolas bajo licencia. Sobre esta base, TECNA desarrollaba después las plantas e instalaciones con autonomía, completando el ciclo hasta emitir la documentación.

En el proceso de trabajo de TECNA, la fábrica de diseño ocupaba los dos primeros módulos: a estos se encontraba afectado el 40% del plantel de la oficina de Buenos Aires (204 miembros sobre un total de 513). En el núcleo interno de la fábrica de diseño trabajaban unas 60 personas, dedicadas a actividades de ingeniería conceptual o básica. En la periferia de ese núcleo, 144 especialistas desplegaban distintas disciplinas orientadas hacia la ingeniería de detalle (ingeniería eléctrica, instrumentación, mecánica, cañerías o *piping*, análisis de la fatiga de materiales, compras, logística y demás).

Núcleo y periferia —es decir, los módulos de ingeniería básica y de detalle— respondían a dos dinámicas diferentes y manejaban dos tipos de conocimiento distintos. En el núcleo, se encontraba el conocimiento abstracto de los procesos químicos aplicado a la resolución de problemas concretos, por ejemplo, el diseño de una planta. La utilización del conocimiento abstracto frente a situaciones únicas se apoyaba en el conocimiento público de la industria, pero también en la experiencia acumulada por la empresa. Se trataba, en muchos casos, de conocimiento no escrito y accesible solamente a través de personas con experiencia.

En las fronteras de la fábrica de diseño, se situaban las disciplinas operativas con fuerte base técnica, desde la ingeniería eléctrica hasta la de cañerías y gestión de compras. Comparada con el área de Ingeniería Básica, allí se observaba un mayor uso de conocimiento codificado, escrito y acumulado en sistemas de información.

El funcionamiento de TECNA parecía indicar que la producción de los documentos, así como la conversión de la experiencia en información codificada, enseñaba y colaboraba a la formación del especialista. Y que, a su vez, ayudar a una persona a pasar por las diferentes fases y a producir documentos en cada una de ellas constituía una forma personalizada de transferir conocimiento.

Expertos y novatos

Como en toda actividad de servicios avanzados, intensiva en trabajo, el crecimiento de TECNA estuvo asociado con la incorporación masiva de centenares de colaboradores altamente calificados.

Comenzado el siglo XXI, la contratación de personal técnico y profesional fue una constante, duplicando y hasta cuadriplicando anualmente el personal de las gerencias. La actividad de reclutamiento en los servicios de ingeniería adoptó formas no tradicionales, particulares y específicas, propias de los servicios avanzados. Durante sus primeras décadas, las vías de reclutamiento instrumentadas por TECNA habían sido las esperables para una pequeña consultora de ingeniería: muchos directivos –docentes en la universidad– acercaban a sus alumnos a la organización, y estos, a sus amigos. Los miembros podían evolucionar en su formación a diferentes ritmos, pero el vertiginoso aumento de la plantilla registrado a partir de 2002 cambió esta realidad: si el desarrollo de un novato había exigido siempre mucho tiem-

po de exposición a la influencia de un experto, a partir de
entonces el rápido crecimiento de la firma determinó que
la incorporación de técnicos e ingenieros debía hacerse en
forma acelerada y bajo fuerte presión, aunque en distintas
proporciones en el área de Diseño y en la de Tecnología.

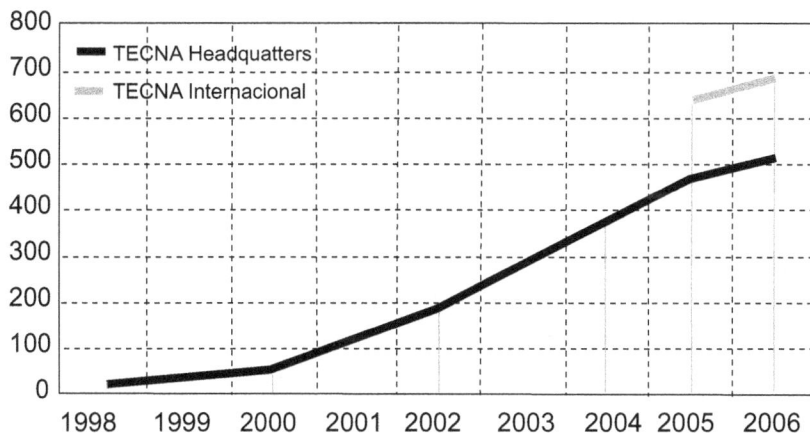

Figura 9. Evolución del personal de TECNA Argentina y TECNA Internacional
entre 2005 y 2006.
(Fuente: elaboración propia sobre datos de TECNA.)

"El conocimiento tecnológico en petróleo y en gas no estaba en el mercado. La decisión en el año 2001 fue desarrollar una gerencia en la cual se concentrara el conocimiento
tecnológico que antes estaba disperso en las unidades de
negocio. Hay una función tecnológica. Cuando creé el área,
había que ordenar y captar el conocimiento tecnológico
de la compañía. Y eso fue un cristal que comenzó a desarrollarse mediante un esquema de crecimiento a partir de
personas de escaso conocimiento. Reclutamos gente recién
recibida para formarla a través de la empresa."[21] Dado que

_____

21. Esta cita surge de los testimonios recogidos para la investigación me-
    diante entrevistas confidenciales con el personal de TECNA. El lector ha-
    llará otras más en lo que resta del capítulo. He decidido obviar en los

la organización había nacido como un grupo de ingenieros expertos, y que así se había mantenido por más de veinte años, no había habido hasta entonces una modificación sustancial en las formas de trabajo tradicionales: para ser un "experto" eran necesarias las credenciales que daban la formación académica y la experiencia en obra; y todo esto requería tiempo.

Cuando la devaluación de la moneda argentina, por un lado, y la suba de los precios del petróleo, por el otro, impulsaron un rápido crecimiento de TECNA y acortaron la duración de los proyectos, un nuevo tipo de reclutamiento se hizo necesario: se volvió imperioso hacer ingresar gente con poca experiencia y, consecuentemente, achicar las curvas de aprendizaje. "Aunque lo que te da los conocimientos de sénior es la cantidad de años que hace que estás en la empresa (…) como el tiempo se acortó, es como que ves que la columna de gente que se encamina hacia ese nivel de profesionalidad avanza rápido y te das cuenta de que pronto te va a tocar también." Para los nuevos profesionales, con menos años y menos experiencia, "estar" en la empresa era conocer su funcionamiento y saber cómo acceder a los referentes y a la experiencia acumulada en los proyectos realizados. Estos conocimientos implicaban, por sí mismos, una forma de ser experto.

En los inicios de la compañía, el núcleo había estado compuesto por ingenieros dedicados a la aplicación de tecnología a partir del conocimiento abstracto de los procesos químicos. En esa etapa, si se hacía alguna tarea de ingeniería de detalle –cosa no muy habitual–, la encaraban los mismos ingenieros que hacían la ingeniería conceptual: las dimensiones de la compañía permitían todavía manejar la complejidad de la producción de conocimientos. "La misma persona que estaba a mi lado, cuando no sabía o no estaba segura de algo, me decía: 'andá a preguntarle a Ale-

---

siguientes casos hacer esta misma referencia a fin de no entorpecer la lectura.

jandro, que en este tema es uno de los de mayor experiencia'. Entonces yo, con menos de un mes de antigüedad en la empresa, iba y le hacía la consulta. 'Bueno, esto lo podés hacer así, así y así...', me explicaba. Y volvía a mi tarea con una idea, revisaba el problema de nuevo, y listo. Existía ese procedimiento –si se quiere– informal, que no estaba escrito en ningún lado. Ningún manual decía que, en caso de dudas, los consultores a los que debía recurrir eran tales o cuales. No había carteles, lugares u organigramas que dijeran 'consultor' para identificarlos."

La transmisión del conocimiento en ese contexto dependía fuertemente de transferencias de persona a persona, con mucha práctica involucrada. No se transmitía solo la resolución de un problema específico sino la forma de encarar los problemas. Había mucho conocimiento tácito implicado. Y aunque se explicitaba lo relativo al problema específico a resolver, el arte del diseño se enseñaba de manera tácita y, en ese estado, se mantenía[22].

Sin embargo, no todo pasaba por el proceso de socialización hasta aquí descrito. La internalización, la creación de conocimiento tácito a partir del explícito, se nutrió también del estudio, los cursos y los libros de texto. Estudiar y enseñar fueron las primeras tradiciones de TECNA. Esta metodología estuvo privilegiada desde el comienzo por la empresa, fundada –recordemos– por profesores universitarios como Ricardo Altube, docente titular de la última asignatura integradora de la carrera de Ingeniería Química de la UBA. La combinación del trabajo con la actividad docente se mantiene hasta hoy en TECNA: mientras gran parte de los directivos continúan desempeñándose como profesores de tiempo parcial en la universidad, la firma contrata también profesores para coordinar en la compañía grupos de estudio conformados por ingenieros jóvenes.

---

22. Nonaka, Ikujiro; Takeuchi, Hirotaka: *op. cit.*

La cátedra universitaria fue una vía de reclutamiento privilegiada. Así sucedió en los inicios con los hermanos Eduardo y José Luis Carrone (quien asumió la Gerencia General en 2006) y otros tantos miembros clave de la organización. De este modo, se instituyó una tradición mantenida durante las décadas siguientes.

Si bien la forma de reclutamiento no cambió con la expansión, se modificaron los tiempos necesarios para pasar de novato a experto. En muchos casos, el experto no era ya el más consolidado sino, simplemente, "el menos blando" pero capaz de acceder al conocimiento disponible en la organización. Desde el principio, los novatos se formaron a través del acceso irrestricto a los expertos, una práctica que –en lo esencial– no se modificó con la incorporación masiva de profesionales jóvenes. Sin embargo, el crecimiento de la compañía exigió que un gran número de pautas implícitas de relación con alto valor formativo se transformaran en políticas explícitas. Así, todos los miembros del área de Tecnología sabían al ingresar que podían consultar problemas técnicos con cualquier persona, casi en cualquier momento, independientemente del nivel de cada uno y de las líneas de reporte establecidas.

La necesidad de soluciones únicas a demandas tecnológicas complejas exigía que los expertos compartieran el conocimiento con los novatos a través del contacto personal muy frecuente, cara a cara: los problemas eran demasiado cambiantes para recopilarse en manuales[23]. El incremento sustancial de la demanda experimentado desde 2002 provocó la incorporación de una gran cantidad de ingenieros jóvenes –la mayoría, profesionales recién recibidos que se incorporaban al área de Tecnología–, quienes debían formarse con urgencia a fin de responder con cierto grado de idoneidad. En tanto reclutar ingenieros que tuvieran ya experiencia en obra o en planta se volvía crecientemente difí-

---

23. Hansen, Morten; Nohria, Nitin; Tierney, Thomas: "What's your strategy for managing knowledge?", en *Harvard Business Review*, marzo-abril de 1999.

cil, se hizo indispensable formar a las personas en la obra a través de la relación cara a cara.

El historial de cada persona (en qué proyectos había trabajado y qué cosas sabía) no tenía una vía formal de registro. El *know-how* de TECNA, que incluía las experiencias laborales de cada uno y las lecturas recomendables sobre los distintos temas, estaba en las mentes de los posibles referentes. En algún sentido, el proceso de ingreso y formación del novato suponía una doble socialización: debía integrarse a la realidad de la obra y, también, al grupo de profesionales con más experiencia. Debían empaparse de la lógica de la obra y, por otro lado, entender el mapa de los referentes que podían ayudarlos con sus dudas. Las dos exigencias confluían porque, para aprender de la persona correcta, era necesario también haber estado donde "las cosas sucedían", un lugar que necesariamente no era la oficina.

La doble socialización fue, en realidad, el resultado de la forma en que TECNA aprendió y desarrolló como organización un modo nuevo de manejar los grandes proyectos. Debido a la complejidad que alcanzaron los proyectos encomendados entre 2002 y 2003 –sobre todo, los realizados en la cuenca del Golfo San Jorge y en la cuenca boliviana–, se hizo costumbre que los gerentes, e incluso los directores y socios, se presentaran en la obra durante las etapas de montaje para resolver *in situ* los posibles ajustes del diseño y la tecnología: así se reducía la distancia entre la concepción abstracta de la tecnología y el aprendizaje concreto del diseño en acción. La iniciación de los nuevos expertos estaba a cargo de diseñadores experimentados. El escenario era la obra, lugar donde se jugaba la incertidumbre y los diseñadores podían desplegar sus habilidades. "No creas que a los chicos que acaban de entrar y trabajan conmigo les puedo resolver todos los problemas que tienen. Pero sí me hago cargo de intentar buscarles alguna solución. Así, ellos van ampliando su mapa de personas referentes."

Para el júnior, el mapeo del conocimiento era un mapeo de personas. No importaba tanto *saber* como saber quiénes sabían, dónde se encontraban, así como ser capaz de operar la agenda o el mapa del conocimiento de la organización. Los nuevos "trabajadores del conocimiento" eran vínculos, *brokers* diría Etienne Wenger, que sabían los fundamentos y la metodología de su trabajo y tenían el mapa para hallar dónde resolver sus dudas. Los nuevos "expertos" eran los capaces de reducir la complejidad.

El juego de reducción de la complejidad no se limitaba, sin embargo, a lo interpersonal. Los soportes informativos eran cruciales ya que no solo se trataba de transferir el conocimiento de expertos a novatos, sino que estos nuevos *brokers* debían establecer estrategias de retención del conocimiento para no desbordar de preguntas a sus referentes. Esto llevó a intentar prácticas de digitalización que, si bien fueron generales, no fueron idénticas en todas las áreas de la fábrica de diseño.

La sistematización

Si bien las herramientas informáticas aportaron soluciones a las formas de trabajo en la ingeniería básica del área tecnológica, gran parte de la gestión del conocimiento requirió el despliegue de habilidades sociales de aprendizaje para la construcción de redes de consulta.

Diferente fue el caso del área de Diseño. El avance de la digitalización tuvo un impacto más profundo en sus procesos de trabajo porque la incorporación de la informática resultó mucho más radical en la ingeniería de detalle. Para esta área y para la empresa, ¿qué consecuencias tuvieron las nuevas formas "digitalizadas" de trabajo? ¿La administración de flujos de información dio paso a una nueva forma de producción de conocimiento? ¿La sistematización fue una forma de codificación? De ser así, ¿qué tipo de aprendizajes demandó a los miembros de la organización?

En 2001, TECNA empezó un cambio profundo al introducir la Gerencia de Sistematización. Con la creación de esta función, se dio dirección a una serie de esfuerzos espontáneos de incorporación de herramientas informáticas de soporte a la generación de documentación de obra. Así, se extendió la digitalización de la ingeniería de detalle en forma exhaustiva. La noción de "fábrica de diseño" fue, en este punto, mucho más precisa, ya que la sistematización vino a aplicar la fluidez de la línea de montaje a la "manufactura" del diseño. Los "productos" que recorrían esa línea eran planos y especificaciones de las plantas diseñadas. Las "partes" se iban montando mediante el aporte de información. El producto final era la representación digital de la planta. Su materialización en documentación era solo un problema logístico.

El área de ingeniería de detalle fue siempre pensada como un apéndice técnico de la excelencia y centralidad de la ingeniería conceptual en todas las empresas de ingeniería a nivel mundial. En el caso de TECNA, mereció una atención especial por la naturaleza de la tecnología que dominaba la disciplina de las ciencias químicas. Es posible que, a partir de la creación de la Gerencia de Sistematización, el balance de poder del conocimiento haya cambiado en TECNA. Se trataba de un área de innovación, que trascendía los desarrollos informáticos rutinarios de la empresa. Esa gerencia se situaba en el núcleo ingenieril de la compañía. Nació como un área de ingeniería dedicada a la mejora de la producción de información para la documentación de las obras. Sus productos se relacionaban con la producción de planos y especificaciones. Pero también, con documentos de operación como, por ejemplo, las listas de compras de materiales.

De este modo, el área de Ingeniería de Detalle se transformó en un nuevo corazón de TECNA. Si bien la tradición de la compañía había ubicado ya el núcleo de la actividad en la ingeniería básica, la digitalización de los procesos de ingeniería (la sistematización descripta) generó una nueva competencia distintiva, que redefinió las principales actividades.

Tiempo y aprendizaje

Cuando el desarrollo del área de Diseño tomó cuerpo, el tiempo comenzó a vivirse en la organización de una forma nueva. El crecimiento de la ingeniería de detalle evidenció el esfuerzo de la Gerencia de Sistematización.

El tiempo de los proyectos se redujo gracias a la puesta en marcha de canales de información digital y a la habilidad de los ingenieros para dominar el nuevo proceso innovador. "Ahora no es como antes, cuando teníamos mucho tiempo para estudiar las cosas y todo era más artesanal. Hoy, la competencia hace que los tiempos de cada obra se reduzcan. Para eso, tenemos algunas herramientas, como los simuladores, el diseño asistido por computadora, los maquetizadores y demás, que usamos para resolver algo que antes hacíamos con el Excel."

El aumento de la productividad de TECNA se observó en la reducción de los procesos de gerenciamiento relacionados con la información de diseño, es decir, con la ingeniería de detalle de las plantas. Cuando la gente estuvo preparada y disponible, los microprocesadores se convirtieron en la nueva fuerza productiva. Antes de la sistematización, el tiempo de producción de los documentos y su transformación en otros derivados estaba marcado por la capacidad productiva de las personas, que eran el cuello de botella. En el nuevo sistema, el ritmo de producción estuvo dado por los microprocesadores, que se convirtieron en el equivalente de la línea de montaje en las tareas de procesamiento simbólico. El tiempo estuvo marcado por el presente continuo del procesamiento de información.

En sus comienzos, TECNA desarrollaba la ingeniería de detalle en forma tradicional. El centro del proceso de trabajo era la producción del documento escrito. Con un grupo de gente pequeño, de no más de cinco personas, se trabajaba sobre las cañerías, la electricidad y otras áreas en forma paralela. Se hacía la ingeniería de detalle de la instrumentación, las especificaciones, el sistema de control y el área eléctrica con elementos tales como cables, motores y demás. La forma de trabajo evolucionó, de manera paulatina pero sin pausa.

Fueron apareciendo herramientas que ayudaron a reducir los tiempos; en particular, programas de maquetización, instrumentación, documentación y simulación. Así ocurrió, por ejemplo, con un programa específico para instrumentos, de origen israelí, que servía para gestionar toda la documentación requerida por la ingeniería de detalle de una planta. TECNA fue la primera empresa que usó esa aplicación en la Argentina. La adopción de esta tecnología y la adquisición de conocimiento para aprovechar sus posibilidades implicaron diferentes etapas de aprendizaje. Los usuarios fueron progresando en su manejo de la nueva herramienta: al principio, con la ayuda de los proveedores locales; más tarde, a medida que se encaraban nuevos problemas y se desplegaban nuevas maestrías, desarrollando capacidades de relación directa con los fabricantes del producto.

La aplicación redujo los tiempos dedicados al diseño en forma drástica. No obstante, su mayor aporte fue la disminución de las posibilidades de error mediante la creación de un archivo único de los documentos y de sus sucesivas modificaciones, y a través del control automatizado del diseño de los circuitos eléctricos evitando –gracias a un software– los posibles errores humanos. Este software consistía en una base de datos donde cada entrada era única: esto impedía repetir o copiar datos iguales, dos errores frecuentes cuando se trabajaba en planillas de cálculo (Excel) aplicando el comando "cortar y pegar".

Otra herramienta informática, típica en la estrategia de sistematización, fue la incorporación de un programa simulador eléctrico llevada a cabo en 2002. Este permitía modelar la planta desde el punto de vista eléctrico y hacer toda la ingeniería de detalle de cables, testeando posibles cortocircuitos por simulación. El programa tenía una biblioteca con íconos y gráficos donde el operador podía modelizar el proyecto de planta. Cada pequeño bloque era un objeto inteligente, por ejemplo, un generador con todos los parámetros que el diseñador le atribuyera. De esta forma, podía modelarse la dimensión eléctrica de la planta y los equipos (el generador, los interruptores y otros).

Considerados estos avances dentro de la empresa en su conjunto, el esfuerzo de sistematización perfeccionaba la producción de intangibles a través de la integración de la fase de diseño con la de implementación. Si en una primera instancia el valor de TECNA era su capacidad de diseño, la posibilidad introducida por la sistematización de integrar el proceso completo –desde el diseño hasta la documentación necesaria para la dirección de obra– pasó a ser una nueva ventaja competitiva de la empresa. Con la adopción de las nuevas herramientas, TECNA se incorporaba al grupo de compañías que, en diferentes áreas de actividad, automatizaban o generaban simulaciones de procesos que hasta entonces se habían hecho en forma artesanal. Coincidentemente, empresas de servicios agropecuarios avanzados empezaban a manejar modelos de simulación de productividad de campo que tenían el mismo objetivo que los simuladores de procesos de TECNA. Otro ejemplo de automatización fue la simulación de procesos en el área de Tecnología; por ejemplo, el de la transformación de fluidos o gases. "Antes, todo se hacía más a mano. Era un trabajo muy artesanal y muy comunitario. Resultaba fácil tener acceso a la gente porque toda la gente se conocía entre sí. Cualquier tema era de acceso directo y, además, el trabajo puntual se hacía a mano."

La característica principal del nuevo espacio de trabajo virtual, donde circulaban los flujos de información, fue la articulación de distintos sectores de diseño como una especie de línea de montaje simbólica y digital, marcando un ritmo de producción en los hábitos de trabajo de los ingenieros. Para el grupo de trabajo en el área de Diseño, afrontar estos cambios representó un desafío, que requirió tanto la fortaleza y la madurez de los técnicos y los ingenieros ya formados como el dinamismo y la iniciativa de los jóvenes ingenieros emprendedores.

El reclutamiento en esta sección no se limitó a jóvenes profesionales –como sucedió en el área de Tecnología– sino que incorporó también a ingenieros experimentados y técnicos formados en las escuelas "invisibles" existentes en empresas de ingeniería, muchas de las cuales despedían personal debido a la profunda crisis que atravesaba la Argentina entre 2001 y 2002. Entonces, hubo dos procesos de aprendizaje: los técnicos maduros debieron "digitalizarse" y los ingenieros jóvenes, que no necesitaban alfabetización digital, debieron iniciarse en la práctica de la ingeniería. Mientras aprendían a usar las herramientas informáticas que luego formarían parte de la infraestructura digital de la producción del diseño, debían aprender la práctica profesional mediante la socialización en obra.

Este último proceso de aprendizaje se cerraba con la utilización correcta y la producción de documentación de la ingeniería de detalle, como el *típico de montaje* (o simplemente, "el típico"). Este documento –por ejemplo– ofrecía un esquema o plano, donde se representaba un instrumento, cómo se instalaba físicamente, y se computaban los materiales necesarios para emplazarlo en la obra. El típico de montaje introducía a los ingenieros jóvenes en la reutilización de información y documentos, una práctica que hacía más eficiente el trabajo. Así, por ejemplo, todos los transmisores de presión para medir gas se montaban de la misma manera y se representaban con un dibujo, que incluía las características físicas de conexión y la indicación con íconos de los materiales necesarios. Dado que se trataba de un montaje típico –de allí su nombre–, era susceptible de reutilizarse. El documento empaquetaba ese conocimiento. Como puede apreciarse, el manejo del conocimiento se orientaba hacia la codificación y la estandarización a fin de permitir su reutilización. Esta estrategia, propia de las áreas que manejaban productos maduros, fue una oportunidad a la cual TECNA imprimió esfuerzo y de la cual obtuvo resultados: fue una fuente de mejora de la productividad.

Los empleados reutilizaban el conocimiento aun antes de que se introdujeran las redes informáticas. Los datos técnicos de planos y típicos iban y volvían a través de una suerte de línea de montaje de información, que permitía convertir los documentos en paquetes de conocimiento codificado. Con la implementación de las aplicaciones informáticas, los ingenieros accedieron a una nueva área de aprendizaje destinada a acelerar los procesos de sistematización.

Conclusiones

Al inicio de este caso, nos preguntamos cómo una compañía podía quintuplicar su dotación en cuatro años, cuadriplicando la producción y sin perder rentabilidad, cuando las personas clave no existían en el mercado de trabajo local. Queríamos saber, además, cómo TECNA manejó el crecimiento, ya que necesitaba proyectos para contratar expertos, y expertos para adquirir conocimientos.

La compañía nació en el seno de un grupo dedicado a la enseñanza de la ingeniería química en la universidad. Sus fundadores estaban (y están) entre las máximas autoridades argentinas en el campo del diseño y la construcción de plantas químicas, y en el diseño de procesos para la transformación de hidrocarburos y gas. Fue natural, entonces, que encontraran en su propio grupo y entre sus discípulos los elementos necesarios para formar a los expertos que la empresa requería.

Los conocimientos que se dominaban en la organización brindaron la base de su ventaja competitiva. La vida cotidiana en la empresa fue, de suyo, un currículum compartido mediante la acción en la obra o en el tablero de diseño. A medida que la compañía creció, la estructura social de la "cátedra" comenzó a resultar insuficiente, y por eso se enriqueció con nuevas incorporaciones. Así, mientras los socios originales se centraban más en el gobierno de la organización, se reconfiguraba la red de referentes internos mediante la contratación de nuevos expertos. Estos aprendían de los fundadores y, a su vez, devenían en maestros de los profesionales júnior.

Aunque los fundadores de TECNA –los "viejos expertos"– no siempre les reconocían ese estatus, los "nuevos expertos" incorporados para suplirlos eran considerados maestros por los recién iniciados, es decir, por los ingresados entre 2004 y 2006. Estos profesionales júnior, que no tuvieron la posibilidad de acceder a los maestros fundadores, aprendieron y se formaron mediante las escuelas invisibles en que la formulación y el desarrollo de cada proyecto se convertían espontáneamente. ¿Por qué "invisibles"? La invisibilidad de las escuelas estaba dada por el carácter relativamente novato de sus referentes. Pero también por el hecho de que los conocimientos que manejaban se originaban o relacionaban directamente con proyectos específicos, surgidos en el devenir de la nueva empresa y, por lo tanto, no formaban parte del patrimonio original. Incluso, es posible que los referentes más nuevos hayan sido más especializados que los iniciales. Y sin ser aún expertos consagrados, los ingenieros formados –séniors y seminséniors– actuaron como tutores.

Sin ser reconocidos como maestros, fueron portadores de un saber, porque manejaban los fundamentos de la práctica en la cual fueron socializados y, principalmente, porque conocían quiénes sabían más y dónde se encontraban: tenían en su cabeza el mapa del conocimiento de la organización.

Los nuevos expertos daban vida a las redes sociales de la empresa sobre la base de una cohesión subyacente surgida de una práctica común, logrando así reducir la complejidad. Eran nodos o *brokers* de las redes de consulta que permitían que el conocimiento circulara con mayor velocidad[24]. Los viejos expertos, en todo caso, daban siempre una base de supuestos, actitudes e interpretaciones en común para que el nuevo conocimiento generado en los proyectos encontrara formas de validarse y legitimarse. De esta forma, los estándares de calidad se mantenían dentro de un ambiente que demandaba innovación permanente. Las redes de consulta no solo resolvían problemas de demanda de conocimiento: fundamentalmente, sostenían estrategias de aseguramiento de la calidad en procesos muy poco estándares, como eran los de diseño y creación.

En rigor, las redes de consulta no eran comunidades de práctica. No se orientaban a desarrollar dominios establecidos de conocimiento, sino que seguían objetivos más efímeros, como la resolución de proyectos puntuales mediante la aplicación innovadora o la generación de nuevos conocimientos. Más que comunidades estables en el tiempo eran redes de práctica[25], que se reconfiguraban con cada proyecto. Su composición era en sí misma un código para los *schemata*[26] de innovación de la organización.

Mientras que las empresas petroleras o los centros de investigación establecidos apostaban a acumular conoci-

---

24. Brown, J.S.; Duguid, P.: *op. cit.* (2001).
25. Cfr. Capítulo 5.
26. En psicología cognitiva, un *schema* (en plural, *schemata*) es un patrón organizado de pensamiento o conducta, o un marco mental que nos ayuda a organizar la información.

miento y establecer posiciones en dominios conocidos, organizaciones como TECNA se desarrollaban a la intemperie, en redes informales de gente ligada a la universidad y en compañías que se abrían espacio en nuevos mercados. En el campo innovador de los procesos de transformación del gas, TECNA encontró su oportunidad y sus posibilidades de éxito. La necesidad de ocupar un nuevo campo requirió una estrategia de *bootstrapping*, expresada como capacidad de mantenerse y de crecer con los recursos propios. El proceso de articulación de las nuevas redes de creación dentro de TECNA fue el resultado más importante de la implementación de esa estrategia de "subir tirando de los cordones de los propios zapatos".

Para un profesor universitario que hace consultoría para completar sus ingresos, hacer dos cosas a la vez puede ser beneficioso. Pero este recurso extra puede también ser una herramienta poderosa cuando las dos actividades se complementan y logran algo superior. En TECNA, el logro superior tenía que ver con nuevas formas de crear conocimientos capaces de operar en nuevos ámbitos, como el de las plantas procesadoras de gas. Eran conocimientos que no se estructuraban en disciplinas académicas ni en manuales de procedimientos, sino que se medían en plantas terminadas y en funcionamiento.

Las redes interpersonales permitían formar equipos que llevaban adelante proyectos. El conocimiento disponible convocaba a los nuevos miembros de las redes, y las redes construían nuevo conocimiento. Eran redes de consulta y de práctica donde el conocimiento personalizado adquiría una dinámica y una velocidad mucho más fluidas que en cualquier comunidad de práctica o científica preexistente. Se trataba de unidades pequeñas que religaban conexiones de experiencias anteriores. En cierta forma, se trataba de "módulos de módulos" de lazos (conocimientos) anteriores y segmentos de experiencia. La creación de nuevo conocimiento se vinculaba con una labor, desarrollada por los nuevos expertos, que iba más allá de relacionar personas entre sí. Además de ligar gente en redes de práctica, ayudaban a que esas personas actuaran, en el nuevo contexto y en función de un nuevo problema, en forma diferente a como lo venían haciendo. Era una tarea de *collage*, donde crear redes y crear conocimiento no eran dos cuestiones diferentes sino dos manifestaciones de un mismo proceso social: la combinación de segmentos y módulos, vínculos y grupos, en nuevos programas de acción. Las nuevas agrupaciones codificaban estos programas mediante nuevas formas de actuar.

Si había varias redes que reinventaban un mismo conocimiento, puede que esto tuviera cierta lógica económica: los costos de generar nuevos conocimientos eran menores que los de retenerlos. En un país como la Argentina, donde no había muchas empresas como TECNA, el miedo a perder a la gente que sabía era bajo. Y también lo eran los incentivos para retener el conocimiento independientemente de las personas. Se generaba entonces una situación muy peculiar, donde todo el tiempo se creaba conocimiento que no era retenido como tal sino a través de las redes de relaciones, que podían recrearlo cuando fuera necesario.

Por otro lado, el ritmo de la innovación dificultaba, a juicio de muchos de los líderes de la organización, el establecimiento de nuevas rutinas que asegurasen los aprendizajes logrados y pusieran en foco los nuevos campos de innovación. De hecho, manifestaban con frecuencia tener la sensación de que no lograban ordenar lo que sabían acerca de un tema dado, y que ese saber continuaba desmembrado entre los distintos actores y los diferentes proyectos hasta que una nueva urgencia volviera a reunirlos.

La sistematización permitía retener información, pero no el tipo de conocimiento –mayormente, tácito– que la organización necesitaba para ganar escala. En esa empresa de universitarios, todos sabían cómo retener lo necesario para contestar a la pregunta clave del negocio (qué sabe TECNA de la explotación gasífera), aunque en la práctica no pudieran hacerlo por falta de tiempo. En efecto, el tiempo se les iba en tratar de retener y transferir las respuestas a otro tipo de preguntas más difíciles de llevar a un manual, como, por ejemplo, qué sabe TECNA sobre gestión de proyectos.

Como contrapartida, tanto conocimiento tácito –imposible de reproducir fuera de las personas y de las redes que conformaban en TECNA– resultaba casi inimitable para cualquier competidor. El conocimiento no era fácil de ser trasladado a otras organizaciones. Las ventajas comparativas generadas por la estrategia del *bootstrapping* no son muy fáciles de reproducir en otro contexto: están enraizadas en la práctica colectiva de la organización.

CAPÍTULO 7

REVISITANDO LA CAPACITACIÓN

Hace ya mucho tiempo, cuando cursaba el último año de la carrera de Ciencias de la Educación en la Universidad de Buenos Aires, me llamaron de la Dirección porque una empresa minera solicitaba un estudiante para realizar una práctica rentada en el área de Capacitación. Así fue como me acerqué a una realidad absolutamente nueva para mí.

La clave de mi interés en la carrera fue, desde el comienzo, la educación permanente, algo que había imaginado siempre como una especie de escuela primaria a la que una persona podía asistir toda la vida, hasta la vejez. La posibilidad de que no solo implicara un cambio en los contenidos sino también en el contexto institucional ni siquiera había cruzado mi mente. Por eso, descubrir que mi soñada "educación permanente" tenía una expresión real en la capacitación laboral abrió perspectivas absolutamente inesperadas para mí. Desde entonces, la práctica de la capacitación fue mi oficio. Y la reflexión sobre la capacitación, mi forma de insertarme en la academia. Como mucha gente de mi generación, devine académico a partir de mi inserción profesional, y no al revés.

Por lo general, así como yo lo hacía al principio, la capacitación sigue pensándose con las mismas pautas y criterios que la educación en la escuela, como si se tratase simplemente de insertar a esta en el ámbito organizativo. De este modo, se subestima la dimensión institucional: se pasa por alto cómo la diversidad entre un espacio y otro incide sobre la actividad, la práctica y el aprendizaje.

La diferencia principal entre un proceso de capacitación en el lugar de trabajo y uno de formación en la escuela reside en que esta forma para un ambiente genéricamente concebido, mientras que la capacitación en el trabajo necesita modificar prácticas que se ejercitan en una organización particular. Desde este punto de vista, toda acción de capacitación es una forma de intervención en la organización. Instalar o cambiar prácticas en el lugar del trabajo implica no solamente generar o construir nuevas habilidades. Requiere también modificar los contextos que mantienen y alimentan las prácticas existentes, porque todo lo que se hace en una organización está sujeto a cierta coordinación entre personas y al seguimiento de pautas y expectativas recíprocas preestablecidas. Ya hemos visto a lo largo de los diferentes capítulos cómo el aprendizaje y la generación de competencias organizativas suponen siempre cambios en los vínculos y en las redes. Por eso, la agenda de capacitación no puede ser solo un sumario de temas sino una concepción de nuevas formas de relación entre diferentes de redes de práctica. Rara vez la generación de nuevas competencias organizativas puede darse sin cambios en el *statu quo*.

Escenarios y actividades de capacitación

Una segunda diferencia importante es que en la escuela suelen enseñarse cosas que ya se saben (aunque no las sepan aún los alumnos), mientras que en la capacitación laboral es frecuente que buena parte de los contenidos sean a un tiempo insumo y producto de la capacitación. Así, por ejemplo, no es lo mismo enseñar a utilizar un cierto equipamiento de acuerdo con las instrucciones del fabricante que a trabajar en equipo con los clientes para resolver problemas. En el primer caso, se trata de enseñar cosas que ya se sabe cómo se hacen; en el segundo, debe enseñarse lo que se sabe y también descubrir cómo hacerlo con la gente y en la cultura de una organización determinada.

Esto nos pone sobre aviso, asimismo, con respecto a la eficacia del aula como espacio de aprendizaje. Aunque pueda resultar muy útil para la capacitación, conviene estar advertidos de que no todo lo que una persona demuestre ser capaz de hacer dentro del aula podrá después hacerlo o ponerlo a disposición en su lugar de trabajo porque, como vimos en los capítulos anteriores, la organización –cualquiera sea su tipo– nunca resulta neutral como contexto de aprendizaje.

¿Cuál es la factibilidad de que una práctica se desarrolle en una organización determinada? ¿De qué depende que lo aprendido en el aula se ponga efectivamente en juego en el lugar de trabajo? Las coordenadas de la Figura 10 buscan graficar este fenómeno[1]. Sobre la horizontal, represento el grado de factibilidad. Sobre la vertical, el nivel de acuerdo existente en la organización con respecto al ejercicio de esa práctica.

Algunas prácticas cuentan en las organizaciones con una alta factibilidad técnica –es decir, con muchas posibilidades de implementación– y un alto grado de acuerdo. En el gráfico, esta situación se encuentra representada en

---

1. Esta matriz fue desarrollada con Marisa Vázquez Mazzini en 1996. Está incluida en un libro conjunto: *Hacer visible lo invisible: una introducción a la formación en el trabajo* (Granica, Buenos Aires, 2010). Dos de los casos que desarrollo más adelante –Telecom y Norte–, incluidos en mi libro *Conocimiento colectivo: la formación en el trabajo y la generación de actividades colectivas* (Granica, Buenos Aires, 2003), se basan también en trabajos profesionales realizados en colaboración.

185

el área o cuadrante superior derecho, identificado con el número 1. La mayoría de los cursos y manuales de capacitación están pensados para ese escenario... ¡a pesar de ser notablemente el menos frecuente! De hecho, las situaciones más comunes son las otras tres.

- ACUERDO +	Área 2 TALLER	Área 1 CURSO
	Área 3 SENSIBILIZACIÓN	Área 4 CONSTRUCCIÓN DE EQUIPOS

- FACTIBILIDAD +

Figura 10. Matriz de contextos.

El área 2 se caracteriza por un alto grado de acuerdo en cuanto a la necesidad de capacitar, aunque exista una baja factibilidad técnica. Recuerdo, por ejemplo, una institución bancaria en la que todos sus miembros coincidían en la necesidad de mejorar la calidad del servicio, pero no contaban con un sistema informático que permitiera hacerlo. En ese caso, desarrollar una acción de capacitación destinada a enseñar cómo dar buen servicio, pero haciéndose el distraído respecto de que la organización carecía de los sistemas necesarios para brindarlo, hubiera constituido simplemente una provocación hacia quienes participaran de la actividad. Es claro que, en circunstancias como esta, puede realizarse capacitación. Pero ya no puede consistir en un curso, sino en un taller. En el caso citado, la actividad tomó como disparador la siguiente pregunta: "¿Cómo podemos mejorar la calidad del servicio que brindamos, aunque no tengamos todavía los sistemas informáticos para acompañar en forma apropiada esa mejora?". Quizás el lector se esté preguntando cómo resultó la experiencia. Pues bien, se trabajó mucho, se discutieron una gran cantidad de ideas y propuestas, surgieron iniciativas. Y, a modo de resumen y conclusión, frente al límite que imponía la baja factibilidad, uno de los participantes resumió: "En fin, no podremos incrementar la calidad del servicio pero, al menos, podemos intentar dar calidez de servicio". La idea de "calidez de servicio" fue aceptada por el grupo y la tarea se orientó a definir esa idea, y convertirla en hechos que sirvieran para darle una sensación de comodidad y buena atención al cliente más allá de las dificultades objetivas. Es interesante observar también en este caso que los contenidos son más un producto de la capacitación que un insumo. En otras palabras, los contenidos más importantes de este taller se generaron en él.

Por su parte, el área 3 remite a situaciones donde no existe factibilidad ni acuerdo. Imagínese, por ejemplo, una empresa con escasa tradición en seguridad industrial que, por nuevas disposiciones legales, órdenes de la casa matriz, la asunción de un nuevo CEO o cualquier otro motivo, necesita poner en marcha prácticas en la materia. Los antecedentes de la organización disminuirán sensiblemente la factibilidad: resulta probable que la gente no cuente con los equipos de seguridad necesarios (calzado, cascos y demás instrumentos), ya porque la empresa no los ha provisto total o parcialmente, ya porque la falta de uso hizo que nadie recuerde dónde están. Y desde el punto de vista del acuerdo, seguramente sea bajísimo: o bien porque a los operarios les incomode usar el equipo de seguridad, o bien porque los supervisores los consideren una nueva responsabilidad a asumir que además atenta contra la productividad, o bien porque el tema no interesa a los gerentes… u otras razones por el estilo. ¿Qué puede hacer la capacitación en el escenario 3? Sin duda, al igual que en el caso anterior, no todo lo necesario. Pero eso no significa que no pueda sumar bastante. En un cuadro de factibilidad y acuerdo bajos, puede llevarse a cabo una actividad de sensibilización sobre la ocurrencia no tan improbable de los accidentes y alertar sobre que los que se pueden prevenir no son accidentes, la necesidad de incorporar prácticas de seguridad industrial y otros temas conexos. No obstante, en un contexto de tipo 3, no puede esperarse que los involucrados cambien por completo su actitud frente al tema de un día para el otro, ni que –en nuestro ejemplo– incorporen inmediatamente el uso de equipos de seguridad industrial. Es más: puede ocurrir que, cuando empiecen a preocuparse por los equipos, se den cuenta de que la fábrica no los tiene ni en la cantidad ni en la calidad necesarias. ¿Cuál es la utilidad, entonces, de las actividades de sensibilización? Sirven para poner un tema sobre la mesa. Sirven para abrir la discusión dentro de la organización e iniciar conversaciones sobre posibilidades y para la coordinación de conductas. Las actividades de sensibilización constituyen el punto de partida para que el cambio pueda hacerse realidad. Por eso, si el proceso siguiera por el camino de la capacitación, la actividad siguiente a una de sensibilización sería posiblemente un taller.

Por último, en algunas situaciones el grado de factibilidad es muy alto. Pero hay cosas que no se hacen simplemente a causa de intereses contrapuestos, desacuerdos, objetivos en conflicto, divergencias en cuanto a las prioridades. El bajo nivel de acuerdo indica que, en la organización, está resultando difícil que unos entiendan las necesidades de otros. El área 4 señala una gran factibilidad conjugada con un escaso acuerdo. Aquí, la capacitación adopta la forma de un proceso de construcción de equipos o *team building*. Se trata de crear situaciones participativas, donde pueda explicarse lo que sucede, la gente pueda exponer su punto de vista y se ventilen los conflictos. Muchas actividades de *team building* apuntan a que los participantes expliquen cómo ven a los otros y cómo creen que estos los ven a ellos. Para que eso suceda, se incluye a personas de diferentes áreas de la organización. Por lo general, los resultados de estas actividades sorprenden a los participantes por el simple hecho de que es imposible, después de conocerse y hablar, seguir demonizando al otro. Cuando los problemas reales se exponen a la luz, se descubre que son siempre más manejables que las fantasías urdidas en las sombras. La actividad de capacitación abre la posibilidad de empezar a hablar sobre qué distancia a los individuos y a las áreas, entender mejor las prácticas del otro –y, por lo tanto, su lógica–, así como crear los acuerdos necesarios para trabajar juntos.

De esta descripción puede inferirse que estamos utilizando la palabra "capacitación" no solo para referirnos a cursos que enseñan a hacer algo en un ambiente inespecífico. La empleamos para describir también intentos deliberados de generar capacidades organizativas, esto es, procesos que buscan que la organización pueda hacer cosas que antes no podía llevar a cabo.

Capital humano y capital social

Los intentos de capacitación conducen con frecuencia a una situación paradójica: la organización demanda a la capacitación que enseñe algo que ella misma no está preparada para recibir. Es más: la experiencia muestra que la empresa suele ser uno de los principales obstáculos para llevar a la práctica lo que la capacitación se propone. Aunque a primera vista parezca extraño, bien mirado, el fenómeno tiene bastante lógica, ya que si la compañía buscara que ocurra algo simple de lograr, no recurriría a la capacitación sino que lo pediría directamente a su gente. Así, por ejemplo, alcanzaría con que los gerentes soliciten por correo electrónico que se trabaje en equipo o se detecten oportunidades de

189

mejora. Cuando la organización pide algo tan complejo como un programa de capacitación, podemos inferir que existen impedimentos importantes para lograr el objetivo propuesto, que exceden el saber cómo se hace esto o aquello. Porque la introducción de una práctica nueva necesita inscribirse en y dialogar con un marco de expectativas recíprocas, hábitos, rutinas, incentivos y procedimientos ya instalados.

Muchas veces, la capacitación tal como suele llevarse a cabo tropieza con que las ideas más difundidas sobre organización y aprendizaje tienen poco que ver con lo que la investigación y la práctica enseñan sobre ellos. Es común pensar a la empresa como un organigrama, del tipo presentado en la Figura 11.

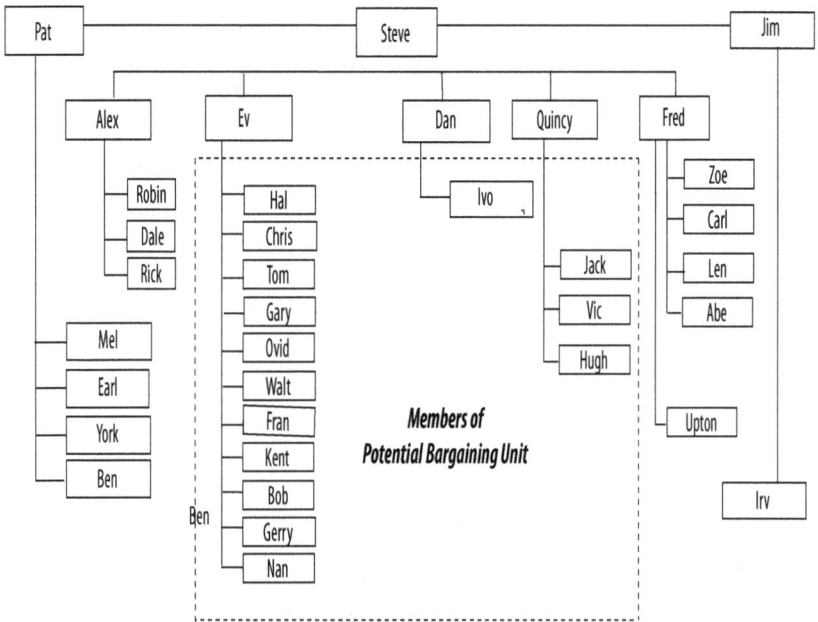

Figura 11. Organigrama de Silicon Systems.

Esta imagen es útil, sin dudas, porque nos permite ordenarnos. En este caso se trata del organigrama de Silicon

Systems, presentado por David Krackhardt[2], de quien lo he tomado. Pero es una representación empobrecida, ya que prever el ámbito de influencia de una persona en una organización del conocimiento es difícil. Las compañías sanas nunca son un todo monolítico, homogéneo. Por el contrario, están conformadas por agrupamientos, *clusters*, islotes de personas que comparten un capital humano parecido. Por eso, una "foto" algo más realista de las relaciones internas suele parecerse más a la imagen de la Figura 12, de la misma fuente, producto de preguntarle a la gente: "¿A quién acudiría por ayuda o consejo?"[3] (ver la página siguiente).

El capital humano es lo que una persona sabe hacer y es capaz de realizar en una situación hipotética. Típicamente, las escuelas y las universidades tienen como propósito básico –al menos, desde el punto de vista formal– la formación de capital humano. La gente del área de Marketing de una organización tiene un capital humano similar. Y lo mismo ocurre con la de Producción, la de Ventas, Sistemas o cualquier otro sector. En un museo, pasa lo mismo: la gente de Investigación comparte un capital humano más o menos relacionado, y otro tanto el equipo de guías. Cualquiera sea el tipo de organización y la actividad que desarrolle, siempre pueden identificarse islotes, *clusters* o agrupamientos definidos por un capital humano común. Ahora bien, el retorno de esa inversión en capital humano depende de los vínculos entre los miembros del grupo y entre los grupos dentro o fuera de la organización, porque la actualización del valor de un capital humano depende de la existencia de una red que le permita convertirse en capital social, es decir, que se traduzca en acción, que permita hacer cosas.

---

2. Krackhardt, David: "The ties that torture, Simmelian Analysis in organizations". *Research in the Sociology of Organizations*, Volumen 16, págs. 183-210. JAI Press, 1999.
3. Krackhardt, David: *op. cit.*, pág. 194.

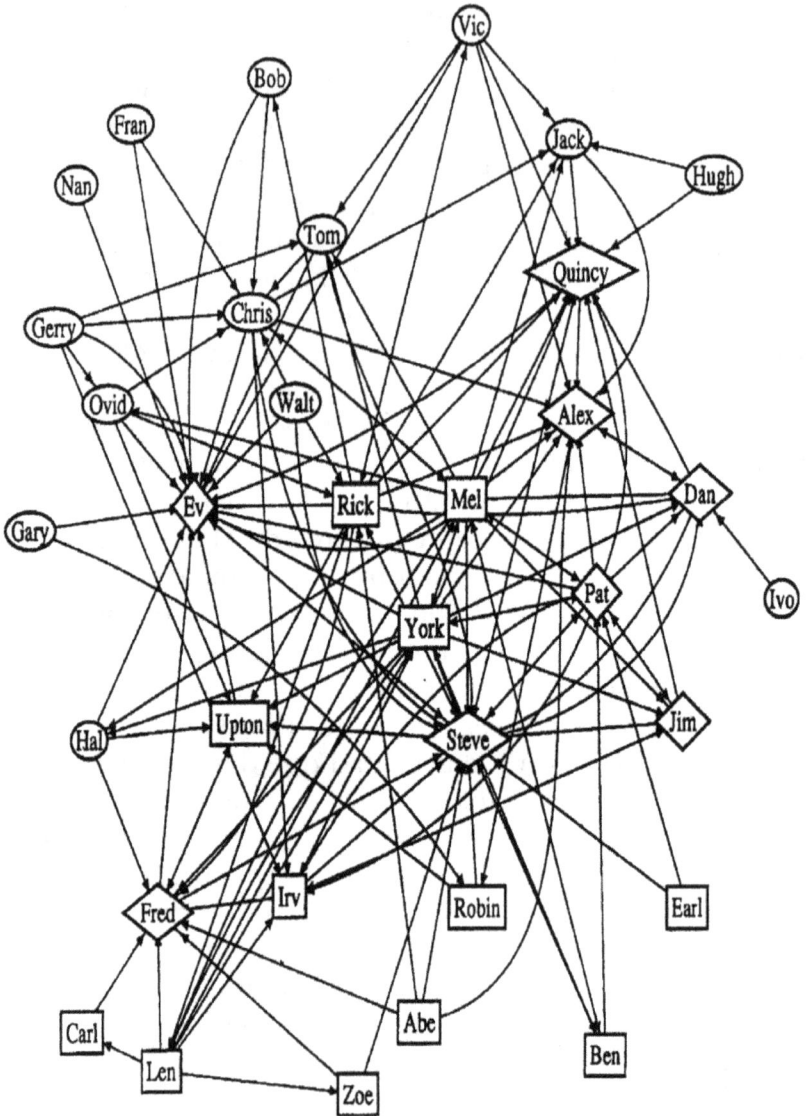

Figura 12. Redes de consejo e influencia en la organización.

Dificultades en acción

Las siguientes dos figuras esquematizan, en un caso ficiticio, las relaciones –reales, no necesariamente formales– existentes entre los miembros de una empresa[4]. En la Figura 13, puede observarse una red aparentemente densa de relaciones en una organización donde Rogelio es el gerente general. En la 14, en cambio, el panorama es muy distinto. En ambas los lazos son los mismos, pero la segunda representación muestra claramente quiénes se relacionan de manera directa entre sí, no a través de terceros. Se ven entonces dos grupos nítidamente identificables: los "tecnologizados" y los "no tecnologizados". O, dicho de otro modo, los nacidos digitales y los inmigrantes digitales.

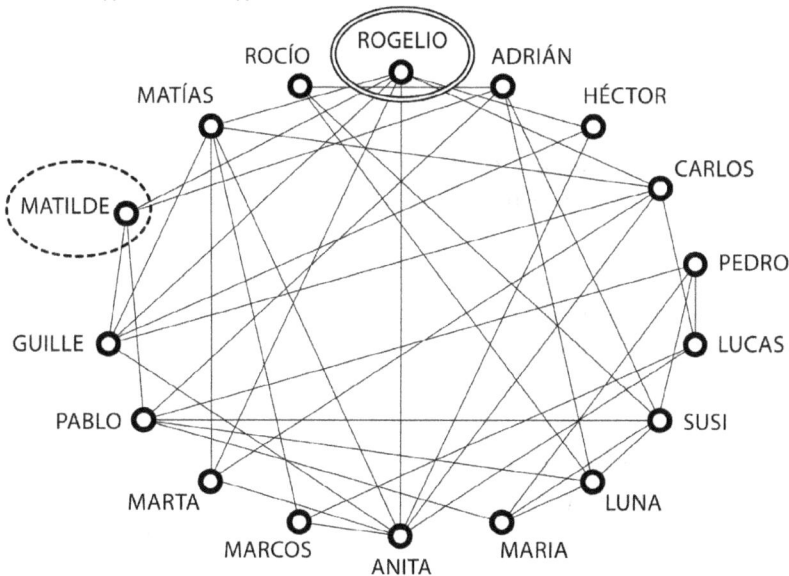

Figura 13. Red de relaciones internas de la organización.

4. Aunque el caso narrado es ficticio, las figuras fueron diseñadas para ilustrar una situación real por el profesor Guillermo Dabos en 2004. (Dabos, G.E.: Caso de análisis organizacional. Comportamiento Organizacional y Liderazgo. Maestría en Administración de Negocios –MBA–. Universidad de San Andrés.)

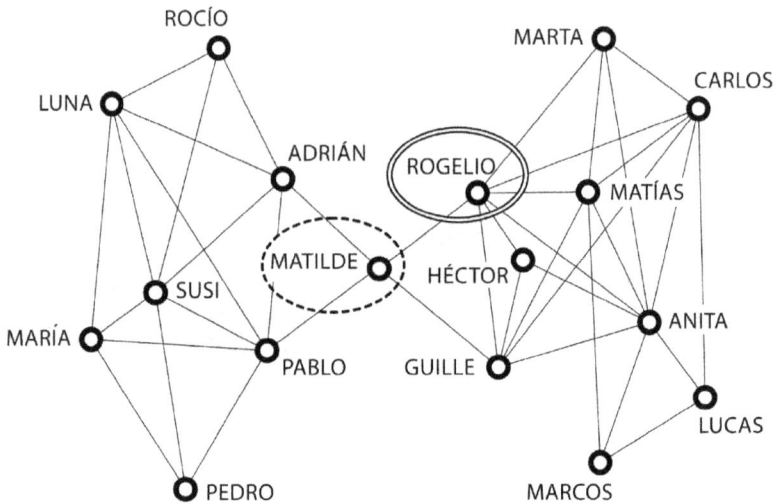

Figura 14. Agrupaciones internas de la organización.

Si observamos la segunda imagen tomando como punto de referencia a Rogelio, el gerente general, podremos concluir que él está ligado a la red de los inmigrantes digitales. Es probable que la gente con quien suele conectarse coincida con el grupo fundacional de la empresa que, desde los inicios, la construyó y llevó adelante, que conocía el negocio, a sus clientes y proveedores, que sabía cómo operar todos los procedimientos. Y también es probable que, con los años, cuando todo debió comenzar a informatizarse, se haya incorporado gente nueva, tal vez con más educación formal y mayor familiaridad con el mundo digital y multimedia. Esas personas conformaron "el grupo de los nuevos" o, más breve, "los nuevos", una categoría –por darle algún nombre al fenómeno– presente en casi todas las organizaciones. Tanto "los nuevos" como "los viejos" son grupos transversales. No pertenecen o se alojan en un área específica: se reparten entre todas. Así, en cada sector puede hallarse siempre a "viejos" y "nuevos" conviviendo. Con frecuencia, estos grupos no perciben los fuertes lazos, también transversales, que los unen y que el segundo gráfico evidencia.

Volviendo a esta última figura, precisamente, puede observarse que solo Matilde cumple la función de ligar a unos y otros, mientras que el gerente general –quien, según el organigrama de páginas anteriores, estaría en relación con todos– está francamente comprometido por vínculos estrechos con los viejos. No se necesita volar demasiado para imaginar que los nuevos –exista o no un conflicto declarado– deben pensar que los viejos, hace muchos años, "dispararon un tiro y todavía viven de su estruendo". Y tampoco es preciso ser muy fantasioso para suponer que los viejos deben creer que los nuevos están convencidos de que el mundo empezó a girar recién cuando ellos llegaron. Más allá del conflicto y de las suspicacias, una cosa es cierta: si ambos grupos no interactúan, si no aprenden unos de otros, si los contactos importantes solo se dan a través de Matilde, el día que ella no esté –porque se fue, renunció o se enfermó– la organización entrará en crisis.

En algún sentido, la posición de Matilde la convierte en una persona muy poderosa. Pero, contra toda intuición, lo más probable es que sea también reservorio de todos los conflictos y, por lo tanto, devenga un fusible. ¿Cómo intervenir para modificar esta situación de visiones divergentes, incomunicación y falta de integración que se interponen en la construcción social de conocimiento? Muchos circunscribirían el problema a la falta de conocimiento recíproco y puede que piensen en actividades sociales para integrar a ambos grupos. En el capítulo sobre prácticas ya señalamos que la empatía puede ayudar en estos casos, pero no toca el núcleo del problema. Para que el conocimiento fluya, dijimos, debe haber prácticas compartidas. Desde esta perspectiva, promover el dominio de las herramientas informáticas –por ejemplo, dictando un curso sobre sistemas para "los viejos"– acortaría un poco la brecha, pero no resolvería el

195

problema. Y tampoco lo haría un curso destinado a "los nuevos" sobre visión integral del negocio, aun cuando colabore a mejorar su comprensión de la empresa. ¿Cómo puede, entonces, contribuir efectivamente la capacitación? Ya hemos visto en el Capítulo 5 que el conocimiento fluye a través de las prácticas; por lo tanto, es necesario trabajar para que ambos grupos las compartan. Tal vez sea una capacitación que no requiera cursos sino estrategias de trabajo conjunto. En el marco de una organización configurada del modo graficado, intentar enseñar trabajo en equipo en un aula puede equivaler a perder el tiempo, porque faltan dos ingredientes básicos: cohesión e intercambio de prácticas. Desde luego, un día de campo compartido o un partido de fútbol pueden contribuir a que las personas se conozcan por fuera de las divisiones que imponen las áreas y los sectores. Sin embargo, no dan solución a la falta de cohesión e intercambio que impide construir socialmente conocimiento.

Entonces, ¿qué puede aportar la capacitación en este escenario? El espacio apropiado para que los integrantes de la organización se conozcan entre sí a fin de que cada uno entienda qué problemas desafían a los otros, cómo ellos los abordan, cómo son sus prácticas, qué producen los demás y qué se hace con esos productos. El conocimiento fluye donde hay prácticas compartidas, mientras que se pegotea y se estanca donde no las hay; para compartir prácticas las fronteras deben traspasarse, sean las fronteras entre áreas, entre organizaciones, o entre sistemas. En cualquier empresa, atravesar los bordes exige cambiar los vínculos entre los integrantes. De lo contrario, no habrá construcción colectiva de conocimiento.

Es posible que eso requiera más un plan de trabajo conjunto y de rotaciones que un aula. Por lo tanto, es importante que se comience a pensar la capacitación como algo que sucede en el tiempo (un programa) más que en el espacio (un aula).

El error de la metáfora vacunatoria

Con frecuencia, las organizaciones esperan que la capacitación sirva para traspasar fronteras y cambiar prácticas sin modificar los vínculos entre las personas. Se trata de una idea incorrecta del aprendizaje a la que denominamos "metáfora vacunatoria de la educación". ¿Por qué? Porque se piensa a la educación como una especie de vacuna: la persona "inoculada" dispondrá de lo aprendido durante cierto tiempo; después deberá volver a vacunarse para que el aprendizaje continúe activo en su sistema. El problema de la metáfora vacunatoria reside en los cuatro supuestos erróneos que la cimientan:

- el aprendizaje es un hecho individual, no social;

- el individuo que aprende es pasivo, no se necesita su participación activa conectando, transformando y discutiendo (aunque sea internamente) lo que produce el aprendizaje;

- el conocimiento es una "sustancia inyectable" desde el exterior de la persona;

- el conocimiento es una posesión que no requiere acuerdos ni coordinar conductas con otros para transformarse en acción.

¿Cuál es la nota común que subyace a estos cuatro supuestos? Que el conocimiento es un insumo. Sin embargo, en la capacitación, el conocimiento no siempre es un "insumo" preexistente, como el que puede suponerse típicamente en un curso (cfr. la matriz de contextos de la Figura 10). Por el contrario, en los casos más interesantes –como el de un taller, o el de una actividad de sensibilización o construcción de equipos–, el conocimiento es más bien un producto de la capacitación. Es el resultado de la discusión entre áreas, de la confrontación de perspectivas diversas, de la reflexión sobre la reflexión en la acción. La capacitación debe generar actividades que puedan modificar prácticas preexistentes a través de un compromiso activo. Porque no alcanza con que una persona se exponga a nuevas ideas: es necesario que trabaje con otros, rehaciendo miradas y acuerdos.

Como señalé en los capítulos anteriores al tratar el conocimiento, la práctica, las comunidades y las redes, quien aprende es siempre un sujeto colectivo. Y hay capacitación cuando en la empresa puede hacerse algo que antes no se podía realizar. Así, el aprendizaje implica siempre innovación, generar cosas que antes no existían. Porque aprender no es repetir mecánicamente, sino hacer respondiendo a un contexto determinado, ingeniándose para poder hacer cosas donde hasta entonces no se podían hacer. Aprender a hacer de manera colectiva supone trabajar fronteras y vínculos, modificar el *statu quo*. En suma, significa innovar.

Por lo general, los programas y objetivos de capacitación se expresan en términos de temas que deben enseñarse, o que la gente debe aprender. Se habla de contenidos como, por ejemplo, "trabajo en equipo", "contabilidad para no contables", "liderazgo". Esta es la forma característica en que se cristaliza la metáfora vacunatoria. La agenda de capacitación resultaría mucho más interesante si, con independencia de los temas, articulara el proceso tomando en cuenta dos ejes, aunque acostumbren ser antagónicos entre sí... o, precisamente, porque suelen serlo:

- por un lado, reforzar cada uno de los islotes o *clusters* y las comunidades de práctica, desarrollando el capital humano de la organización;

- por otro, trabajar las fronteras, tendiendo puentes entre áreas, modificando sus vínculos y percepciones recíprocas, desarrollando el capital social.

Sin embargo, la acción de generar nuevas capacidades organizativas no se limita a reforzar y ligar las comunidades de práctica existentes. Para que los aprendizajes de la organización puedan modificar las rutinas vigentes deben desarrollarse nuevos polos de poder alrededor de las innovaciones: esa es la idea de las redes de programa. Porque para que los aprendizajes singulares se transfieran a la acción en forma conjunta y eficaz se debe innovar en la manera de relacionarse de la gente a fin de que los organizadores, los instructores y las personas que van a formarse o que ya iniciaron el proceso se conviertan en elementos de una red.

Identificación de los factores clave

Proveer a la capacitación un marco técnico y pedagógico adecuado es siempre necesario, pero nunca suficiente para que sea exitosa. La experiencia muestra que el resultado positivo de un programa de formación requiere además, desde su génesis, que los destinatarios comprendan que lo necesitan, así como que sepan por qué y para qué se los capacita.

¿Por qué las nuevas habilidades adquiridas mediante la capacitación no logran, en ocasiones, ser aplicadas en la práctica? ¿La organización sabe siempre a ciencia cierta por qué decidió capacitar a su gente en tal o cual tema? ¿Cómo podemos saber si la enseñanza impartida tuvo éxito? Los intentos de responder a estas preguntas –sobre todo, tomando como unidad de análisis el trabajo técnico pedagógico de enseñanza en aula– suelen partir del supuesto de que los individuos no hacen ciertas cosas, simplemente, porque no lo saben. Sin dudas, esto es cierto en algunos casos. Pero no basta para explicar por qué algunas prácticas, una vez aprendidas en el aula, se adoptan y emplean en el lugar de trabajo mientras que otras no.

En primer lugar, la transferencia y la transformación de aprendizajes[5] requieren la coordinación con otros y, por ende, dependen de las expectativas mutuas. En segundo término, implican cierta cantidad de acuerdos, explícitos o no. Tercero, están sujetas –en alguna medida– a pautas normativas y estructurales establecidas en la organización. En cuarto lugar, exigen cierto criterio sobre cuándo y cómo las nuevas destrezas deben utilizarse, además de una inclinación a hacerlo que no solo se relaciona con el dominio de una habilidad, sino con una percepción del contexto[6], porque no basta con adquirir una nueva noción para ponerla en práctica: es necesario también encontrarle sentido y significado.

No obstante lo expuesto, las inquietudes típicas frente a la capacitación se enfocan principalmente en qué debe aprender la gente, cómo enseñarlo en el menor tiempo posible, cómo hacer un seguimiento que asegure la aplicación en el trabajo de lo aprendido en el aula. Sin dudas, se trata de aspectos pedagógicos muy importantes. Pero dejan de lado otros asuntos que revisten también una gran relevancia para la eficacia de un programa de formación. Estos son:

- cómo se despliega el proceso previo que da origen al programa de capacitación;

- cómo incide ese proceso en el desarrollo del programa, y

- cómo impacta la capacitación sobre la posibilidad de fomentar nuevas habilidades organizativas.

Estos interrogantes fueron los ejes que empleé para la investigación de tres casos de proyectos de capacitación que, a pesar de ofrecer una muy buena factura pedagógica, corrieron con suerte distinta en cuanto a la transferen-

---

5. Cfr. Capítulo 4.
6. Weick, K.; Roberts, K.: *op. cit.* (1993).

cia de lo aprendido al ámbito de trabajo[7]. Las empresas involucradas fueron Telecom de Argentina, Cervecerías Quilmes y Supermercados Norte. Si bien pertenecían a distintos rubros, las tres compartían el haber enfrentado enormes cambios en el mercado, en la tecnología y en su dinámica interna, y, por lo tanto, todas habían elaborado proyectos importantes, ligados a la generación de competencias organizativas clave en ese momento. Aunque han pasado años, he repetido estas historias cuantas veces he podido porque continúo encontrándolas muy claras a la hora de ilustrar la necesidad de atender a ciertas preguntas que raramente se formulan frente al problema de la capacitación.

Telecom de Argentina. Tras alcanzar un estado caótico de funcionamiento, la Empresa Nacional de Telecomunicaciones (ENTel) había sido privatizada, quedando el servicio en manos de dos compañías: Telefónica y Telecom. Esta última desvinculó a la mayoría de los funcionarios de la gestión anterior, conservó a aquellos que tenían un fuerte perfil técnico, e incorporó gerentes nuevos sin mucha experiencia de trabajo conjunto. Así, la nueva conducción quedó conformada globalmente de un modo que podría caracterizarse como "aluvional".

Durante esa etapa, se hizo una fuerte inversión en el área de formación, con programas de sensibilización que tendían a ayudar a que las nuevas autoridades se conocieran entre sí, compartieran algunos marcos de referencia y pudieran desarrollar cierto sentido de identidad. Para el personal, diseminado sobre la mitad norte del territorio argentino, se habían diseñado dos programas itinerantes, cuyos responsables

---

7. Gore, E.: *op.cit.* (2003). Este libro surgió de mi tesis de doctorado, realizada bajo la supervisión de Francisco Suárez en la Universidad de Buenos Aires y, en buena parte, a través de las discusiones con David Perkins en la Harvard Graduate School of Education.

recorrían las diferentes localidades en un autobús especialmente equipado. Su objetivo era mostrar la nueva empresa junto con algunas "maravillas de la tecnología" (como los nuevos teléfonos públicos con tarjeta magnética, hasta entonces desconocidos en la Argentina) que comunicaban un fuerte mensaje institucional y de cambio. A su manera, eran también programas de sensibilización.

Unos dos años después de puesta en marcha esta dinámica, los instructores comenzaron a percibir que los diseños ya no tenían mucho que ofrecer a la organización ante demandas que se habían vuelto muy específicas: los usuarios reclamaban mejoras y la empresa esperaba resultados de las fuertes inversiones realizadas. En este cuadro, Telecom compró equipos digitales para el diagnóstico de problemas en las líneas que permitirían a los operarios capacitados detectar rápidamente el origen de los fallos. Para aprovechar las nuevas herramientas, entre la División Técnica de la compañía y el área de Capacitación estimaron que unos 1.500 empleados debían ser entrenados rápidamente. En forma coincidente, varios gerentes de diversas unidades operativas solicitaron la urgente capacitación de su personal para la utilización de los instrumentos. Se pensó, además, que sería bueno que gente de otros sectores –por ejemplo, personal administrativo y comercial– tomara el curso para familiarizarse con esta tecnología, lo que cuadruplicaba el número de posibles candidatos a la formación. Como resultado, se puso en marcha un programa muy ambicioso mediante el cual un grupo de entrenadores externos, utilizando el autobús conocido y aceptado en la empresa, iría recorriendo diferentes unidades operativas y entrenando a algunas cuadrillas seleccionadas.

Esta vez, sin embargo, había una diferencia importante con los periplos anteriores: además de capacitar a los operarios en el uso del material digital, se elegirían algunas personas con buen desempeño y capacidad de comunicación para que actúen como instructores internos en otras cuadrillas después de haber recibido un breve entrenamiento como formadores. De esta manera, se esperaba crear un mecanismo multiplicador que, bajo la responsabilidad del gerente de cada unidad operativa, permitiría formar a una gran cantidad de personal en poco tiempo y a un costo relativamente bajo.

A su término, el programa parecía haber tenido éxito, pues la repercusión en la empresa había sido buena: el comentario general era que "no había sido una pérdida de tiempo" porque lo aprendido se podía usar. En ese contexto, la empresa solicitó una auditoría operativa del programa.

Esa auditoría posterior descubrió, sin embargo, que la información disponible sobre el programa, llamativamente escasa, mostraba que los objetivos estaban lejos de haber sido logrados. Dos años después de su inicio, era claro que:

- de las 1.500 personas definidas como destinatarias por la División Normas de Sistemas de Abonados y Plantel Exterior, 144 habían sido formadas por los instructores externos, y

- de los 26 operarios entrenados para actuar como instructores internos, solamente 7 habían desempeñado esa función formando a… una cantidad de gente que no podía precisarse, pero que se sospechaba que era reducida.

Aparentemente, varios factores habían confluido para llegar a este resultado. Comencemos por el comportamiento de los gerentes de las unidades operativas, quienes no habían tenido nada que ver con el pedido de compra de los equipos ni con los diálogos entre la División Técnica y el área de Capacitación. Como esos gerentes eran evaluados por los resultados de corto plazo, no les parecía lógico destinar a sus mejores operarios a actuar como instructores. Ellos dirigían una estructura dedicada a operar; hacerse cargo de la organización del entrenamiento en su sector era un cambio importante e inesperado.

Los operarios, por su parte, fueron otro factor relevante: ellos temían ser despedidos si el nuevo instrumental los tornaba innecesarios. En lo inmediato, volverse más eficientes solo les reportaba disminuir sus horas extras y, por consiguiente, sus salarios. Además, mientras que ser instructor no revestía jerarquía alguna dentro de la empresa, sí la tenía ser un buen operario. En forma paralela, muchos supervisores que no habían recibido entrenamiento se encontraban con que sus operarios sí lo tenían y, por lo tanto, sentían que perdían buena parte de su capital y del control de la situación porque el personal a su cargo dominaba una tecnología desconocida para ellos. Por último, un cuarto factor que influyó en los logros del programa de capacitación fue la cantidad de equipos adquiridos. Si bien parecía muy grande antes de utilizarlos, problemas de entrega y distribución hicieron que resultaran insuficientes cuando comenzaron a ser empleados.

Como puede observarse, la auditoría reveló que, a pesar de su buena factura técnico-pedagógica, el programa no había dado los resultados esperados. Al indagar el origen del problema, se descubrió que no estaba relacionado con los aprendizajes acerca de la utilización de los equipos –de hecho las evaluaciones de aprendizaje para los operarios que habían tomado el curso con los instructores externos mostraban niveles muy altos–. La causa parecía residir más bien en el papel desempeñado por muchos de los actores indispensables para que el proyecto lograse cambiar las rutinas operativas. Supervisores, gerentes, áreas de Abastecimiento y de Remuneraciones, entre otros, no habían intervenido en la génesis y el desarrollo del programa y, en muchos casos, ni siquiera estaban informados de su existencia.

Si miramos el origen del programa, vemos un acuerdo entre la División Técnica y el área de Capacitación; y también es posible observar –retrospectivamente– la ausencia, en esa etapa, de todos los otros sectores que resultaban claves para la modificación de las rutinas. La dificultad para aplicar lo aprendido en el lugar de trabajo no había sido ocasionada por una insuficiencia de los aprendizajes individuales sino por la calidad de las redes interpersonales que habían dado origen y sustento al programa. La importancia de este hallazgo me condujo, desde entonces, a llamar "red de programa" a la trama de conversaciones y acuerdos previos que dan sentido a la acción de entrenamiento, y "constituyentes" a los actores cuya participación es significativa para obtener los resultados deseados.

Cervecerías Quilmes. Empresa centenaria, que durante décadas disfrutó de una situación casi monopólica, previó correctamente que la importación e instalación de marcas extranjeras redundaría en un cambio sustancial del escenario competitivo. En línea con esta lectura, entre mediados de la década de los 80 y fines de la de los 90 realizó fuertes inversiones en tecnología, modificó su sistema de decisiones y trabajó en desarrollar de manera más que notable el área comercial. Para llevar adelante y acompañar estas transformaciones, la firma incorporó profesionales jóvenes, a muchos de los cuales le resultaba trabajoso retener.

Este nuevo segmento no tenía un lugar definido en la organización y, aunque algunos de ellos tomaban decisiones que antes estaban reservadas solo al gerente general, seguían trabajando en la forma aislada y con la escasa interacción entre áreas que caracteriza a las empresas monopólicas. Varios sentían que no podían crecer en la organización. Algunos se iban y otros pedían el acceso a cursos de posgrado. La organización no tenía criterios para definir cuándo financiar esos cursos ni, en general, cómo manejarse con este grupo.

El problema comenzó a explicitarse y discutirse en una de las plantas industriales, donde surgió la idea de crear una maestría de empresa para ingenieros en colaboración con una universidad. A medida que la iniciativa iba tomando forma, se incorporaron al debate el gerente general y los representantes de diversas áreas, principalmente de Recursos Humanos y de los nuevos sectores comerciales. La incorporación de estos actores fue modificando el esbozo original: ya no se trataba de formar gente para la gestión técnico-productiva sino de transformar el management de la empresa. La exploración realizada con el objeto de determinar quiénes accederían a la formación, quiénes serían los docentes, qué se debería enseñar y qué se aspiraba a lograr implicó incorporar progresivamente a nuevos actores para definir tanto la maestría como el lugar de los profesionales en la compañía.

Por ejemplo, si la organización debía prepararse para competir, debía comenzar a nutrirse de nuevos criterios. Por lo tanto, los docentes de la maestría no podían ser los gerentes, sino profesores universitarios. Esta decisión llevaba implícita una interpretación nueva para la firma del papel del gerente: el supuesto básico, aceptado hasta entonces, de que tener poder, saber y liderar eran sinónimos, ahora entraba en duda. Algo parecido volvió a plantearse con los proyectos que los participantes debían desarrollar colectivamente en el curso. Al principio, se pensaba que un proyecto era valioso solo si se podía aplicar. Pero el derrotero de los acontecimientos durante el programa fue evidenciando que un proyecto tenía calor cuando permitía que gente de diversas áreas explorara nuevas posibilidades. También se descubrió que los gerentes de nivel más alto no eran necesariamente los mejores mentores.

Las discusiones dentro de las aulas excedían sus paredes. Los temas solían terminar en la mesa de directores, que actuaba como una efectiva red de programa, convirtiendo los temas del curso en cuestiones de la agenda empresarial.

En la evaluación de la primera edición de la maestría, se dijo que había aportado elementos sobre la función de los gerentes que no habían sido considerados antes con esa intensidad ni con tantos actores de diferentes áreas y niveles involucrados. Tal vez hubiera sido más correcto decir que esa discusión y la maestría eran parte del mismo proceso de generación de capacidades organizativas.

Supermercados Norte. Esta empresa familiar de extraordinario crecimiento surgió a mediados de la década de 1960 como un pequeño autoservicio de barrio. En 1996 fue vendida por su fundador a un grupo inversor: contaba entonces con 26 sucursales y 4.500 empleados. La compañía había crecido sobre todo en épocas de inflación, cuando las operaciones al contado y la reserva de existencias eran una fuente de ganancias más importante que los márgenes de comercialización. Había quienes decían que nunca había tenido un presupuesto ni un organigrama. Durante mucho tiempo, un contador público fue su único empleado con formación universitaria.

Ya en manos del grupo inversor, Supermercados Norte se lanzó a la compra de cadenas más pequeñas y a la apertura de nuevas sucursales. Asimismo, estableció un área de Control Financiero y Presupuestario, dotada con personal muy calificado. A fines de la década del 90, cuando surgió la idea de realizar un programa de formación, la compañía era la cuarta cadena de supermercados más importante de la Argentina, con una facturación anual de más de 1.000 millones de dólares.

Los viejos gerentes de sucursales estaban acostumbrados a desempeñarse a través de conocimientos tácitos y sin presupuestos ni parámetros de rendimiento. Elegidos por su lealtad hacia la familia fundadora y mayormente sin educación formal, no entendían las solicitudes de las áreas financieras instituidas por los nuevos dueños: además de información, se les demandaban niveles de desempeño que exigían un ejercicio notablemente diferente de la gerencia. Los "viejos" pensaban que los "nuevos" –a quienes apodaban "Chicago boys"– no conocían la realidad del negocio. Por su parte, los "nuevos" veían a los "viejos" como gerentes algo incapaces y hasta sospechaban que les retaceaban información. De este modo, la nueva circunstancia de la empresa había creado dos redes sociales, cada una con su propio sentido de las cosas y sus propios conocimientos. Y aunque eran mutuamente indispensables, las facciones se mantenían a la defensiva.

El área de Recursos Humanos observaba la situación con preocupación. Actuaban en ella Luis (el director, quien había sido nombrado oportunamente por la familia fundadora y continuaba trabajando en la firma) y Enrique (un joven técnico especializado en desarrollo de personal, designado en el área por el grupo inversor). Durante años, Luis había ayudado a resolver los problemas de familia que se convertían en problemas de la empresa. Tenía todas las actitudes y la experiencia de un hábil mediador. Desde esa mirada, veía en el conflicto entre "viejos" y "nuevos" dos bandos que debían entenderse pero no lograban hacerlo. Enrique, de manera más abstracta pero en una línea similar, percibía un choque entre dos culturas que era necesario poner en contacto, y, para lograrlo, propuso un programa de formación para los gerentes.

Aunque no tenía del todo claro qué había que enseñar, Enrique sabía que el programa debía incluir algunos temas de conducción de personal (porque los nuevos estándares implicaban otra forma de relación), así como nociones de contabilidad y finanzas para que los viejos entendieran a los nuevos. También se daba cuenta de que –excepto en lo referente a conducción de personal– los instructores debían ser los nuevos. Así, los comprometería con lo que pedían y con las dificultades de sus interlocutores para comprenderlos, al tiempo que los viejos tendrían oportunidad de preguntar todo lo que quisieran. En suma, la propuesta hacía a cada grupo responsable de su relación con el otro.

Además de ser muy coherente con su lectura de la situación, la iniciativa daba a Enrique la posibilidad de desempeñar una función relevante en el área donde se estaba insertando. Luis se convenció de que el programa era una opción para acercar a los dos grupos y, por lo tanto, lo presentó al gerente de Operaciones (uno de los pocos "viejos" con formación profesional), quien aceptó la propuesta.

El siguiente paso de Enrique fue apelar a un equipo consultor en formación para que le dijese qué había que enseñar, lo ayudara a estructurar el programa y colaborara en la organización de las clases. Aunque los consultores[8] comenzaron con un acercamiento disciplinar a los contenidos, pronto modificaron su estrategia y se centraron en la pregunta: "¿Qué hace un gerente hoy en Supermercados Norte, y qué esperan ustedes que haga?". El "ustedes" simbolizaba un cierto grado de acuerdo en la cúpula directiva, integrada por la alta gerencia "vieja" y la "nueva". Se realizó una actividad de *team building* fuera de la ciudad, donde unos 20 directivos compartieron sus visiones sobre el futuro y sus expectativas con relación a los gerentes. De esta experiencia de participación surgieron tres productos tangibles:

– una definición escrita de las funciones de un gerente de sucursal;

– un acuerdo sobre los temas a tratar en el programa de formación, y

---

8. En realidad, resultaron siendo consultoras. Este hecho, si bien no buscado, resultó significativo porque ninguna posición relevante en la empresa era ocupada por una mujer.

– un comité de programa, integrado por miembros designados en esa reunión, que tendría por objetivo el seguimiento del proceso.

El entrenamiento resultó un ámbito de diálogo. Los nuevos explicaban lo que necesitaban y por qué, mientras los viejos hacían preguntas que permitían identificar paradojas notables como, por ejemplo, que se les pedía que gestionaran autónomamente sus resultados pero se les ocultaban los márgenes de ganancia de los productos por considerarse "confidenciales". Los consultores, por su parte, ayudaban a los gerentes a preparar las clases. Decidieron, además, presenciar los cursos para alentar que los gerentes formularan preguntas, algo poco frecuente ya que –como pauta cultural de la empresa– se suponía que un gerente debía *saber*.

El solo hecho de dar clase significó un cambio para los nuevos. Acostumbrados a pedir por escrito y sin mucha idea de si se entendía o se podía satisfacer lo solicitado, ahora debían enfrentar a sus interlocutores, hacerse responsables de lo que pedían, fundamentarlo y dar los elementos necesarios para cumplir con lo requerido.

Si bien el programa permitió aprender muchos contenidos disciplinares, la apreciación del comité de seguimiento fue que lo más valioso había sido el cambio del papel de los gerentes viejos y nuevos, así como la posibilidad de establecer una interacción fluida que antes no existía.

Cuando la investigación exige a la teoría

El abordaje que hemos realizado de los tres casos referidos buscaba investigar, ante todo, el alineamiento de los constituyentes (actores significativos para el logro de los resultados) con relación al programa. Esto incluía determinar:

210

– quiénes percibieron un problema y cómo lo definieron;

– qué estrategias de solución imaginaron;

– qué cambios implicaban esas estrategias para la organización, sus criterios compartidos, la forma de operar de los distintos grupos y las diferentes redes interpersonales que intervenían;

– a qué otros actores los constituyentes consideraron necesario convocar y quiénes quedaron afuera, y

– qué redes interpersonales comenzaron a operar alrededor del problema y qué papel atribuyeron a la capacitación.

La investigación en las tres empresas daba por supuesto que debía haber una zona de generación del programa de capacitación, una red que había definido un problema e involucrado a otra u otras redes. Suponía también la existencia de núcleos excluidos, indiferentes o en conflicto, y de otros que, simplemente, no estaban enterados del problema. En el caso de Telecom, por ejemplo, era evidente que el problema había sido definido por una red cuya conformación estaba, a su vez, influida por la percepción del problema. La díada red-problema había dado factura técnico-pedagógica al programa de formación, tanto en la metodología elegida como en los tiempos disponibles, la elección de los actores y la definición de sus funciones. Esto indicaba que es importante también estudiar la relación entre ese proceso previo y el macrodiseño[9] del programa, y entre este último y el diseño y la

---

9. El macrodiseño es el conjunto de definiciones que hacen a la coherencia externa del programa en su enlace con las diferentes instancias organizativas. Incluye las decisiones sobre la metodología de enseñanza, la asignación de recursos, la selección de los alumnos y de los instructores, los requisitos

ejecución del trabajo en aula. Además, la investigación relevó la percepción posterior de los resultados que tuvieron los participantes y los docentes del programa, así como también aquellos que estaban ligados a él de alguna otra manera.

Los marcos teóricos tradicionales de los manuales de formación en la empresa no me resultaban útiles porque estaban demasiado ligados con lo técnico-pedagógico, mientras que mi tesis doctoral, en cambio, buscaba trabajar desde una perspectiva más amplia (de hecho, el diseño de la investigación incluyó la decisión de seleccionar solo casos de programas de capacitación de buena calidad técnica). En este cuadro, necesitaba una teoría que me permitiese explicar cómo en una organización se seleccionan hechos entre el flujo de datos equívocos para asignarles un sentido, definir un problema e inventar una solución (que, en los casos elegidos, consistía en un programa de capacitación).

Dado que se trataba aparentemente de un problema de institución de conocimientos[10], comencé trabajando con teorías institucionales. Pero si bien estas teorías me ayudaban a entender por qué las percepciones más institucionalizadas tienen mayores oportunidades de transferencia[11], no daban cuenta de por qué algunas se instituyen y otras no. ¿Sería porque hay percepciones a las que se las halla valiosas? En todo caso, ¿valiosas para quién? Esta idea me conducía a otro problema porque, como señala Mary Douglas[12], aunque las instituciones están ligadas a las regulaciones, los incentivos y la racionalidad, en tanto carezcamos de una teoría sobre cómo

---

de ingreso, los criterios de evaluación, la comunicación y el compromiso de directivos. (Cfr. Gore, E.: *op. cit.*, 2004.)

10. Para referirnos a cómo ciertas percepciones se convierten en instituciones y otras dejan de serlo, utilizo los sustantivos "institución" y "destitución", y los verbos "instituir" y "destituir". Con relación a este tema, cfr. Capítulo 4.

11. Zucker, L.G.: "The role of institutionalization in cultural persistence", en DiMaggio, Paul J.; Powell, Walter W. (comp.): *The New Institutionalism in Organizational Analysis.* University of Chicago Press, Chicago, 1991.

12. Douglas, M.: *op. cit.*

se genera el valor seguiremos sin saber por qué algo se considera valioso.

Finalizadas las entrevistas y la recopilación del material empírico, y con la discusión teórica bastante avanzada, recibí una invitación del doctor David Perkins, de la Harvard Graduate School of Education, para pasar un tiempo como *visiting scholar* en esa institución. Cuando hablé con él sobre los casos, una de sus primeras observaciones consistió en subrayar que no existe un plan maestro ni un simple conjunto de políticas o de estructuras organizativas que permita lograr una inteligencia colectiva. Esto me hizo pensar, entonces, que los procesos de construcción de conocimiento colectivo en las organizaciones no deberían entenderse en términos de estrategia ni de toma de decisiones, sino de negociaciones de sentido anteriores, ligadas al proceso de organizarse, de donde surgirían después las estrategias y las decisiones[13]. Con este concepto en mente, organicé el análisis de los tres casos alrededor de tres ejes: el proceso previo a la creación del programa de capacitación, su incidencia en el desarrollo del programa, y la relación entre capacitación y la generación de nuevas habilidades organizacionales.

En lo que respecta al *proceso previo que origina la capacitación,* en los tres casos comenzó con una conversación que intentaba dar sentido a diferentes sucesos que marcaban el ambiente:

- en Telecom, la tarea de sensibilización que se venía haciendo comenzó a perder sentido a expensas de una creciente necesidad de pasar a la acción;

- en Cervecerías Quilmes, retener a los profesionales en una planta se convirtió en un problema más general, ligado al papel de las gerencias profesionales;

- en Supermercados Norte, la definición de dos grupos que deben actuar juntos y entre los que es necesario

---

13. Weick, K.: *op. cit.* (1995).

superar una brecha, dio significado a la situación y orientó la acción.

En cada caso, la construcción de sentido es anterior a la estrategia y a la toma de decisiones: cuando estas surgen, ya están muy condicionadas por el proceso social anterior que las genera. ¿Por qué hablo de "proceso social anterior"? Porque la red de programa (la red actores y de conversaciones previas) es lo que da forma a los acontecimientos posteriores. "Capacitación", "presupuesto", "estrategia de ventas" y demás construcciones no alcanzan para explicar lo que sucede si ellas mismas no son explicadas en su génesis. Las nuevas competencias organizativas no se explican solamente en términos de estrategias y decisiones, sino también de las experiencias de participación de donde han surgido.

Sobre la *incidencia del proceso previo en el desarrollo del programa,* puede decirse que, en los tres casos, es visible un proceso social en el cual, frente a la ruptura de los mapas cognitivos, se pone en contacto gente que no se comunicaba usualmente entre sí o no lo hacía en esos términos, y "decreta" qué sucede, constituyéndose en la red social que soportará la acción conjunta. En la base de la nueva competencia que se busca está la red social que le da sentido.

Esta construcción colectiva o red de programa incide directamente en el desarrollo posterior de la capacitación, la cual transporta un diálogo –junto con su ambiente semántico, sus contenidos y sus normas– a nuevos grupos:

- en Telecom, las restricciones de la red de origen conforman las limitaciones que aparecen en la auditoría: la falta de participación de los gerentes y el escaso involucramiento de los supervisores y del área de Remuneraciones tuvieron mucho que ver con que los instructores internos no hubiesen podido desempeñar su papel;

- en Cervecerías Quilmes, mientras no hubo una red de programa amplia en el origen, los objetivos fueron más restringidos; y junto con la incorporación de nuevos actores, el tema de conversación se fue ampliando hasta abarcar a las propias gerencias; así, al cambiar los actores y la discusión, variaron también los objetivos, los participantes, los instructores, el diseño y, más globalmente, el sentido mismo del programa;

- en Supermercados Norte, la red de programa era parte del diseño mismo; pero el planteo de "brecha entre grupos" no surgió de una definición técnica de contenidos sino de las discusiones que dieron origen al proyecto de capacitación.

La red de programa[14] crea nuevas redes y las incorpora a una discusión. No produce "cosas" por sí misma, no "agrega mobiliario" adosando contenidos o habilidades a las personas: es más bien parte de una carpintería colectiva[15]. La posibilidad de que las habilidades adquiridas en un curso se trasladen al contexto de trabajo tiene una relación directa con las redes sociales en las que el programa se sustenta.

Respecto de la *incidencia de la capacitación en el desarrollo de nuevas habilidades organizacionales*, la red de acuerdos y significados que se constituye entre los actores influye sobre la posibilidad de desarrollar nuevas capacidades organizativas. Hay una relación entre el proceso de formación de redes y la negociación de significados. La forma en que el problema es definido, y por quiénes, convoca a una red

---

14. Es importante observar que en esta oración en vez de hablarse de "la red de programa" podría hablarse de "la capacitación", genéricamente. Esto se debe a que así como el trabajo en aula muestra el aprendizaje individual, la evolución y los cambios en la red de programa muestran el aprendizaje colectivo.
15. David Perkins, en el prólogo a mi libro *Conocimiento colectivo*.

215

interpersonal. Esa red, en forma recursiva, define a su vez el problema:

- en Telecom, dado que la definición fue demasiado estrecha, la convocatoria resultó escasa, y viceversa;

- en Cervecerías Quilmes, una forma instituida de participación, un encuentro de fronteras –en términos de Wenger, "la mesa de gerentes"–, actúa eficazmente como red de programa y permite redefinir y ampliar el planteo inicial;

- en Supermercados Norte operaban tres "familias": la de los "viejos", la de los "nuevos" y la de los "viejos en áreas centralizadas"; estas últimas, con Recursos Humanos a la cabeza y ayudada por los consultores, actuó como mediadora.

Como puede observarse en los casos investigados, cada programa adquiere la forma del diálogo que lo ha generado. En Telecom, la situación se planteó en términos de que hablar sobre el trabajo ya no tenía sentido: era necesario trabajar de otra manera. Por eso, la enseñanza debía impartirse *in situ* y los instructores debían ser internos. En Cervecerías Quilmes, el programa tomó una forma más disciplinar y académica. Como se trataba de abrir alternativas a lo que ya se hacía en la empresa, se optó por la enseñanza en aulas universitarias y con profesores. En Supermercados Norte, el curso se convirtió en una actividad de mediación, donde los instructores fueron los interlocutores de los alumnos, y los consultores, mediadores entre ambos.

Subrayo que la diferencia en cada caso no es técnica: depende del sentido. El macrodiseño muestra la influencia de la red de programa en el planteo del problema, en los destinatarios, en los contenidos y la metodología, en el papel de los instructores. Su adecuación o inadecuación no puede juzgarse solo por criterios técnico-pedagógicos, sino en referencia a las matrices sociales de donde surgieron. Cuanto más deliberadamente estuvo orientada la propuesta a constituir una red de programa y considerar el proceso global, incluido el diseño de la formación, mejor permitió que la conciencia de los actores abriera nuevas posibilidades de aprendizaje partiendo de la experiencia. Si algo diferencia a los casos de Cervecerías Quilmes y Supermercados Norte del de Telecom, no es el logro de resultados, sino la capacidad de distinguir y corregir errores. Esta posibilidad de corrección probablemente incida en el plazo necesario para el logro de los objetivos, en la economía de esfuerzos y, sobre todo, en la habilidad para determinar nuevas necesidades y orientarse hacia ellas.

Cómo atender al macrodiseño

¿Qué consecuencias prácticas tiene concebir la capacitación como parte de un proceso mayor de generación de nuevas habilidades organizacionales? En general soy cauto a la hora de dar sugerencias para la acción en contextos que para mí son lejanos, por eso de las debilidades del "trabajo canónico" que mencionamos en capítulos anteriores. Hay, sin embargo, pautas que me atrevo a sugerir que se tengan presentes:

1. Manejar marcos temporales más amplios. Una de las consecuencias de pensar con un modelo escolar es la adopción de parámetros temporales relativos al aprendizaje individual que se produce en el aula. Pero hace falta mucho tiempo antes para conformar la red de programa y otro tanto después para que las redes conecten los distintos colectivos comprendidos.

2. Preguntarse por la génesis del programa. Dado que permite reconstruir el sentido de la capacitación, esta debe ser la primera etapa de cualquier proceso de diseño de capacitación y, con frecuencia, de generación de habilidades colectivas.

3. Considerar el macrodiseño de la actividad como una acción participativa y como parte del proceso de generación de capacidades colectivas. De manera análoga a la revisión de la génesis del programa, la actividad de *team building* es una experiencia participativa, que permite a los actores reconstruir y compartir un cuadro general de crucial importancia para el proceso de aprendizaje.

¿Quiénes deberían integrar el *comité de programa*? ¿Están incluidos todos los entornos críticos relacionados con el problema a resolver? ¿Por qué puede interesarle intervenir a cada uno de los participantes? ¿Cómo serán convocados? ¿Cuáles son los temas que el comité debe necesariamente abordar? Estas y otras preguntas similares deberían articular el *team building*.

La etapa que estoy describiendo suele considerarse previa a la capacitación. Y esto es correcto. Sin embargo, si el enfoque está centrado en la construcción de capacidades colectivas, debe entenderse que el *team building* sitúa a la organización en pleno proceso, porque la gente de las áreas convocadas y, si los hubiera, los consultores contratados, ya están sosteniendo las conversaciones y tejiendo las redes que dan sentido al *enactment* que se está gestando.

A propósito, conviene señalar que no alcanza con que los consultores o los especialistas discutan entre sí los procesos de diseño y de seguimiento del programa: deben hacerlo también con los grupos que intervienen. En ese caso, las preguntas orientadoras, entre muchas otras, buscarían:

– establecer qué objetivos explícitos o "hilos conducto-
res" asume el programa;

– asegurar que se estén contemplando todos los puntos
de vista relevantes respecto de esos objetivos;

– indagar sobre otras expectativas que deberían tenerse
en cuenta;

– identificar a los principales destinatarios del programa y a los grupos que estarán participando aunque
no asistan a las clases;

– verificar la existencia de una visión común del problema; y, muy importante,

– determinar qué tipo de compromisos sería necesario
generar para asegurar que los aprendizajes sean lleva-
dos a la práctica.

**4. Más que pensar en "temas" para capacitar en ellos, pre-
guntarse por las coaliciones y los grupos.** Tener en cuenta qué
tipo de contacto y de relación guardan entre sí las diferentes
comunidades de práctica es central. Muchas veces el "tema" de
la capacitación es apenas una coartada para ligar las fronteras
de grupos diversos. Debe tenerse presente que muchas veces
los contenidos centrales no son insumos de la capacitación,
sino producto del trabajo de fronteras. Es importante interrogarse sobre qué necesita un colectivo para realizar cierta tarea
de una determinada forma: si los constituyentes no están com-
prometidos con el programa, aunque se logren los aprendizajes individuales no podrán aplicarse a modificar las rutinas.

5. Preguntarse por los aprendizajes colectivos. Modificar
una rutina en una organización implica coordinar conductas

de varias personas; esto explica por qué la unidad de análisis nunca es un individuo sino (al menos) dos.

Cada persona ajusta sus contribuciones y las subordina a sus propias representaciones de lo que los otros harán. Por esta razón, toda acción de capacitación requiere, en primer lugar, identificar la rutina y el colectivo que debe desempeñarla. En segundo término, definir cuáles son las representaciones actuales. Ambas tareas exigen también participación, porque todos estos elementos son con frecuencia conocimientos tácitos y explicitarlos –un objetivo central del adiestramiento– permite ponerlos en discusión.

Es necesario, entonces, prestar atención a la forma en que se organizan los grupos que reciben entrenamiento, identificando quiénes aprenden con quiénes y quiénes hablan con quiénes sobre qué temas. La idea de que todo el mundo debe pasar por la capacitación, sin importar con quién lo haga, expresa una cierta metáfora de la educación "vacunatoria", como expliqué más arriba, porque se cree que la persona expuesta a los contenidos desarrollará conocimientos que podrá aplicar en cualquier contexto. Pero este enfoque pierde de vista, por una parte, que la revisión de algunas representaciones fundamentales de la relación entre las personas que deben coordinar sus conductas puede realizarse solamente en diálogo con los involucrados. Por otra parte, así se omite que los contenidos exigen para su aplicación una relectura y nueva significación a la luz de cada situación, característica que distingue precisamente a los conocimientos frágiles e inertes de los que sirven para la comprensión.

6. Ampliar el papel de los expertos. Tal como sucedió en los casos estudiados, los consultores pueden asumir diferentes funciones, actuando ya como sostén político, asesores, instructores, facilitadores, *coaches*, mediadores y diseñadores de las actividades.

7. Asegurar en el microdiseño una estrecha relación entre actividades, contenidos, objetivos y *feedback*. El ajuste determina la calidad del microdiseño, lo que se comprueba en los tres casos analizados.

8. Determinar los criterios de evaluación y acordar los indicadores de seguimiento. Al respecto, algunas preguntas orientadoras pueden ser:

- ¿Cómo se ha desarrollado el proceso de acuerdos y decisiones que llevó a construir la necesidad del programa?

- ¿En qué grado el diseño educativo refleja los acuerdos y decisiones previos?

- ¿Pueden algunos aprendizajes específicos instituirse en nuevas prácticas? ¿Cuáles son esas prácticas, y cuáles, los colectivos que deben desempeñarlas?

- ¿Hay formas de enseñanza organizativa, instituidas en regulaciones, modelos de desempeño o supuestos cognitivos, que faciliten o dificulten los aprendizajes?

- ¿Qué problemas surgen al intentar poner en práctica los nuevos aprendizajes?

- ¿Qué indicadores se considerarán en la medición del desempeño?

Este último aspecto resulta clave: los indicadores deben ser mensurables, generales y significativos. En primer lugar, porque el proceso de evaluación es constitutivo de la generación de capacidades organizativas y no un agregado posterior. En segundo, porque la generación de indicadores, su medición y evaluación es necesaria en todos los niveles del proceso, y afecta a los actores mismos. Los indicadores constituyen una guía para la acción, y no un control externo.

No obstante, más allá de la existencia de indicadores compartidos, es lógico que diferentes grupos desarrollen parámetros diversos pero igualmente válidos para los datos que, en particular, les resultan significativos. La manifestación y discusión de esos indicadores dentro del grupo y con otros grupos es parte del proceso de construcción de los conocimientos.

CAPÍTULO 8

EL PRÓXIMO MANAGEMENT

Hubo una época en que el management consistía en decir a la gente qué debía hacer. Este concepto estaba fuertemente ligado con un mundo en el que la producción era mucho más compleja que la venta y las empresas eran "fábricas", cuyo desafío principal consistía en hacer bien y barato aquello que ya sabían cómo elaborar. Desde luego, en ese contexto resulta congruente la imagen taylorista de la organización piramidal, cuyo formato surgía de un diseño técnico y en la cual se pagaba a las personas para que obedecieran e hicieran, no para que pensaran.

En cambio, ordenar a cada uno qué, cuándo y cómo hacer resulta cada vez más difícil en las organizaciones contemporáneas. Existen dos razones principales para que esto ocurra. La primera, que la gente a nuestro cargo, en muchos casos, sabe más que nosotros. La segunda, que con frecuencia nadie conoce de antemano qué hay que hacer. Generar bienes o servicios en un mundo hipercompetitivo exige grados muy elevados de especialización y, consecuentemente, de integración. De manera creciente, las posiciones clave en las organizaciones están a cargo de personas que, más allá de su lugar formal, saben manejar procesos críticos en los que resultan difícilmente sustituibles. Eso obliga a que la función de supervisión esté centrada en lograr la necesaria integración de grupos que, debido a su especialización, tienden a dispersarse aunque su interdependencia organizativa los obligue a generar conocimiento y acción en forma conjunta. En otras palabras, al revés de lo que ocurría en las épocas de Taylor, los jefes ignoran lo que sus subordinados saben, lo cual genera un estilo de management más centrado en reunir información y esfuerzos para construir sentido en forma conjunta que en dar órdenes[1].

Asimismo, la creciente integración de los procesos productivos a nivel global hace que la demanda de recursos crezca en forma incesante, y que estos sean cada vez más interdependientes e imprevisibles. Si bien los hechos inesperados no son una novedad histórica, viviendo en la actualidad tan interconectados, lo imprevisto parece haber devenido crítico para nuestro accionar[2]. Esto obliga a replantearnos muchos de los principios básicos del management. En lo que sigue me centraré en tres que –considero– son bastante representativos: la estrategia, la delegación y el diseño organizativo.

El papel de la estrategia

La estrategia suele describirse como una definición de los objetivos organizacionales a largo plazo, realizada de manera que permita elegir los cursos de acción y la mejor adjudicación de recursos para alcanzarlos. Henry Mintzberg[3] refiere unas diez escuelas de pensamiento en relación con la estrategia, entre ellas:

1. Sandberg, Jörgen; Targama, Axel: *Managing Understanding in Organizations.* Sage, London, 2007.
2. Taleb, Nassim: *The Black Swan: the Impact of the Highly Improbable.* Random House, New York, 2007.
3. Mintzberg, Henry: *The Rise and Fall of Strategic Management, Reconceiving Roles for Planning, Plans, Planners.* The Free Press, Toronto, 1994.

- la escuela del diseño, que propone un planeamiento informal, más bien conceptual, basado en fortalezas y debilidades contrastadas con oportunidades y amenazas;

- la escuela del planeamiento, parecida en varios aspectos a la anterior, pero que se distingue por considerar el proceso más formal y delegable, y

- la escuela del posicionamiento, más centrada en los contenidos de la estrategia (diferenciación, diversificación y otros).

En todos los casos, el problema aparece cuando se discute el origen de la estrategia y su poder rector. Se suele entender que la estrategia surge de una elaboración racional de quienes trabajan en el máximo nivel de decisión de la organización, cuya función es alentar que se hagan ciertas cosas y desalentar otras, buscando los mejores cursos de acción. Aunque algo de todo esto es inobjetable, existen numerosas dudas acerca de si la estrategia surge siempre del ápice de la organización, disociada de la ejecución, y cuánto es capaz la estrategia de condicionar la acción de la gente (y, si lo lograra, qué tan bueno sería eso).

Por otra parte, la necesidad de orientarse rápidamente hacia los cursos de acción que, vistos desde la circunstancia actual, parecen los mejores y permiten la óptima adjudicación de recursos, tiende a convertirse en una búsqueda *a priori* de efectividad operativa, que es –justamente– lo que la estrategia no debería ser. Si la efectividad operativa es hacer las cosas bien, la estrategia debería mantener la atención sobre la necesidad de hacer las cosas que hay que hacer: muchas veces es mejor hacer lo correcto, aunque no lo hagamos tan bien, que hacer perfectamente lo que no suma. Esta distinción es más acentuada en algunos enfoques de la estrategia que en otros. El planeamiento corre siempre el riesgo de convertirse en una extrapolación de los datos presentes proyectados hacia el futuro, con la indeseable posibilidad de volverse un corsé. Quinn[4] ha hecho notar que rara vez los cambios importantes y radicales en la estrategia de una empresa surgen de sus planes. ¿Entonces, de dónde surgen? En este capítulo, precisamente, presento otras fuentes cotidianas de construcción de estrategia, no necesariamente tributarias de los planes y las pautas formales.

En el primer capítulo de este libro referí aquella historia que cuenta Weick acerca de un grupo de soldados extraviados en los Alpes que lograron regresar a casa usando... ¡un mapa de los Pirineos! Creo que cada vez más gerentes saben hoy que usan un mapa equivocado pero confían en que, una vez que el mapa los ayude a ponerse en movimiento junto con su gente, van a ir encontrando el camino. Alguien le hizo notar a Weick que fue una ventaja importante que el mapa de los soldados fuese de una cadena montañosa y no de Disneylandia, por ejemplo[5]. Es cierto, es importante. Porque el mapa facilita pautas muy generales y una intención, lo que no es poco. Pero no puede decir qué debe hacer la gente en cada momento ni cuáles son los pasos adecuados ante cada situación porque todo eso requiere respuestas adaptativas casi imposibles de prever[6]. Los planes, como los mapas, animan y orientan a los individuos. Pero una vez que las personas comienzan a actuar, generan nuevos hechos, adecuados al contexto real que enfrentan, que ayudan a entender qué ocurre, qué necesita explicarse y cómo seguir adelante.

Weick afirma –y puede que sea cierto– que los gerentes viven olvidándose de lo que realmente hacen: descubrir el ca-

---

4. Quinn, James B.: *Strategies for Change: Logical Incrementalism.* The Irwin Series in Management and the Behavioral Sciences, Irwin, 1980.
5. Weick, Karl: "Organizational redisign as improvisation", en *op. cit.* (2001).
6. Una visión impresionante sobre las funciones adaptativas del liderazgo en Heifetz, R.A., *Leadership Without Easy Answers*, Cambridge, Mass. Harvard University Press, 1994.

mino al andar, no solamente ejecutar lo que han planeado hacer. En vez de ver su capacidad para enfrentar lo imprevisto como parte de la función adaptativa del liderazgo[7], la consideran una transgresión a lo planeado. En consecuencia hay quienes pasan más tiempo planeando que haciendo.

Una persona con responsabilidades de liderazgo sabe hoy demasiado bien que el mapa no es suficiente para llegar. Sospecha también que, a diferencia de lo que se dio por sobreentendido durante mucho tiempo, la organización es más un fenómeno político que técnico: después de todo, las formas conocidas de generar acción colectiva son formas políticas, basadas en significados compartidos y en acuerdos. En el relato de los soldados extraviados, el mapa refuerza la intención de llegar, marca un rumbo general e impulsa a la acción colectiva con un sentido de búsqueda: volver a la base.

Un poco de estrategia brinda una gran ayuda. Pero es importante que cada acción no esté acoplada a un rumbo estratégicamente predeterminado, para permitir respuestas adaptativas, orientadas a aprovechar lo imprevisto a fin de que lo impensado no se convierta en una fuente de desajuste, sino en una oportunidad para descubrir posibilidades y recursos cuya existencia, de antemano, se desconocía.

Como señala Weick[8], la acción clarifica el significado. Frente a hechos que no sabemos qué son ni qué significan, actuamos. Haciendo cosas, la realidad parece ordenarse, al tiempo que lo desconocido adquiere significado. Muchas veces comenzamos haciendo simplemente lo que está a nuestro alcance, como el borracho que busca las llaves de su casa debajo del farol, porque allí hay luz. La actitud de hacer lo que se pueda –aunque no sea lo mejor– no es solamente sabiduría de ebrios: es una de las formas humanas de enfrentar la complejidad.

---

7. Heifetz, Ronald; Laurie, Donald J.: "The work of leadership", en *Harvard Business Review,* enero de 1997.
8. Cfr. Capítulo 2.

Por supuesto, no creo que una organización pueda orientarse sin contar con una idea general que le dé sentido, o sin planes. En la práctica, una estrategia es una teoría sobre qué ha hecho exitosa a la organización y qué la hará exitosa en el futuro[9]. Si tratamos la estrategia como una teoría o, mejor aun, como una hipótesis, la estaremos sometiendo a prueba con la realidad frecuentemente. Y eso es bueno[10].

En "Crafting strategies"[11], un artículo muy citado, Henry Mintzberg explica que, por lo general, se habla de "planear estrategias". ¿Qué sugiere ese "planificar" una estrategia? Un grupo pequeño de gente, de alto nivel en la organización, que, con datos e informes en mano, discute una situación y proyecta perspectivas y acciones para el futuro. Esto –señala el autor– corresponde a un contexto de orden y de control. Sin embargo, la palabra "*crafting*" empleada por Mintzberg refiere a lo artesanal: así, en castellano, la expresión que da título al artículo podría traducirse como "elaborar estrategias". La diferencia puede parecer sutil, pero es relevante para el concepto. "Elaborar" estrategias evoca la idea de una persona cercana a la situación, a los materiales con los que está trabajando. Lo que viene a la mente no es tanto el control como la conexión y el contacto con la situación, un proceso a través del cual la formulación y la ejecución se funden en una adaptación mutua. Así, se piensa menos en un general y más en un artesano.

Detengámonos un momento en este concepto de estrategia. Como bien dice Mintzberg, si se le pide a una persona que defina una estrategia, probablemente describa un plan o una guía explícita para la acción futura. Si, en cambio, se le pide que defina la de un competidor, contará qué es lo que el competidor ha hecho, cuál es la pauta que surge del

---

9. Burgelman, Robert: *Strategy is Destiny. How Strategy Making Shapes a Company's Future.* The Free Press, New York, 2002.
10. Cohen, Michael; March, James G.: *op. cit.*
11. Mintzberg, H.: "Crafting strategies", en *Harvard Business Review*, julio-agosto de 1987.

pasado. Notablemente, las estrategias son tanto planes para el futuro como pautas del pasado.

Así como parecen más ligadas al futuro de lo que en realidad están, las estrategias se relacionan menos con el diseño intencional de lo que suele parecer. Si bien hay pautas que son el producto de un plan, existen otras que se han dado sin la guía de una planificación explícita. Para Mintzberg, las estrategias caminan siempre en dos patas. Una tiene que ver con el plan, con el diseño, con lo deliberado. La otra, con lo emergente, lo surgido, lo que se descubre una vez ya hecho. En otras palabras, las estrategias no solo se *hacen*, también se *forman*.

Si alguien observara la evolución de los productos de una empresa en el transcurso de su historia, podría preguntarse si los cambios experimentados resultaron de una estrategia o si fueron relativamente aleatorios. Es decir, cabría interrogarse hasta dónde son consecuencia de un plan o una respuesta improvisada a problemas inmediatos o nuevas oportunidades. En todos los casos, sería difícil saberlo. Probablemente haya bastante de ambas cosas. Robert Quinn, por ejemplo, afirma que, cuando una gran organización bien manejada hace cambios significativos en su estrategia sobre la base de los datos disponibles, sus abordajes pocas veces se parecen a los enfoques analíticos y racionales descriptos por los libros de planeamiento. Cuando una empresa produce una nueva línea de productos, no es sencillo determinar cómo llegó a eso. Claro que podría atribuirse a una estrategia de su presidente. Pero ¿cómo llegó a esa estrategia? Tal vez porque un vendedor oyó cuidadosamente los requerimientos de un cliente[12], trabajó el tema con otra gente en la organización para darle una respuesta y, finalmente, se encontraron ante un producto con muchos potenciales compradores; y sin publicidad ni planes, pronto fueron viendo que el nuevo producto crecía y se convertía en una línea de trabajo y producción.

---

12. Revise el lector –por ejemplo– el caso de la cinta Scotch referido en el Capítulo 1.

Intrigado por esta idea en la que tanto Weick como Mintzberg insistían, me puse a pensar qué cosas había hecho yo en mi vida que habían resultado finalmente muy importantes como factor de crecimiento, pero que no obedecían a un plan, ni siquiera a una estrategia deliberada, sino que simplemente las comencé a hacer sin ser consciente de su importancia hasta buen tiempo después. Descubrí entonces que muchas de las cosas más importantes que realicé en mi vida las hice cuando estaba distraído.

Es común ocultar –o, más frecuentemente, olvidar– que "La Estrategia" no se anticipó a los hechos sino que fue definida de manera retrospectiva. En ese sentido, parece especialmente adecuada la observación de Edward de Bono[13], quien define la estrategia como "buena suerte vista retrospectivamente". Por eso, les pedí a mis estudiantes de posgrado de la Maestría de Estudios Organizacionales de la Universidad de San Andrés (Buenos Aires, Argentina) que pensaran en proyectos exitosos en los que hubiesen estado involucrados, pero que no hubieran surgido en forma deliberada: es decir, situaciones en las que no decidieron hacer un cambio y solo después descubrieron que lo habían hecho. Las siguientes narraciones –apenas algunas de las que generó este ejercicio– pueden ser una primera respuesta a la pregunta sobre el origen de las estrategias que no nacieron de un plan. Agradezco a los autores su venia para publicar aunque sea parte de la rica casuística que elaboraron.

En el análisis de los casos utilizaré los textos de Mintzberg y Weick ya citados.

Un negocio que creció inadvertidamente

Paula es ingeniera agrónoma. Está casada con un productor rural de la provincia de Buenos Aires. Juntos, fueron

---

13. De Bono, Edward: *Tactics: the Art and Science of Success*. Little Brown & Co., Boston, 1984. Citado por K. Weick en "Substitutes for Strategy" (*op. cit.*, 2001).

haciendo crecer el negocio hasta convertirlo en un referente especialmente exitoso de la tecnificación del agro y del papel desempeñado por el conocimiento en la producción agrícola. Ella cuenta cómo "sin querer" nació y prosperó la que hoy es un área muy importante de su negocio: la de venta de insumos a otros productores.

En mi experiencia, muchas situaciones se han desarrollado casi como un proceso inadvertido. Incluso, estaría tentada de inscribir mi matrimonio como parte de ese proceso. La realidad es que esa circunstancia fortuita provocó que me fuera a vivir a Carlos Casares, provincia de Buenos Aires, y empezara a trabajar con mi marido, su padre y mi cuñada en un emprendimiento agropecuario.

Corría el año 1991. La empresa se dedicaba a la explotación de 3.000 hectáreas propias, con un planteo mixto agrícola-ganadero. Además, desde una pequeña planta de silos, brindaba servicios de acondicionamiento de cereales y logística a unos pocos clientes amigos. El plantel estaba compuesto por casi diez empleados que atendían faenas rurales y otras diez personas que estábamos en "el escritorio", realizando tareas administrativas y comerciales. Mi llegada como la cuarta profesional que se incorporaba a la empresa resultó inquietante: no era fácil sostener tamaña estructura.

Fue en ese contexto que, en el garaje de la oficina y con muebles prestados, instalé un rudimentario laboratorio donde, aprovechando mi formación como ingeniera agrónoma, comencé a realizar análisis del poder germinativo de las semillas. Allí, además, comencé a atender a nuestros proveedores de insumos y a formular algunas sugerencias sobre sus cultivos a los contratistas y clientes del acopio.

Aquellos fueron años de muchos cambios tecnológicos para el agro. Por mi parte, tímidamente, en la soledad de aquel garaje, fui tomando decisiones de compra cada vez más osadas. En algún momento, incluso, compré la carga de un camión de fertilizantes con un poco de cada cosa y asumí el riesgo de venderlo. Como me fue bien, compré dos cargas más. Así, al cabo de dos o tres años, me encontré necesitando un software para procesar las ventas y manejar los stocks de fertilizantes. Mientras tanto, pedía a los administrativos del acopio que facturaran de manera artesanal, ya que los formularios para vender cereal son propios de esa actividad, están muy regulados y no podían utilizarse para facturar la venta de insumos.

Sin que me resultara perceptible, había comenzado a facturar anualmente una cifra sideral. Estaba agotada de despachar los camiones, cargar los datos en el sistema, facturar, recibir la mercadería, atender a los proveedores, asistir a los seminarios de actualización y demás. Varias situaciones me hicieron caer en la cuenta de que algo estaba pasando y de que había llegado para quedarse. Sin embargo, todavía me costaba mucho que se me permitiera contratar colaboradores, al tiempo que se multiplicaban las peleas por la asignación de crédito a mis clientes.

Las reuniones se volvieron cada vez más formales y la organización, más estructurada. Aunque Insumos apareció claramente como una nueva unidad de negocios, nadie le prestaba mucha atención... excepto para retarme de tanto en tanto por mi poca habilidad para cobrar a los clientes... o por lo mucho que tardaba en atender el teléfono que ya tenía en mi garaje.

Por fin, para el año 2000, ya éramos cuatro en la oficina. Facturábamos unos cuantos millones de dólares, y habíamos logrado que los de Acopio y Logística nos tuvieran en cuenta. Presentábamos plan estratégico, presupuesto, indicadores y hasta certificamos la ISO 9001. Por entonces, me di cuenta de que la compra de cereales respondía a una lógica muy diferente a la de vender insumos: me parece que, por eso, tardamos tanto en integrarlas y en buscar sinergias entre las unidades de negocios. Y si bien la venta de insumos estaba consolidada en el nivel del directorio como unidad de negocios, en el colectivo continuaba siendo considerada una actividad complementaria.

Para hacer corta una historia larga, digamos que Insumos es hoy la unidad de negocios de la compañía que más factura —compitiendo con el nivel logrado por el área de Producción—, y nos permitió entrar y crecer en el mercado brasileño.

Ante todo, me parece muy adecuada la observación de Paula sobre el matrimonio como una situación inadvertida: raras veces los motivos que lo producen son los que luego lo sostienen. La percepción de una oportunidad implica un recorte ("un paréntesis", diría Weick) en el flujo de experiencia. Eso permite un *enactment*, una puesta en acción. En este caso, se da bajo la forma de venta de insumos (algo que nunca se había hecho en la organización), que pone en marcha otros elementos que irán construyendo un contexto (*enacted environment*) antes inexistente.

El nuevo contexto que parece "llegado para quedarse", como dice Paula, no "llegó": fue traído por ella. Desarrollar acción produciendo resultados de los que no somos del todo conscientes y ver después sus consecuencias como hechos ajenos a nosotros es una sensación muy usual. Cuando Paula descubrió que la lógica de comprar cereal poco tenía que ver con la de vender insumos, hizo una nueva construcción de sentido (una selección), que le permitió poner en duda sus aprendizajes anteriores. Es probable que varias redes dentro de la empresa compartieran esa nueva selección. Pero también, que muchas otras continuaran percibiendo al área nueva como un agregado, al que seguían mirando desde sus aprendizajes (retenciones) anteriores.

Al crear el área de Insumos, hubo una modificación importante en el diseño de la empresa. Pero la nueva área no fue fundada ni por un cambio en los planes ni en la estrategia. Más bien, fue al revés, porque la actividad del área generó los planes y la estrategia. Que se le haya dado nombre y lugar al área en la organización no debe considerarse un dato formal: gran parte del orden que un diseño organizativo crea tiene más que ver con la atención que con la intención. Al generar descripciones de funciones, dividir horizontalmente las tareas y verticalmente las decisiones, los diseños no siempre evitan que la gente genere nuevas cosas; pero le da nombre y visibilidad a las tareas organizativas que legitima, llevando la atención hacia áreas que pasaban inadvertidas. En otras palabras, el diseño suele tener más que ver con codificar cambios previos no planeados que con crear modificaciones futuras y planeadas. Por eso, muchas veces –como en este caso– quizás la pregunta acerca de cuándo se decidió hacer tal o cual cambio no seas muy pertinente, pero sí preguntarse cuándo nos dimos cuenta de que habíamos logrado una transformación.

Suele verse a los procesos organizativos como movimientos coherentes que, en tanto tales, no pueden sino haber surgido de un plan. En efecto, vistas retrospectivamente, las cosas siempre parecen coherentes, surgidas de un diseño hecho *a priori*. La coherencia surge, en parte, con la atención selectiva (resaltamos los factores que tienen sentido y obviamos los otros) y, en parte, con los hábitos y las rutinas (nos parecen coherentes porque estamos acostumbrados a ellas). No se trata de que la coherencia que vemos no haya sido diseñada, sino de que no es el producto de un diseño hecho de una sola vez por un solo grupo de personas y con un único propósito. Frente a las necesidades, la gente hace cosas. Y luego interpreta y da sentido a lo que ha hecho: la coherencia es la interpretación imaginativa de lo que se ha hecho –diría Weick–, que puede fácilmente confundirse con la intención.

Descubrir a los descubridores

Martina es socióloga y trabaja en el Instituto Nacional de Tecnología Agropecuaria (INTA) de la República Argentina.

A mediados de la década de 1990, el INTA comenzó a apoyar a productores rurales patagónicos, afectados por un contexto económico negativo para el agro y por la erupción del volcán Hudson[14]. Las cenizas del volcán afectaron los cultivos de la zona y a los rebaños ovinos. Por estos motivos, muchos productores debieron buscar alternativas para superar la situación y evitar la emigración.

Como una salida posible, el INTA de San Carlos de Bariloche[15] propuso a los afectados abrir sus tranqueras a los turistas, ofreciendo –junto con otras reparticiones estatales– una línea de financiamiento específica para el turismo rural. En forma muy amplia, se definió esta clase de turismo como "todas aquellas actividades que pueden desarrollarse en el ámbito rural y que resultan de interés para los habitantes de las ciudades por sus características exóticas, tradicionales, románticas, diferentes del estilo usual de vida, etcétera". De la iniciativa, resultaron beneficiarios ocho proyectos.

---

14. Situado en la zona sur de Chile, entró en actividad entre agosto y diciembre de 1991. El material expulsado a la atmósfera se elevó hasta los 12.000 metros de altura y fue esparcido por los vientos sobre una muy importante porción de la Patagonia chilena y argentina.
15. Ciudad de la provincia de Río Negro, centro turístico tradicional en la Patagonia argentina.

Aunque el turismo rural fue utilizado como una alternativa de emergencia ante la crisis de la producción agropecuaria, no era reconocido como promotor del desarrollo local ni como actividad dentro del sector agropecuario. En otros países, sin embargo, el turismo rural es considerado una actividad agropecuaria en sí misma, y no como una producción alternativa o complementaria. En la Argentina, más allá del gran desarrollo y la evolución que ha experimentado durante los últimos años, la actividad sigue sin ser vista como propia del mundo rural.

A partir de aquella iniciativa para la Patagonia, el INTA organizó el Primer Seminario Internacional de Turismo Rural de la Argentina. Del segundo seminario surgió la Red Argentina de Turismo Rural, que tiene actualmente más de cien asociados de todo el país. Para el año 1999, la Comisión Nacional para el Desarrollo de la Patagonia relevó 114 establecimientos dedicados al turismo rural. El crecimiento de la actividad en la región –y, después, en otras– fue exponencial.

En la actualidad, numerosas provincias están desarrollando actividades de turismo rural. Se fundaron asociaciones de productores en todo el país. Se crearon también rutas alimentarias en las provincias de Mendoza, Córdoba, Catamarca, Salta y las patagónicas. Estas actividades demandan –entre otras cosas– apoyo en capacitación, subsidios, promoción. Sin embargo, puede observarse que las respuestas fueron surgiendo desde organizaciones que no tenían ni competencias ni recursos humanos formados en estas áreas. Las iniciativas que, desde los años 90, contribuyeron a que el turismo rural creciera de manera exponencial no se desarrollaron con un marco institucional dedicado a atender este tipo de requerimientos, sino a partir de programas y proyectos que fueron apareciendo para apoyar distintos aspectos de la actividad.

A pesar del gran incremento del turismo rural y de sus efectos positivos, el sector agropecuario no lo reconoce aún como una actividad propia del agro. La actividad tampoco cuenta con marcos ni estructuras institucionales específicas para atender sus demandas específicas. No obstante, continúa creciendo como una alternativa económica significativa para los habitantes del mundo rural.

Visto el caso retrospectivamente, es posible que alguna vez se "descubra" que toda esa constelación de servicios y sus proveedores, surgida de una respuesta adaptativa (y de copias de esa respuesta) ante una erupción volcánica imposible de prever, constituye uno de los productos rurales que más rentabilidad deja al país y a los productores. El hecho de que no respondieran a una única decisión, centralizada e inicial, no debe hacernos pensar que las acciones que dieron vida a este conglomerado no constituyeron una estrategia: equivaldría a no aceptar que la improvisación puede ser una estrategia. Como en el caso de los soldados suizos enfrentados a circunstancias inéditas, ponerse en marcha para aprender y agregar en el camino todo lo que sea necesario puede ser una estrategia en sí misma. En manos de gente talentosa, algunos lineamientos generales y la convicción de que algo es posible resultan suficientes para dar forma a la improvisación. En particular, esa convicción, inspirada por haber visto a otros, funciona como una profecía autocumplida, porque creer que algo es posible ayuda a que lo sea. Así, la improvisación y la profecía actúan como estrategia.

Las redes de productores, quienes orientaron parte de su actividad al turismo, sus proveedores, sus conexiones con instituciones existentes y con otras creadas por ellos, pueden parecernos hoy el producto de una estrategia. Pero, en todo caso, se trata de una estrategia hecha sin que se contase entonces con el panorama general de lo que se estaba construyendo. Aun de ese modo, creció. Y lo hizo más ordenadamente de lo que podría haberse imaginado. En palabras de Weick, a veces se olvida que la falta de orden suele relacionarse más con la inacción que con el error al actuar. La acción absorbe incertidumbre y, por eso, la realidad se acomoda ante nuestros ojos. Así como los gerentes suelen creer que algunos hechos provocados por su acción se producen de manera espontánea, rara vez son conscientes de que su inacción es también responsable de muchos otros que no suceden.

Para Weick, una revisión del concepto de diseño debería comenzar por dejar de lado la metáfora arquitectónica para reemplazarla por la metáfora de una improvisación teatral. Desde esta perspectiva, el diseño aparece como una actividad continua, donde la responsabilidad por la iniciación del rediseño es más bien dispersa y la interpretación juega un papel tanto o más importante que el guión. En una actividad de improvisación, más importante que contar con recursos puede ser la capacidad de encontrarlos, y una pequeña estructura, a partir de interacciones sucesivas, puede permitir grandes cosas.

En un grupo de improvisación teatral, los actores tienen siempre más significados posibles para sus acciones que los que pueden llegar a usar. Por eso, deben comenzar por acordar una mínima cantidad de significados para hacer posible la acción coordinada. Que la cantidad sea mínima es importante a fin de que cada uno haga ajustes individuales y pueda responder a lo que surge en el momento. Conviene subrayar que el ajuste no se produce porque los actores tienen memorizado un guión –en una organización o un *cluster*, "el" diseño–, sino porque tienen miradas equivalentes de lo que sucede allí y del sentido de la situación. Por eso, en el caso del turismo rural, los productores no perdieron autonomía al coaligarse. Más bien, se volvieron capaces de hacer colectivamente lo que no hubieran podido realizar de forma individual, y, gracias a sus habilidades diversas, cada uno pudo afrontar problemas inesperados.

Un "Daily News" en el hospital de día

Gabriel es psicoanalista y relata aquí una historia ocurrida en las etapas iniciales de su carrera.

Pocos años después de recibirme de psicólogo, cuando estaba en plena formación como psicoanalista y terminando mi paso por el hospital público, fui seleccionado para incorporarme al servicio de Psiquiatría de una institución que estaba naciendo. Se trataba de un ambicioso proyecto, que tenía como meta crear una entidad dedicada a las neurociencias, lugar de encuentro, de comunión e intercambio entre la neurología, la psiquiatría y el psicoanálisis.
Fui incorporado como psicólogo del hospital psiquiátrico de día, para trabajar en el turno mañana de lunes a viernes. En mi posición, debía

*desempeñar varias funciones asociadas, bien interesantes, que sinte-
tizamos siguiendo una metáfora futbolera: así, mi alter ego del turno
tarde y yo nos bautizamos como "psicólogos pívot"*[16]*. El término aludía
al hecho de ser, cada uno en su turno, un punto de referencia para los
profesionales que iban solamente a realizar su actividad específica con
el grupo de pacientes. Éramos el nexo entre ambos turnos. Teníamos
mucha información de lo que pasaba en el día a día con cada paciente,
en los grupos y talleres, sobre el clima organizativo en general. Todo esto
nos hizo reflexionar sobre el lugar de pívot más en serio.*

*Esta breve descripción sirve para contextualizar aquello que comen-
zamos a hacer "distraídamente" con mi compañera del turno tarde,
algo que comenzó siendo pequeño, con un objetivo acotado, y se fue
transformando en otra cosa, que no habíamos imaginado. Cada medio-
día, en el cambio de turno, comencé a escribir un correo electrónico con
algunos eventos relevantes del día, situaciones de pacientes y alguna
otra información de interés. Al término del día, mi compañera hacía
lo mismo para que yo tuviera información por la mañana. Este reporte
interno, vía electrónica, entre el subequipo de psiquiatra y psicólogo
de la mañana con el de la tarde, informando aspectos relevantes de la
jornada, los pacientes, el clima y demás, comenzó a transformarse en
algo cotidiano, e incorporamos también temas del equipo, chistes y otras
cosas que íbamos reuniendo.*

*El "Daily News" del hospital de día, como lo llamábamos en broma,
comenzó a hacerse popular. Profesionales del equipo que venían una
o dos veces a la semana comenzaron a pedir que los incluyéramos en
los envíos diarios. También empezaron a interesarse los profesionales
de internación y los distintos jefes del servicio. Lo que se escribía en
los correos electrónicos diarios terminaba siendo fuente de información para la reunión de equipo semanal, ocasión en que no resultaba
extraño que se citasen partes del "Daily" o se pidiese su extracto para
recordar algún evento o clima de determinado día: increíblemente, había devenido una fuente mucho más confiable que la historia clínica
de cada paciente.*

*Sin darnos cuenta habíamos abierto para el equipo un canal de comu-
nicación absolutamente necesario e impensado. Esto tuvo repercusión a*

---

16. Según la Real Academia Española, es el "jugador de baloncesto cuya misión
básica consiste en situarse en las cercanías del tablero para recoger rebo-
tes o anotar puntos". Disponible en línea en http://buscon.rae.es/ draeI/
SrvltConsulta?TIPO_BUS=3&LEMA=p%EDvot (consultado el 12 de septiembre de 2011).

nivel institucional. En los pasillos, cuando nos cruzaban profesionales de otras áreas, nos preguntaban por el reporte y nos pedían que los incluyéramos, lo cual comenzaba a convertirse en un problema también, dada la confidencialidad de la información que manejábamos en los correos electrónicos. La idea del "semanario" fue tomada luego por la institución como modelo para realizar un periódico digital, que comenzó a elaborarse a partir de nuestra iniciativa.

Años después, se produjo una escisión en la organización y el grupo que se desprendió fundó otra institución donde replicaron el "Daily News" inventado con descuido con mi colega y amiga del turno tarde.

Según nos contó Gabriel, el hospital psiquiátrico de día fue un proyecto, largamente planificado y con objetivos claros, que no prosperó. Sin embargo, floreció en su seno algo que no había sido pensado pero que fue *actuado*. O "enactado", como le gusta decir a Weick: el "Daily News".

A medida que se fue enriqueciendo, el intercambio de correos electrónicos entre dos colegas agregó equivocalidad, significados que era necesario interpretar, al ambiente. ¿Qué era eso? ¿Qué significaba? Definirlo como un boletín de novedades o *newsletter* fue una selección, una manera de darle significado. Por su parte, lo sucedido con el vocablo "pívot" es notable: siguiendo el destino de muchas palabras nuevas en el mundo de la administración (¡del *organizing*!), fue necesario empezar a usarla para ver cómo se llenaba de significados y, finalmente, entender qué significaba. Bautizándose a sí mismos "psicólogos pívot", Gabriel y su colega del turno tarde crearon un equivalente análogo al mapa de los suizos. Y comenzaron a moverse para descubrir qué es un pívot porque, como ya hemos visto, ¿cómo podríamos pedirles que supieran lo que dijeron si aún no habían visto lo que habían hecho?

Cabe agregar que, aunque suele percibirse que el diseño condiciona las habilidades de la gente, es cierto también que las personas tienden a ver aquello acerca de lo que saben y a querer realizar aquello que saben hacer. Por eso, aunque el

"Daily News" no haya estado previsto como herramienta de comunicación en el diseño del hospital psiquiátrico de día, hubo dos personas con la habilidad para crearlo. Y permitir de ese modo que de allí surgiera un recurso que enriquecería las formas de interacción entre los profesionales.

El bebé que inventó una consultora

Agustina es dueña de una consultora *boutique* especialmente exitosa y con un nicho propio en la selección de gente de alto potencial para nuevos emprendimientos en tecnología.

Nunca pensé que iba a tener una consultora propia. Ser una entrepreneuse *no era una meta que me hubiese fijado para algún momento de mi vida. La famosa "llama" de los emprendedores, en mi caso, estaba –como mínimo– escondida.*

Sin embargo, cuando nació Nicolás, mi primer hijo, algo cambió en mi perspectiva de la vida. Y la relación de dependencia que me resultara muy agradable y cómoda hasta ese momento comenzó a molestarme. No solo porque quería pasar más tiempo con Nicolás, sino porque además encontraba una falta de sentido en hacer eso que hacía todos los días cuando iba a trabajar a la empresa. Por lo tanto, cuando surgió una oportunidad de trabajar de forma free-lance *con exprofesores míos de la universidad, la idea me sedujo bastante: de esa forma, podría contar con más tiempo libre, organizar mis horarios de acuerdo con mi nuevo oficio de madre y, a la vez, aprender el negocio de la consultoría con las dos personas que alguna vez me habían inspirado durante la cursada de mi carrera.*

Cuando finalmente comencé a trabajar con ellos, experimenté el primer impacto de lo que significaba ser independiente. Al principio, no me gustó tanto… Me sentía una expatriada del mundo corporativo, enviada a Siberia para cumplir alguna condena. Además, estaba bastante aburrida, ya que mi posición distaba de tener desafíos como los que estaba acostumbrada a afrontar en mi empleo anterior. Sin embargo, tenía mucho que aprender de mis profesores y disfrutaba de la posibilidad de trabajar desde casa. Mientras editaba material para cursos y ayudaba en la preparación de las carpetas, sentía también que había recuperado algo importante: un espacio para pensar.

Durante ese período de mi vida, cuando estaba ocupada "asistiendo" a estos consultores sénior que me enseñaban el oficio, recibí la llamada de un excompañero de trabajo. Me preguntaba si podía ayudarlo con las búsquedas de personal de la empresa donde se desempeñaba. La razón para tal ofrecimiento era que no encontraba una consultora de selección que estuviera familiarizada con los perfiles del mercado de alta tecnología. Y él sabía que yo había hecho muchas búsquedas para compañías importantes del rubro y conocía a mucha gente del sector. Así, empecé paralelamente a hacer búsquedas para una empresa que cada vez necesitaba más perfiles. Yo tomaba ese trabajo como algo extra, si bien la realidad era que me demandaba un número creciente de horas y un nivel de desafío mucho más alto que mi supuesto trabajo principal independiente.

Al poco tiempo, ya tenía más clientes de tecnología que pedían mis servicios por haber sido recomendada. Incluso otros excompañeros de trabajo me contactaban para que los ayudara en sus nuevas empresas... Cuando quise darme cuenta, mi consultora estaba en marcha y con clientes propios.

Mientras estaba ocupada –junto con mi equipo de trabajo– cerrando búsquedas y manteniendo a los clientes de reclutamiento y selección contentos, la consultora fue creciendo. Y comenzaron a surgir oportunidades de ofrecer servicios de consultoría en recursos humanos y capacitación. Nuevamente, "distraída" en otros negocios, esos dos sectores crecieron más que el inicial, hasta convertirse hoy en los dos pilares más fuertes de la consultora que lleva mi nombre. Así, casi sin querer, me convertí en una emprendedora, con empresa propia y muchas decisiones que tomar y nuevos caminos por recorrer... Y lo cierto es que descubrí, casi por casualidad, que estoy exactamente en el lugar donde debo estar.

Nuestra protagonista pensaba que se es emprendedor cuando se mira hacia adelante, cuando se tiene algo de visionario. Y decidió que ella no lo era. Sin embargo, un día miró hacia atrás y descubrió que sí era una emprendedora: las estrategias no solo se hacen mirando hacia el futuro sino también hacia el pasado.

Nicolás es un *enactment* de aquellos más extraordinarios, de esos que agregan mucha equivocalidad a la vida. Es un ejemplo claro de lo que dice Weick cuando asegura que la equivocalidad no es ambigüedad: no es falta sino exceso de significados. Nicolás significaba demasiadas cosas al mismo tiempo y ordenar todos esos significados era criar a Nicolás. Era acción. Y los significados sucederían a la acción.

La consultora con los profesores definía un ambiente conocido, un *enacted environment*, donde todavía era difícil desacreditar los aprendizajes de la vida corporativa. Pero ese nuevo contexto no solamente permitía que Agustina lograra sus objetivos, sino también que fuera descubriendo otros a medida que avanzaba.

En la teoría de la administración, la acción tiene por fin alcanzar objetivos. Para Weick, como para James March, la acción conduce a descubrirlos.

Una película por semana

Tomás trabaja en una pequeña pero prestigiosa consultora especializada en resolución de conflictos y negociación.

Hace dos años, los socios de la consultora en la que trabajo decidieron maximizar los esfuerzos por tener mayor presencia mediática en el ámbito de la resolución de conflictos y la negociación. Con ese fin, contrataron a un agente de prensa, quien generó poco a poco oportunidades para que nuestros líderes accedieran a reportajes, artículos periodísticos y demás. La participación en un programa de televisión a propósito de un sonado conflicto entre el sector rural y el gobierno constituyó uno de los picos de popularidad en este proceso de posicionamiento de marca.

Poco tiempo después, un conocido sitio web de actualidad política y económica nos pidió que armáramos un vídeo de cinco minutos, donde desarrolláramos las principales bases de la negociación. Luego de acaloradas discusiones sobre la conveniencia de atender al pedido, armamos un pequeño equipo de proyecto y grabamos el vídeo-reportaje que después se subió a la página en cuestión.

Al día siguiente, dos clientes de la consultora se contactaron con nosotros para transmitirnos su interés en el mensaje del vídeo y pedirnos autorización para utilizarlo en su intranet. Poco tiempo después, nos contaron las repercusiones exitosas del vídeo. Uno de los clientes nos pidió encarecida-

mente que elaboráramos vídeos similares sobre liderazgo y comunicación. "¿Para qué nos habremos metido en esto...?", pensamos todos en aquel momento. "Somos una consultora en capacitación, no una productora de cine y televisión." La logística y los costos para desarrollar los vídeos parecían matizar el entusiasmo original por ganar terreno en la arena mediática. Preferíamos concentrar nuestro tiempo en lo que nos importaba realmente: la calidad de nuestros cursos, los relevamientos, el diseño de nuevas dinámicas. Allí encontrábamos sentido y vocación de servicio genuina, no en la filmación de vídeos. Nuestra identidad organizacional nos prevenía, recelosa, sobre las amenazas del indomable proyecto. Aun así, y dado el peso de estos clientes, decidimos avanzar con las grabaciones, justificándolas como inversiones comerciales.

Tres meses más tarde, uno de aquellos clientes se contactó otra vez para pedirnos más vídeos. No entendíamos qué pasaba y no encontrábamos explicación a tanto entusiasmo. Sentíamos que nuestra imagen como consultora de capacitación se debilitaba debido a tanto impacto en campañas de comunicación interna. El proyecto acéfalo nos incomodaba y maldecíamos su gestación. Nuestra reputación estaba en juego. El costo nos parecía bestial, y los beneficios, microscópicos.

En forma paralela, recibimos un pedido inusual por parte de un cliente extranjero: preocupados por el retorno de las actividades de capacitación, querían desarrollar herramientas que apuntalasen el recurso del aula como vehículo del cambio de comportamientos. Repentinamente, se hizo la luz: pensando en los vídeos de prensa, propusimos grabar vídeos que desarrollaran distintos temas vinculados con los cursos de capacitación para enviarlos después a los participantes, semanalmente, por correo electrónico, como refuerzo o estímulo que permitiese una mayor transferencia del aprendizaje a la práctica diaria. La idea nos enamoró. Sin darnos cuenta, nuestra odiosa campaña de prensa se convirtió súbitamente en un recurso invalorable para fortalecer nuestro core business: *el aprendizaje organizacional. Hoy funciona como uno de los principales productos de la consultora. ¿Cómo surgió esta innovación? Básicamente, de una iniciativa que se rebeló de pronto contra sus gestores, enseñándonos que la realidad trasciende en profundidad y ambigüedad el encuadre previsor y calculador del emprendedor.*

Aquí hay un muy buen ejemplo de algo que se desarrolla con un propósito específico limitado y termina convirtiéndose en una capacidad organizativa. Es interesante, porque los vídeos tenían un objetivo elegido por los actores, pero fueron tomando otro, desarrollado en diálogo con el mercado y a pesar –y con las maldiciones– de quienes los habían generado. El vídeo era una acción, un *enactment* como dice Weick. Y como tal, aumentaba la equivocalidad. ¿Qué era eso? ¿Qué significaba? O, como se diría en el Río de la Plata, "¿qué onda?".

"¿Para qué nos habremos metido en esto...?" es una pregunta de selección, de construcción de sentido. La pregunta trata de dar sentido a la equivocalidad que genera el *enactment*, el hacer algo nuevo. "Somos una consultora en capacitación, no una productora de cine y televisión", se responden. Allí se acreditan las retenciones, se valida lo ya aprendido, se contesta desde la identidad, buscando consistencia organizativa. Sin embargo, los clientes seguían pidiendo "cosas" que no eran necesariamente las que ellos habían pensado. Al respecto, recordemos lo que dice Weick: el cambio en el contexto (cambio ecológico) y nuestra acción (*enactment*) forman un circuito amplificador, porque el cambio en el ambiente genera *enactment* y este dispara más cambio ecológico, lo que desencadena a su vez más *enactment*... y así.

Las construcciones anteriores de sentido basadas en los aprendizajes previos –la selección apoyada en la retención– buscaban frenar el crecimiento de lo desconocido. Pero ahora ocurre algo diferente: "Repentinamente, se hizo la luz: pensando en los vídeos de prensa, propusimos grabar vídeos que desarrollaran distintos temas vinculados con los cursos de capacitación para enviarlos después a los participantes, semanalmente, por correo electrónico, como refuerzo o estímulo que permitiese una mayor transferencia del aprendizaje a la práctica diaria. La idea nos enamoró". Una nueva selección, una nueva construcción de sentido (*sensemaking*), un otorgamiento de sentido (*sensegiving*), que unge a los vídeos declarándolos "otra cosa". Ya no son piezas publicitarias. Son mercancía. El *enactment* con esta selección prima sobre la retención. Con este otorgamiento de sentido, lo nuevo que se ha hecho prevalece sobre los aprendizajes anteriores.

Es interesante observar también cómo las nuevas actividades redefinen y rediseñan la organización. Todas están basadas en habilidades que los miembros tenían y no usaban, o utilizaban para otras cosas. Los nuevos productos no surgen del aire: son un bricolaje, una recomposición de elementos existentes pero hasta ahora dispersos. Al poner juntos estos elementos y construir con ellos un nuevo sentido (*sensemaking*), el producto resultante empieza a darles un sentido nuevo (*sensegiving*) o, al menos, a enriquecer la identidad de la consultora.

Prohibido trabajar en nuestro negocio

A Tomás ya lo conocemos del caso anterior. Y Diego, el coautor, se desempeña en una empresa como analista de reaseguros.

AMSTER *Recursos Humanos es el nombre ficticio de una importante compañía multinacional de origen brasileño con una fuerte presencia en América Latina. Entre sus actividades principales y con una incidencia del 65% en la facturación total, se destaca la provisión de personal eventual. El resto de los ingresos provienen de servicios adicionales: selección permanente (9%), head-hunting (5%), outsourcing (12%), capacitación (5%) y outplacement (4%). El servicio de personal eventual es un negocio que, si bien produce una gran facturación, tiene altos costos operativos, riesgos de litigios, accidentes laborales y demás contingencias, todo lo cual determina una rentabilidad baja, comparada con la de otras prestaciones.*
En la Argentina, la empresa cuenta con unos 400 empleados, distribuidos entre más de 20 sucursales en todo el país. La dotación de su casa central, ubicada en la Ciudad Autónoma de Buenos Aires, asciende a unos cien empleados. En 1984, la organización comenzó a trabajar en

el país como franquicia. Pero, desde 1996, pertenece a AMSTER *Incorporated Brasil. En 2003 registró un crecimiento explosivo, que la llevó a duplicar su dotación y a ampliar notoriamente su estructura.*

Para entonces, la Gerencia General había detectado un importante problema en materia de cobros. Si bien las ventas funcionaban de manera envidiable y la facturación se había triplicado, no ocurría lo mismo con la gestión de las cobranzas: se observaban plazos de pago variables de acuerdo con el volumen de negocios, demoras constantes en la cancelación de facturas por errores de emisión, e ineficiencia operativa. Todos estos problemas habían dejado como saldo más de 13 millones de pesos de la compañía aún en la calle en concepto de cobranzas pendientes.

A raíz de esto, la Gerencia General —avalada por un duro documento corporativo de AMSTER *Brasil— estableció la implementación de pautas rigurosas destinadas a revertir la situación:*

— *plazo estricto de cancelación de facturas en 30 días;*
— *reestructuración general del sector de créditos y cobranzas;*
— *campaña de comunicación interna para concientizar a todo el personal sobre la gravedad del tema;*
— *involucramiento sinérgico de todos los puestos en la reversión del problema;*
— *bonificación a las mejores sucursales en materia de gestión de cobranzas, y*
— *renegociación de plazos de pago con clientes activos que superasen lo establecido.*

El año 2007 comenzó con un alto grado de rigurosidad en el cumplimiento efectivo de la nueva política institucional en materia de cobranzas. Las excepciones no existían y las fricciones entre las áreas Comercial y de Cobranzas eran cotidianas y desgastantes. "Así no se puede trabajar. Por ser inflexibles, estamos perdiendo mercado con la competencia", vociferaban los vendedores. "Si no mantenemos con firmeza y seriedad la medida adoptada por la Gerencia General, las excepciones poco a poco terminarán siendo la regla", sostenían desde el otro lado.

Diecisiete vendedores y cuatro jefes comerciales abandonaron la compañía a raíz de este conflicto. Aun así, se mantuvo la norma del plazo máximo de 30 días, sin importar el volumen de los negocios ni la reputación de los clientes. El alto management estaba convencido de la relevancia estratégica de la política a la hora de asegurar la solvencia financiera de AMSTER *Argentina.*

El primer semestre del año cerró con números negativos, especialmente en la unidad de negocios de Personal Eventual. Las ventas cayeron un

23%, generando una profunda conmoción entre los accionistas y los empleados de AMSTER. El resto de las unidades de negocio mantuvieron su rendimiento. Y algunas mostraron, curiosamente, un leve crecimiento: Selección Permanente aumentó 6% su facturación y Capacitación, 4%. Nada era casual. El servicio de personal eventual es un negocio esencialmente financiero: las agencias pagan los sueldos y aportes de los empleados eventuales que trabajan en diversas empresas, mientras que los clientes pagan las facturas correspondientes al servicio, por lo general, 60 días después. Esto les brinda una gran flexibilidad a la hora de planificar contrataciones y corregir estrategias sobre la marcha. Por eso, en el caso de Personal Eventual, la cláusula fija de pago en 30 días establecida para todas las unidades de negocio atentaba directamente contra un componente esencial de la propuesta de valor al cliente: el financiamiento. De allí que esta haya sido la unidad más castigada por la nueva política de cobranzas.

El segundo semestre del año estuvo caracterizado por la incertidumbre y las peleas internas polarizadas en torno a la estrategia de cobros. Las ventas de la unidad de Personal Eventual cayeron estrepitosamente: 46%, relegando su lugar de servicio estrella de AMSTER. La Gerencia General observaba estupefacta los resultados sin saber qué hacer ni cómo volver atrás. Nunca se habían imaginado que las decisiones adoptadas generarían semejante impacto. Ellos habían buscado ordenar las finanzas corporativas y brindar, además, una imagen más prolija frente a los clientes. AMSTER Brasil, por su lado, insistía con el cumplimiento de la norma a cualquier costo.

El primer semestre del año siguiente trajo novedades insospechadas, que modificaron radicalmente el ánimo de la compañía. Las unidades de negocios de Selección Permanente, Capacitación y Outplacement crecieron 450%, 350% y 300% respectivamente, restableciendo los montos de facturación de AMSTER y bajando los márgenes de morosidad. Estos fenómenos respondieron principalmente a que la compañía, sin quererlo ni saberlo, tuvo que concentrar todos sus esfuerzos comerciales y operativos en aquellos servicios que no estuvieran afectados por la política de cobranzas. Los servicios mencionados, a diferencia del de Personal Eventual, no se rigen por la variable financiera sino que el cliente cancela las facturas inmediatamente, sin necesidad de estirar los plazos de pago. Al no poder vender el servicio de personal eventual, los vendedores se concentraron en ofrecer otros servicios y los sectores operativos, en mejorar la calidad de las prestaciones. En la unidad de Capacitación, pasaron de ofrecer siete cursos a cincuenta, incluyendo talleres de habilidades gerenciales, cursos técnicos industriales y programas de e-learning. *Por su parte, la unidad de Selección Permanente incorporó 38 consultores para poder afrontar la demanda creciente.*

Hoy, la Gerencia General define el viraje de AMSTER *como una estrategia finamente elaborada, que busca posicionarse en nichos de mercado con menores costos operativos y mayor rentabilidad. La estrategia consistió en abandonar lentamente el servicio tradicional de la compañía (personal eventual) para posicionarse –a partir de estrategias de marketing, branding y promoción– en nuevos mercados como, por ejemplo, la selección permanente, el* outplacement *y la capacitación organizacional. Los resultados demostraron que se trató de una "certera, audaz y profética" estrategia.*

Este caso tiene de especialmente interesante que, en su simplicidad, muestra cómo la asignación de recursos no fue la consecuencia de un diseño sino que, más bien, el diseño surgió de la forma en que se manejó un recurso crítico: las necesidades condicionaron la distribución y modificaron el diseño[17].

Frente a la súbita carencia de un recurso crítico, las áreas capaces de conseguirlo suelen ganar espacio y poder dentro de la organización. De la misma manera, frente a circunstancias imprevistas, la gente no sale a imaginar qué necesitaría: lo más frecuente es que tiendan a reorganizar recursos existentes para adaptarlos a necesidades nuevas y, hasta entonces, imprevistas. En este sentido, el diseño puede verse como un bricolaje. Un *bricoleur* es una persona que construye elementos con los materiales que tiene a su alcance, como cuando armamos una lámpara usando como base una botella.

Muchas de las soluciones organizativas (nuevos diseños) son producto de un bricolaje, es decir, de la utilización creativa de elementos existentes. Así, frente a las restricciones del área líder en ingresos, AMSTER descubrió que ya tenía dentro de sí otras posibilidades que nunca había desarrollado demasiado. A veces es más importante poder descubrir los recursos que

---

17. Pfeffer, J.; Salancik, G.R: *The External Control of Organizations: A Resource Dependence Perspective.* Harper and Row, New York, 1978.

recibirlos: el *bricoleur* no conoce los objetos que utiliza porque le resulten útiles sino, más bien, los utiliza porque los conocía de antes. En otras palabras, la búsqueda de recursos tiene que ver tanto con el pasado como con el futuro.

Muchos diseños de grandes estructuras exitosas no siempre son el producto del diseño de una gran estructura y sí de una pequeña estructura exitosa que fue creciendo. En casos como el descripto, el diseño parece más un producto de la interacción de los jugadores que un insumo de esa interacción. Si esto es así, es posible que la organización no tenga un diseño único sino muchos acoplados, cada uno con su propia historia. Desde esta perspectiva, se explica por qué las organizaciones –las *buenas* organizaciones– suelen parecerse más a un conjunto de islas mal unidas entre sí que a la unívoca nave bajo el mando de un sabio timonel que imaginaba Taylor.

El concepto de bricolaje implica que tal vez no falten tantos recursos como suele creerse. Y también, que el acceso a los recursos tiene mucho que ver con la imaginación para encontrarlos. En consecuencia, es posible que las áreas con más recursos sean aquellas que tienen más gente con esa capacidad creativa.

La estrategia no puede, entonces, considerarse solo como un proceso planeado sino también como uno emergente. Algo parecido ocurre con el diseño. Weick ha señalado que el diseño organizacional tiende a pensarse como la instalación de una arquitectura vasta, planeada y específica que:

- ocurre en un tiempo preciso,

- está muy relacionada con la toma de decisiones, y

- se concentra en pequeños grupos.

Para esta mirada, el diseño genera estructuras organizativas estables, que se van modificando solo en forma incremental. Tomás y Diego, los autores del caso AMSTER, apuntaron en su comentario a esta situación: "La tradición dominante dentro del management muestra que las estrategias –de alguna manera– generan realidad. Por ejemplo, si una organización quiere atacar un nuevo nicho de mercado, implementa acciones en distintos niveles (marketing, producción, ventas, tecnología, etcétera) para 'producir' la realidad que anhelan. La calidad de las planificaciones define, pues, la realidad que las organizaciones afrontarán. El caso AMSTER es un ejemplo concreto y simple de cómo, en la práctica, el concepto de estrategia es mucho más complejo, ambiguo y dinámico. La estrategia (el diseño organizacional en términos de Weick) es buena suerte en retrospectiva, nos dirá De Bono, en el sentido de que todo lo que sale bien es estratégico y lo que sale mal no lo es. Los ejecutivos de AMSTER aducen haber tenido una estrategia racional y premeditada para alejarse de un modelo de negocios obsoleto y costoso. Pero la realidad es que su intención fue totalmente distinta a los efectos causados. De hecho, parecen no haber pensado jamás que las acciones implementadas (por cierto, muy razonables y lógicas) generarían semejante cambio en el rumbo estratégico de la compañía". Es una suerte, agrego yo, que esta gente no tuviera en su estrategia nada que dijera: "los servicios eventuales deben ser el corazón de nuestro negocio".

Sobre estrategia, delegación y diseño

Todos los casos se caracterizan por el hecho de que no es fácil, para el observador que los analiza, diferenciar la implementación de la estrategia. Y en todos existe una implementación inteligente y adaptativa, así como una lectura del contexto –ya sea por genio o por azar– muy adecuada.

Como acto deliberado, rediseñar significa que los integrantes de la compañía definen la cuestión más crítica que debe resolver la organización para sobrevivir, crecer o hacerse autónoma. Es establecer aquello que no saben, que no tienen forma de saber y de cuya definición dependen, y alentar a la gente a hallar o a improvisar los recursos críticos para enfrentar el desafío. Por eso, Weick invita a ver el diseño no tanto como una gran estructura que se monta de una vez sino como una combinación de improvisación, mirada retrospectiva y orden emergente. Vista así, una pequeña estructura permite grandes cosas.

En una síntesis un poco brusca pero no inadecuada de los casos que hemos visto y los temas que hemos discutido en los diversos capítulos, la Figura 15 resume la distancia que podemos establecer entre algunos conceptos "canónicos" del management, y lo que la experiencia y la investigación muestran.

Parafraseando a Mintzberg, la inteligencia del estratega consiste no solo en anticiparse a todo, sino también en entender cuándo es imposible predecir qué nos traerá el futuro y saber cómo comenzar, a fin de ser capaces de ir decidiendo y avanzando en la medida de lo necesario. Por algo, agrego yo, Carl von Clausewitz decía que un buen general solo planifica la primera batalla.

Actuar reflexivamente no son dos tareas: es una. De la misma manera que ningún artesano trabaja un día y piensa otro porque su mente va siempre acompañando a sus manos, ninguna estrategia es totalmente formulada ni emergente. Nadie sabe tanto de antemano como para no necesitar aprender en el camino. Nadie sale a caminar sin tener una idea siquiera remota de adónde quiere ir.

Es posible creer que, en las organizaciones, la gente va ideando cosas para responder a las situaciones que enfrenta. Y que, en la medida en que esas respuestas se popularizan y crecen, se van convirtiendo en estrategias. Aunque dicho así pueda ser una exageración, no es mayor que creer que las estrategias se hacen desde una torre de marfil o en un invernadero.

Solemos creer que...	Pero la experiencia y la investigación muestran que...
una estrategia es lo contrario de la improvisación	la improvisación es una forma de estrategia
se decide hacer un cambio	se descubre que se había hecho un cambio
el diseño crea futuros planeados	el diseño codifica cambios anteriores
es necesario entender qué se va a hacer antes de realizarlo	el significado de la acción es comprendido después de los hechos
la estrategia se hace como un acto racional y deliberado	la estrategia se hace sin que nadie se dé cuenta
la estrategia se hace mirando al futuro	la estrategia se hace mirando al pasado
la gente decide y luego actúa	la gente actúa y luego interpreta
la organización tiene una estructura y un diseño	la organización es un conjunto de partes mal ensambladas
la intención guía al diseño	la atención guía el diseño
el diseño organizativo es como una arquitectura	el diseño organizativo es como una improvisación teatral
el diseño organizativo impacta en la habilidad de los gerentes individuales	la gerencia no es un hecho individual
cuanto más grande es la estructura más cosas pueden encararse	una pequeña estructura permite grandes cosas
hace falta planificar para encontrar un rumbo	hace falta improvisar mucho para encontrar un rumbo
los diseños tienen una estructura amplia y estable	los diseños son pequeñas estructuras que se amplifican
los recursos son lo importante	la capacidad de encontrar recursos es más importante que los recursos
para entender una organización hay que entender su estrategia	lo que sucede en una organización suele no tener nada que ver con su estrategia
se aprende de la experiencia	es muy difícil aprender de la experiencia

Figura 15. Teoría, experiencia e investigación.

Los enunciados estratégicos de las empresas suelen hablar de cambio y adaptación permanentes, lo cual es contradictorio: la idea misma de estrategia está ligada a la estabilidad. Tanto Mintzberg como Weick coinciden en que las organizaciones manejan en la práctica la relación contradictoria entre las necesidades de cambio y las de estabilidad a través de la alternancia de unas y otras. El cambio se produce de a saltos medianamente bruscos, a los que siguen etapas de relativa estabilidad. En estas, también existen cambios todo el tiempo, pero suelen ser menores y dentro de un mismo patrón general. Esos saltos cuánticos no suceden solo en función de otro futuro. Recogen también elementos ya existentes en la organización (bricolaje) y capitalizan experiencias –muchas de ellas, emergentes– que se venían produciendo y, sin un plan, resultaron exitosas.

Por lo tanto, si bien el planeamiento estratégico es una forma de generar sentido en las organizaciones, claramente no es la única. En contextos de complejidad, donde nadie está preparado para enfrentar las cosas que ocurren y el conocimiento es un factor de la producción, la función del management no puede imaginarse como decir a cada persona qué debe hacer en cada momento. Tampoco puede soñarse con reemplazar al management por el trabajo canónico, al que nos hemos referido en capítulos anteriores. Las descripciones de puesto, las competencias, los objetivos mensurables y demás son formas de conocimiento codificado, acumulado, que –en algunos contextos– pueden ayudar a dar sentido a la tarea. Pero en ningún caso son sucedáneos de la exploración, la indagación o la búsqueda a través de la acción.

La función del management es ayudar a la gente a entender la organización, a comprender la complejidad y manejarse en ella. De manera análoga a como David Perkins definió el aprendizaje pleno de nuestra época, el próximo management es un management para la comprensión. Habilitar a la gente para entender la complejidad y desempeñarse en ella no solo exige un pensamiento más sofisticado: requiere también una emocionalidad y una corporalidad diferentes. Hace falta mirar nuevamente la organización que nos rodea y volver a ver lo que tantas veces hemos visto, pero desde otro lugar. Desde la lógica del explorador que, aunque no sepa lo que busca, sabe cuándo lo ha encontrado.

Ahora, después de haber descripto en los capítulos anteriores a la organización como un sistema evolutivo, de haber visto cómo la acción precede al pensamiento, de haber entendido los mecanismos de construcción de conocimiento (que no son diferentes de los de integración social), de haber comprobado cómo de la misma manera que el conocimiento genera crecimiento, el crecimiento permite generar conocimiento, de haber observado a la organización como un juego más probabilístico y menos determinista, más basado en procesos emergentes que en decisiones unívocas, estamos en condiciones de rever la imagen de un management mucho más orientado hacia ayudar a la gente a entender la organización y a interpretar qué debe hacer, que a marcar el paso a paso de lo que debe llevar a cabo.

BIBLIOGRAFÍA

Allport, G. W.: *Pattern and Growth in Personality.* Holt, Rinehart & Winston, New York, 1961.

Argyris, C.; Schön, D.: *Organizational Learning, a Theory of Action Perspective.* Addison Wesley: Reading, Massachusetts, 1978.

————— *Theory in Practice, Increasing Professional Effectiveness.* Jossey Bass, San Francisco, 1974.

Argyris, C.: *Conocimiento para la acción. Una guía para superar los obstáculos del cambio en la organización.* Granica, Buenos Aires, 1999.

Asch, S.: *Social Psychology.* Prentice Hall, Englewood Cliffs, 1952.

Bateson, G.: *Steps to an Ecology of Mind.* Ballantine Books, New York, 1972.

Bechky, B. A.: "Sharing meaning across occupational communities: the transformation of understanding on a production floor", en *Organization Science*, Vol. 14, N° 3, mayo-junio de 2003.

Berger, M.; Luckmann, T.: *The Social Construction of Reality.* Anchor Books, New York, 1967.

Borges, J.L.: "Funes el memorioso", en: *Ficciones*, Emecé, Buenos Aires, 2007.

Brown, J. S.; Duguid, P.: "Knowledge and organization: a social-practice perspective", en *Organization Science*, Vol. 12, N° 2, marzo-abril de 2001.

————— "Organizational learning and communities of practice: toward a unified view of working, learning, and innovation", en *Organizational Science*, 1 de febrero de 1991.

Burgelman, R.: *Strategy is Destiny. How Strategy Making Shapes a Company's Future.* The Free Press, New York, 2002.

Burt, R. S.: *Structural Holes, the Social Structure of Competition.* Harvard University Press, Cambridge, 1992.

Clark, B. R.: "The benefits of Disorder", *Change*, Vol.8 N° 9, pp. 31-37, 1976.

Cohen, M; March, J. G.: "Leadership in an organized anarchy", en *Leadership and Ambiguity* (Segunda edición). Harvard Business School Press, Boston, 1986.

————— "Leadership in an organized anarchy", en *Leadership and ambiguity*, segunda edición. Boston: Harvard University Press, 1986.

Cook, S. D.N.; Brown, John Seely: "Bridging epistemologies: the generative dance between organizational knowledge and organizational knowing", en *Organization Science*, Vol. 10, N° 4, julio-agosto de 1999.

Coriat, B.: *El taller y el cronómetro: ensayo sobre el taylorismo, el fordismo y la producción en masa*. Siglo Veintiuno, México, 1997.

Covey, S.: *The Seven Habits of Highly Effective People*. Free Press, New York, 2004. Hay version en castellano: *Los siete hábitos de la gente eficaz*. Paidós, Buenos Aires, 1990.

De Bono, E.: *Tactics: the Art and Science of Success*. Little Brown & Co., Boston, 1984.

——— *The Mechanism of Mind*. Penguin, Baltimore, 1969.

Douglas, M.: *How Institutions Think*. Syracuse University Press, New York, 1986.

Drucker, P.: "The coming rediscovery of scientific management", en *ToWard the Next Economics and Other Essays*. Harper & Row, Oxford, 1981.

Duncan, R.; Weiss, A.: "Organizational learning: implications for organizational design", en Straw, B.M.; Cummings, L.L. (eds.): *Research in Organizational Behaviour*. JAI Press, Greenwich, 1979.

Garfinkel,Harold: *Studies in Ethnomethodology*. Blackwell Press, Malden, 1967.

Gibson, J. J.: *The Ecological Approach to Visual Perception*. Lawrence Erlbaum, New Jersey, 1986.

Goffman, E.:*Asylum, Essays on the Social Situation of Mental Patients and Other Inmattes*. Anchor Books, New York, 1961.

Gore, E.; Dunlap, D.: *Aprendizaje y organización. Una lectura educativa de teorías de la organización*. Tesis, Buenos Aires, 1988, y Granica, Buenos Aires, 2004.

Gore, E.; Vázquez Mazzini, M.: *Hacer visible lo invisible: una introducción a la formación en el trabajo*. Granica, Buenos Aires, 2010.

Gore, E.: *Conocimiento colectivo. La formación en el trabajo y la generación de capacidades colectivas*. Granica, Buenos Aires, 2003.

——— *La educación en la empresa. Aprendizaje en contextos organizacionales*. Granica, Buenos Aires, 2004.

Gore, Ernesto y García, Fernanda: "Transfer of learning into work settings: a network view". Trabajo presentado en la reunión de la Academy of Management, Annual Meeting 2009, Chicago.

Gouldner, A.W.: *Patterns of industrial bureaucracy*. Free Press, New York, 1954. Citado por Bill McKelvey en *Organizational systematics, taxonomy, evolution, classification*; University of California Press, Berkeley, 1982.

Hannan, M.; Freeman, J.: "The population ecology of organizations", en *American Journal of Sociology*, N° 82, 1977.

Hansen, M.T.; Nohria, N.; Tierney, T.: "What's your strategy for managing knowledge?", en *Harvard Business Review*, N° 77, marzo-abril de 1999.

——— "What's your strategy for managing knowledge?", en *Harvard Business Review*, marzo-abril de 1999.

Heifetz, R.; Laurie, D. J.: "The work of leadership", en *Harvard Business Review*, enero de 1997.

Heifetz, R.A.: *Leadership Without Easy Answers*. Cambridge, Mass. Harvard University Press, 1994.

http://www.petrobras.com.br/pt/energia-e-tecnologia/tecnologia-e-pesquisa/ (consultado el 12 de septiembre de 2011).

http://www.TECNA.com/AboutUs.aspx (consultado el 12 de septiembre de 2011).

http://www.terapiasnaturales.com/wp-content/uploads/2009/04/gestalt.jpg (consultado el 11 de enero de 2011).

Krakchardt, D.: "The ties that torture, Simmelian Analysis in organizations". *Research in the Sociology of Organizations*, Volumen 16, págs. 183-210. JAI Press, , 1999.

Lave, J.; Wenger, E.: *Situated Learning. Legitimate Peripherical Participation.* Cambridge University Press, Cambridge, 2003.

Lawrence, P.; Lorsch, J.: "Differentiation and Integration in complex organizations", en *Administrative Science Quarterly*, diciembre de 1967.

Luria, Alexander: *The Working Brain. An Introduction to Neuropsychology.* Penguin Press, New York, 1973.

March, J. G.: "Exploration and Exploitation", en *Organization Science*, Vol. 21, febrero de 1991.

March, J.; Weil, T.: *On leadership.* Blackwell, Malden, 2005.

————— video disponible en la página de la Stanford Graduate School of Business, en http://www.gsb.stanford.edu/news/bmag/sbsm0305/leadership. shtml (consultado el 9 de septiembre de 2011).

McKelvey, B.: *Organizational systematics, taxonomy, evolution, classification.* University of California Press, Berkeley, 1982.

Mead, George H.: *Mind, Self and Society.* University of Chicago Press, Chicago, 1934.

Miner, A.S.: "Seeking adaptive advantadge: Evolutionary theory and managerial action". En *Evolutionary dynamics of organizations* (J.A. Baum y J. Singh, comps.); Oxford University Press, New York, 1994.

Mintzberg, H.: "Crafting strategies", en *Harvard Business Review*, julio-agosto de 1987.

————— "Manager's job: folklore and facts", en *Harvard Business Review*, julio-agosto de 1975.

—————*The Rise and Fall of Strategic Management, Reconceiving Roles for Planning, Plans, Planners.* The Freee Press, Toronto, 1994.

Mueller, M.: *Ruling the root. Internet governance and the taming of cyberspace.* The MIT Press, Boston, 2002.

Munroe, R.: *Schools of Psychoanalitic Thought.* Holt, New York, 1955. Citado por Karl Weick.

Nonaka, I.; Takeuchi, H.: *The Knowledge Creating Company.* Oxford University Press, New York, 1995.

Nonaka, I.; Toyama, R.; Byosiere, Ph.: "A theory of organizational knowledge creation: understanding the dynamic process of creating knowledge", en Dierkes, M.; Antal, A.B.; Child, J.; Nonaka, I. (eds.): *Handbook of Organizational Learning and Knowledge.* Oxford University Press, Oxford, 2001.

Orr, J.: *Talking about Machines: an Ethnography of a Modern Job*. IRL Press, Ithaca, 1996.

Perkins, D. N.; Salomon, G.: *Teaching for transfer*. Ver también: *Educational Leadership*, 46(1), 22-32, 1988.

Perkins, D. N.: *El aprendizaje pleno. Principios de la enseñanza para transformar la educación*. Barcelona, Paidós, 2010.

Perkins, D. N.: *King Arthur's Round Table: How Collaborative Conversations Create Smart Organizations*. New Jersey: John Wiley, 2003.

———*La escuela inteligente*. Barcelona: Gedisa, 1995.

Perrow, C.: *Complex Organizations, a Critical Essay*. Random House, New York, 1986.

——— *Normal accidents, living with high-risk technologies*. NY: Basic Books, 1984.

Pfeffer, J.; Salancik, G.R: *The External Control of Organizations: A Resource Dependence Perspective*. Harper and Row, New York, 1978.

Postman, N.: *Crazy Talk, Stupid Talk: How We Defeat Ourselves by the Way We Talk and What We do about It*. Delacorte Press, New York, 1976.

Quaterman, J. S.: "Monitoring the Internet", en *Matrix News*, 5 de septiembre de 1999.

Quinn, J. B.: *Strategies for Change: Logical Incrementalism*. The Irwin Series in Management and the Behavioral Sciences, Irwin, 1980.

Roberts, K. H.; Stout, S. K.; Halpern, J. J.: "Decision Dynamics in Two High Reliability Military Organizations" en, *Management Science*, Vol. 40 N° 5, pp. 614-624, 1994.

Roberts, K. H.: "Some Characteristics of One type of High Reliability Organization", en *Organization Science*, Vol. 1 N° 2, pp. 160-176, 1990.

Rogers, E. M.: *Diffusion of Innovations*. Free Press, New York, 1995.

Sandberg, J.; Targama, A.: *Managing Understanding in Organizations*. Sage, London, 2007.

Schein, E.: "Kurt Lewin's change theory in the field and in the classroom: notes toward a model of managed learning", disponible en línea en http://www.solonline.org/res/wp/10006.html (consultado el 9 de septiembre de 2011).

Schön, D. A.: *The Reflective Practitioner. How Professionals Think in Action*. Basic Books, New York, 1983. También está disponible en español: *El profesional reflexivo: cómo piensan los profesionales cuando actúan*, Paidós, Barcelona, 1998.

Schutz, A.: *Fenomenología del mundo social*. Paidós, Buenos Aires, 1972.

Silverman, D.: *The Theory of Organizations*. Basic Books, New York, 1971.

Simon, H.: *Administrative Behavior, a Study of Decision-making Processes in Administrative Organization*. Free Press, New York, 1976 (primera edición, 1945).

Taleb, N.: *The Black Swan: the Impact of the Highly Improbable*. Random House, New York, 2007.

Vygotsky, L. (autor), Robert W. Rieber (ed.): *The Collected Works of Lev S. Vygotsky. Volumen 6: Scientific Legacy (Cognition and Language: a Series in Psycholinguistics)*. Plenum Press, New York, 1993.

Wallerstein, R.S.; Sampson, H.: "Issues in research in the psychoanalytic process", en *International Journal of Psycho-Analysis*, 52 N° 11, 11:50, 1971.

Watzlawick, P.; Helmick Beavin, J.; Jackson, D. D.: *Teoría de la comunicación humana: interacciones, patologías y paradojas.* Herder, Barcelona, 1997.

Weick, K.; Roberts, K.: "Collective minds in organizations: heedful interrelating on fligth decks", en *Administrative Science Quaterly*, N° 38, 1993.

Weick, K.; Westley, F.: "Organizational learning: affirming an oximoron", en Clegg, S.R.; Hardy, C.; Nord, W.R. (eds.): *Handbook of Organization Studies.* Sage, London, 1996.

Weick, K.: "Substitutes for strategy", en *Making Sense of the Organization.* Blackwell, Malden, 2001.

——— *Sensemaking in Organizations (Foundations for Organizational Science),* Sage, Thousand Oaks, 1995.

———*The Social Psychology of Organizing.* Random House, New York, 1979.

Wenger, E.: *Comunidades de práctica: aprendizaje, significado e identidad.* Paidós, Barcelona, 2001.

Zucker, L.G.: "The role of institutionalization in cultural persistence", en DiMaggio, Paul J.; Powell, Walter W. (comp.): *The New Institutionalism in Organizational Analysis.* University of Chicago Press, Chicago, 1991.

ACERCA DEL AUTOR

Ernesto Gore, licenciado en Ciencias de la Educación, Master of Science y doctor en Administración, es un especialista en aprendizaje en organizaciones no específicamente educativas.

Su pregunta central, para la práctica y para la construcción de teoría, es cómo aprende la gente en organizaciones cuyo propósito central no es la enseñanza.

Con esta orientación ha trabajado y ha investigado en organizaciones tan diversas como empresas, escuelas, museos y organizaciones sin fines de lucro.

Su actuación académica y profesional se ha centrado en la formación laboral, campo en el que ha actuado a través de los años como gerente, consultor y docente. En la Universidad de San Andrés, ubicada en Buenos Aires, fundó el Centro de Educación Empresaria, que dirigió entre 2001 y 2010. Cuando dejó su dirección, el Centro estaba rankeado entre los cinco mejores de América Latina.

Actualmente se desempeña en esa misma Universidad, donde fue decano del área académica de Administración durante tres períodos y donde continúa como profesor y como director de la Maestría de Estudios Organizacionales.

Ha escrito cuatro libros, todos ellos publicados por Granica, cuya colección de Management dirigió durante años:

Aprendizaje y organización: una lectura educative de teorías de la organización, en colaboración con Diane Dunlap, probablemente el primer libro publicado en castellano sobre aprendizaje en organizaciones.

La educación en la empresa: aprendiendo en contextos organizativos es un libro práctico sobre la capacitación en los lugares de trabajo.

Conocimiento colectivo: la formación en el trabajo y la generación de competencias colectivas, un trabajo de investigación sobre las condiciones para la transferencia de lo aprendido en capacitación al lugar de trabajo.

Hacer visible lo invisible, una introducción a la formación en el trabajo, en colaboración con M. Vázquez Mazzini; un libro práctico de fuerte base teórica sobre el aprendizaje y la enseñanza en contextos organizativos.

El próximo management: acción, práctica y aprendizaje reúne la investigación y la práctica del autor durante los últimos años, en una mirada de la gestión desde las nuevas teorías y realidades organizativas.

www.ingramcontent.com/pod-product-compliance
Lightning Source LLC
Chambersburg PA
CBHW060351200326
41519CB00011BA/2106